jour fixe initiative berlin (Hg.)
Fluchtlinien des Exils

UNRAST

Das Exil ist ein Ort, der sich auf keiner Landkarte findet. Flüchtlinge durchkreuzen politische Grenzen und symbolische Ordnungen. Ihre Wege verbinden Orte unterschiedlichster sozialer, ökonomischer und kultureller Verhältnisse, deren Hierarchien sie auf der Flucht von einem zum anderen Land besonders drastisch erfahren. Als Fluchtpunkt dieser Erfahrungen wird das Exil zu einem möglichen Ort der Erkenntnis jener Hierarchien, zugleich bleiben die politische Marginalisierung und Rechtlosigkeit mit ihren zerstörerischen Konsequenzen für Leben und Psyche der Flüchtlinge bestehen. Lassen sich in dieser Konstellation Fluchtlinien für eine solidarische Politik des Exils finden?

Die jour fixe initiative berlin sind:
Hartmut Amon, Titus Engelschall, Sandro von Gemmingen, Bernhard Jensen, Elfriede Müller, Alexander Ruoff, Stefan Vogt und Heidrun Winkler.

www.jourfixe.net

jour fixe initiative berlin (Hg.)

Fluchtlinien des Exils

UNRAST

Bibliographische Information Der Deutschen Bibliothek
Die Deutsche Bibliothek verzeichnet diese Publikation in der Deutschen Nationalbibliografie; detaillierte bibliographische Daten sind im Internet über http://dnb.ddb.de abrufbar.

jour fixe initiative berlin (Hg.) - Fluchtlinien des Exils
1. Auflage, Oktober 2003
ISBN 3-89771-431-0

Postfach 8020, 48043 Münster – Tel. (0251) 66 62 93
info@unrast-verlag.de
Mitglied in der *assoziation Linker Verlage* (aLiVe)

Umschlag: Sybille Kunkler, online Design gmbh, Bad Kreuznach
Satz: UNRAST-Verlag, Münster
Druck: Interpress, Budapest

Inhalt

jour fixe initiative berlin
Fluchtlinien des Exils 7

Bernhard Jensen
Melancholie des Exils 13

Olivier Morel
Die Abwesenheit der Exilierten
Oder die geheime Ankunft des Unkenntlichen 31

Enzo Traverso
Eine Freundschaft im Exil
Der Briefwechsel zwischen Adorno und Benjamin 55

Jörg Später
Die Kritik des »anderen Deutschland«
Otto Lehmann-Rußbüldt, Karl Retzlaw und
Hans Jaeger im Londoner Exil 89

Udo Wolter
Exil der »materiellen Interessen«
Versuch über Kapitalismus, Imperialismus und Subjekt in Joseph Conrads
Nostromo 113

Encarnación Gutiérrez Rodríguez
Ort des Widerstands oder Überlebensstrategie?
Zur Paradoxie emanzipativer Politik von Subjekten in der Diaspora 151

Alison Rice
Transnationales Trekking
Über die unstillbare Wanderlust
des maghrebinischen Subjekts 169

Michael Koltan
Exile on Main Street 193

Die Autorinnen und Autoren 219

jour fixe initiative berlin

Fluchtlinien des Exils

Das Exil ist ein Ort, der sich auf keiner Landkarte findet. Flüchtlinge durchkreuzen politische Grenzen und symbolische Ordnungen. Ihre Wege verbinden unterschiedlichste Orte der sozialen, ökonomischen und kulturellen Verhältnisse, deren Hierarchien sie auf der Flucht von einem zum anderen Land besonders drastisch erfahren. Als Fluchtpunkt dieser Erfahrungen wird das Exil einerseits zu einem möglichen Ort der Erkenntnis jener Hierarchien, andererseits bleiben aber die politische Marginalisierung und Rechtlosigkeit mit ihren zerstörerischen Konsequenzen für Leben und Psyche der Flüchtlinge bestehen. Darauf hat bereits Hannah Arendt unter dem Eindruck der displaced persons nach dem Zweiten Weltkrieg hingewiesen. Der damals schon diagnostizierte Niedergang des Nationalstaats, der Bürgerrechte zwar garantierte, aber nur für seine eigenen Bürger, hat sich im Zuge der Globalisierung weiter fortgesetzt. Nationalstaaten verlieren ihre Integrationskraft, treiben ethnisch-partikulare Identitäten hervor und treten nach innen wie nach außen als polizeiähnliche Interventionsmächte auf. Ist es unter diesen Bedingungen möglich, Emanzipation und Exil zusammen zu denken?

Diese Frage bildete vor zwei Jahren den Ausgangspunkt einer Veranstaltungsreihe im Kulturhaus Mitte (Berlin), deren überarbeitete Beiträge der vorliegende Band zusammen mit weiteren Aufsätzen zum Thema dokumentiert. Wie in den vorangegangenen Reihen[1] haben wir die Frage nach einer emanzipatorischen Perspektive im Anschluss an die Kritische Theorie und den Poststrukturalismus gestellt, aber auch nach anderen Ansätzen gesucht, die den Fluchtlinien des Exils auf der Spur sind. Um das Verhältnis zwischen dem Exil als Erkenntnisort und als Deprivationserfahrung zu begreifen, untersuchen die in diesem Band versammelten Aufsätze politische Realitäten ebenso wie philosophische Denkfiguren, historische Beispiele und literarische Zeugnisse des Exils.

In den 90er-Jahren haben die Bilder von »Überflutungen« und »Flüchtlingsströmen« die Politik des Schengener Abkommens und die Einschränkungen des Asylrechts begleitet. Fluchtbewegungen wurden und werden

zu gigantischen Bedrohungen stilisiert, um daraus die Forderung abzuleiten, die Grenzbefestigungen noch undurchlässiger zu machen.
Dem individuellen Grenzübertritt mit seinen traumatischen Erfahrungen stehen auf der einen Seite diese staatlichen Abwehrmaßnahmen gegenüber, auf der anderen manche sozialpsychologischen und biographischen Stilisierungen, die die reale Flucht als symbolische Grenzerfahrung verstehen. Auch die Populärkultur bedient sich des Exils als Projektionsfläche und spielt mit dem prekären Status der »migratorischen« Erfahrung: als Metapher für Identitätsfindung, als Distinktionsgewinn im multikulturellen Durcheinander oder auch als Codewort für das verkannte Genie. Zu fragen wäre, inwieweit diese Idealisierungen und Projektionen Leiderfahrungen abwehren und in eine kulturell akzeptable Form entsorgen. Gegenüber den konformistischen Übersetzungen einer als exotisch verstandenen Peripherie ins hegemoniale Zentrum wäre das Exil als Ort des Widerstreits zu behaupten, an dem das Zentrum in die Fluchtlinie der Peripherie gerät. Statt auf einer imaginären Ebene der Welt zu entfliehen, intensiviert das Exil dann eine »Flucht auf der Stelle«, um die »Welt und ihre Vorstellung in die Flucht zu schlagen«, wie Deleuze und Guattari es in ihrer Kafka-Studie formuliert haben.[2]
Während in der Antike die Verbannung ins Exil ebenso Strafe wie Schutz vor derselben bedeutete, bezeugt Kafkas »Prozeß« den Bann einer Souveränität, die das Subjekt aus der Gemeinschaft des Rechts verstößt, um es um so erbarmungsloser den Anordnungen dieser Gemeinschaft zu überantworten. Unter dem Bann dieses Ausnahmezustands gibt es keine Verantwortung mehr. Nicht einmal die disziplinierende Gewalt des Gefängnisses reicht aus, um an dem Verbannten ein Exempel zu statuieren. Josef K. geht weiter seinem Job in der Bank nach, bis sein Urteil vollstreckt wird. Im 20. Jahrhundert werden Lager für die Ausgestoßenen errichtet, in denen der Bann von der Internierung über die Verwertung bis zur Vernichtung reicht. Giorgio Agamben spricht vom »Lager als biopolitischem Paradigma der Moderne«.[3]
Die Kritik an der Ausgrenzung der Individuen und ihrer Degradierung zu »Exemplaren« verbindet die Kritische Theorie und den Poststrukturalismus. Nachdem Adorno und Horkheimer im Exil das »beschädigte Leben« reflektiert und dabei aufgedeckt hatten, wie die Aufklärung sich schließlich gegen sich selbst wendet, verfolgten Foucault, Deleuze und Guattari Fluchtlinien einer Politik, die die »Heterotopien« der Lager und das »Erkenntnisprivileg des Exils« (Enzo Traverso) in deterritorialisierende Energien verwandeln. In den neomarxistischen Worten der Analyse des

»Empire« bei Michael Hardt und Antonio Negri: »Ein Gespenst geht um in der Welt, und sein Name ist Migration.«[4]

Anders als »Migration«, »Exodus« oder »Diaspora« bezieht sich der Begriff des Exils in erster Linie auf staatliche Verfolgung und Vertreibung. Im Exil kehrt sich die kollektive Zuschreibung des politisch, ethnisch, religiös, sexuell oder aus anderen Gründen Verfolgten in eine individuelle Subjektposition um, so dass sich die Frage nach der spezifischen sozialen Situation im Exil stellt. Eine kritische Theorie muss dabei den Fluchtlinien des Exils in allen ihren Erfahrungen, Verwerfungen und Überlagerungen nachgehen.

So stellt sich die Frage, was mit einer Theorie wie derjenigen der »permanenten Revolution« geschieht, die von ihrer eigenen Revolution ins Exil getrieben wird: Ist sie dann immer noch revolutionär oder nur noch Theorie? Und warum hat z.B. Fanon in seiner Revolutionstheorie sein Migrantendasein nie reflektiert? Lässt sich das Exil als Desertion verstehen, die die Mobilität des Exils in eine politische Haltung verwandelt und sich als revolutionäre Strategie mit anderen Fluchlinien aus dem Elend dieser Welt verbindet?

Bewegungen wie die PKK, die Bewegung der Sikhs oder auch die Black Panthers, welche oft unter dem Signum der nationalen Befreiung antraten, haben in der Diaspora an Kraft gewonnen. Einige formulieren gerade aus dieser Situation der »Ferne« heraus Programme, die eine imaginäre Heimat beschwören und sich auf ein völkisches Kollektivsubjekt berufen. Das Exil verkehrt sich dann in einen Diaspora-Nationalismus mit verheerenden Konsequenzen.

Die jüdische Bevölkerung war in vielen Ländern assimiliert, ohne dass die seit der Aufklärung grassierende antisemitische Denunziation der Juden als »Staat im Staat« nachgelassen hätte. Die Zionisten reagierten auf die Verweigerung der Emanzipation, indem sie sich selbst als Exilanten definierten und dieses Exil durch die Gründung eines eigenen Staates zu beenden suchten.

Im biopolitischen Zirkel produziert die Ökonomie Flüchtlinge, die der Staat gleichzeitig kriminalisiert. Wie können die Staatenlosen eine neoliberale Staatsform los werden, die sie an einem anderen Ort auf dem Globus vertrieben hat? Gibt es ein Entkommen aus dem Zirkel von drohender Vertreibung und anerkennender Beherrschung? Und was bedeutet dieser Zirkel für die noch nicht Vertriebenen, sondern nur Beherrschten?

Die Aufsätze in diesem Band geben keine abschließenden Antworten auf diese Fragen, deuten jedoch an, wo sich staatskritische Fluchtlinien einer solidarischen Politik des Exils abzeichnen.

Die beiden ersten Beiträge schlagen vor, einen Exilbegriff, der sich vor allem auf politische Verfolgung und Flucht bezieht, zu erweitern, um vor dem Hintergrund der Erfahrungen des 20. Jahrhunderts die aktuellen gesellschaftlichen Entwicklungen in den Blick zu bekommen. In der Gegenwart finden gesellschaftliche Umwälzungen statt, die den Staatsbürgern Flexibilität und Mobilität als Ausweis ihrer Existenzberechtigung abverlangen. Diese Imperative treiben die Staatsbürger zunehmend in ein innerstaatliches Exil und konfrontieren sie mit grenzüberschreitenden Fluchtbewegungen. Die Verlusterfahrungen von Flüchtlingen, Migranten und Staatsbürgern erzeugen eine Melancholie, die sich nicht in einer Geschichte des Fortschritts aufheben lässt, sondern zum Ausgangspunkt eines gemeinsamen Widerstands gegen die Zumutungen staatlicher Identitätspolitik werden kann (Bernhard Jensen).
Wenn der Staat heute seinen Bürgern die Aufnahme von Flüchtlingen verbietet und damit Gastfreundschaft unter Strafe stellt, zerstört er ebenso wie die modernen Techniken der Videoüberwachung und Telekommunikation die Stadt als einen Ort des Wohnens. Die Kontrolle des Privaten dekonstruiert jenes »Zuhause«, das zugleich Identität verbürgen soll. Im Stillstand der Kontrollgesellschaften markiert die Ankunft der sans papiers ein unabsehbares Ereignis, das bereits begonnen hat, zu einer grenzenlosen Bewegung zu werden (Olivier Morel).
Dem intellektuellen und politischen Exil während des Nationalsozialismus gehen die beiden folgenden Beiträge nach. Bei Walter Benjamin und Theodor W. Adorno hat die Erfahrung des Exils deutliche Spuren in ihrem Werk hinterlassen. Die Ungleichzeitigkeit ihrer Emigration, die verschiedenen Zufluchtsorte und nicht zuletzt die materiellen Lebensbedingungen ihres Exils verweisen auf signifikante Differenzen ihrer theoretischen und politischen Praxis. Während für Benjamin die Lebensbedingungen in seinem Pariser Exil immer unerträglicher wurden und seine Flucht schließlich im Tod endete, erkannte Adorno erst in den USA das konkrete Vernichtungspotential des Nationalsozialismus. Seine *Minima Moralia* können als ein Zeugnis der Exilerfahrungen Benjamins gelesen werden, der bereits in den dreißiger Jahren verzweifelt nach neuen politischen Bündnissen gegen den Faschismus in Europa gesucht hatte (Enzo Traverso).

Neben Paris war London ein weiteres Zentrum der politischen Emigration während des Nationalsozialismus. Hier haben Dissidenten der Sozialdemokratie ihre Kritik an der unter Emigranten beliebten Parole vom »anderen Deutschland« entwickelt. Mit ihrer Polemik gegen die These vom deutschen Volk als Opfer der NS-Diktatur, die von weiten Kreisen der deutschen Sozialdemokratie vertreten wurde, suchten sie die Nähe des konservativen Lord Robert Vansittart, der die lange Tradition des Nationalismus und Militarismus in der deutschen Geschichte und Kultur geißelte (Jörg Später).

Im Kontext der Debatten um Kolonialismus und Postkolonialismus beschäftigen sich die nächsten beiden Beiträge mit literarischen Darstellungen des Lebens in der Diaspora. In seinem vor hundert Jahren erschienenen Roman *Nostromo* zeichnet Joseph Conrad das Bild einer von imperialistischer Modernisierung und »materiellen Interessen« beherrschten Gesellschaft in Südamerika. Die Protagonisten des Romans stehen im Bann einer Silbermine, die die sozialen Beziehungen verkümmern lässt und den Akteuren ihre eigene Geschichte entwendet. Während das männliche Subjekt aus sich selbst heraus in ein geistiges Exil des Unglaubens treibt, verharren die marginalisierten Frauenfiguren in der Melancholie eines sozialen Exils. In der kulturkonservativen Perspektive Conrads verspricht dieses Verharren die Rückkehr einer ihrer selbst mächtigen Subjektivität (Udo Wolter).

Die australisch-aborigene Schriftstellerin Doris Pilkington gestaltet in ihrem Roman *Rabbit Proof Fence*, dessen Verfilmung hierzulande unter dem Titel *Long Walk Home* in den Kinos lief, anhand der Lebensgeschichte ihrer Mutter den Widerspruch zwischen sentimentaler Ursprungsfixierung und emanzipatorischer Fluchtbewegung. Gegen die rassistische Siedlungs- und Assimilationspolitik der australischen Regierung entwickeln die in ihrem eigenen Land vertriebenen und in Reservaten eingesperrten Aborigenes Überlebensstrategien, die neue Wege der Erfahrung und Erinnerung hervorbringen, so dass sich die Herkunft in einen widerständigen Ort der Selbstbestimmung verwandeln kann (Encarnación Gutiérrez Rodríguez).

Die beiden letzten Beiträge markieren thematische Kontrapunkte, insofern sie ihren Fokus auf Erfahrungen richten, die weniger mit politischer Repression und individuellem Leid als mit lustvollen Selbstexperimenten und exzessiven Rauschzuständen assoziiert sind. Die nordafrikanischen Schriftsteller Assia Djebar und Abdelkebir Khatibi stellen ihre Erfahrung des Reisens als eine Bewegung dar, die unverbundene Räume durchquert, um sich den offenen und nicht übersetzten Differenzen verschiedener Kulturen anzuvertrauen. Während sie in ihren Heimatländern die Folgen kolonialistischer Entortung erfahren, verwirklicht sich in ihrer Lust des ziellosen Umherwanderns eine grenzüberschreitende Zugehörigkeit zur Welt, die für viele andere eine unvorstellbare Utopie bleibt (Allison Rice). *Exile on Main Street* nannten die Rolling Stones das Album, das sie zu Beginn der siebziger Jahre im Zeichen von Drogen und Dekadenz in Südfrankreich aufgenommen haben. Der selbstironische Titel markiert einen Einschnitt in der Geschichte dieser Band, die wie kaum eine andere den Soundtrack für den weltweiten Protest der 68er-Bewegung lieferte. Das Album reflektiert das Scheitern der Bestrebung, die antiautoritäre Rebellion in eine politische Bewegung münden zu lassen (Michael T. Koltan).

Anmerkungen

1 Kritische Theorie und Poststrukturalismus. Theoretische Lockerungsübungen, Hamburg 1999; Theorie des Faschismus - Kritik der Gesellschaft, Münster 2000; Wie wird man fremd? Münster 2001; Geschichte nach Auschwitz, Münster 2002; Kunstwerk und Kritik, Münster 2002. Alle herausgegeben von der jour fixe initiative berlin.

2 Gilles Deleuze / Félix Guattari: Kafka. Für eine kleine Literatur. Frankfurt a.M. 1976 (frz. 1975), S. 20 u. 65.

3 Vgl. Giorgio Agamben: Homo Sacer. Die souveräne Macht und das nackte Leben. Frankfurt a.M. 2002 (ital. 1995).

4 Michael Hardt / Antonio Negri: Empire. Die neue Weltordnung. Frankfurt a.M. 2002 (engl. 2000), S. 225.

Bernhard Jensen

Melancholie des Exils

»Die Melancholie verrät die Welt um des Wissens willen.«
Walter Benjamin

Melancholie des Exils - der Titel verbindet eine psychische Disposition und eine politische Kategorie. Das Verbindende zwischen Melancholie und Exil ist die Erfahrung eines Verlustes, der sich nicht aufheben lässt. In der Melancholie hat man Menschen oder Ideale verloren, ohne sich mit diesem Verlust abfinden zu können, so dass man von dem Blick auf das Verlorene gebannt auch die eigene Gegenwart und Zukunft zu verlieren droht. Und auch im Exil verliert man etwas, ohne es aufgeben zu wollen. Während der Verlust in der Melancholie eine zeitliche Dimension hat und das Wiederfinden des Verlorenen durch die Unumkehrbarkeit der Zeit blockiert wird, ist der Verlust im Exil zunächst an eine räumliche Dimension gebunden und bleibt aufgrund politischer Verhältnisse für den Vertriebenen versperrt. In der Melancholie des Exils verschränken sich die räumliche und zeitliche Dimension des Verlustes, so dass es - in den Worten Jean Amérys - »keine Rückkehr gibt, weil niemals der Wiedereintritt in einen Raum auch ein Wiedergewinn der verlorenen Zeit ist.«[1]

In der Psychoanalyse wird die Melancholie als eine pathologische Reaktion bezeichnet, die schließlich in die normale Reaktion der Trauer überführt werden soll, um das Verlorene durch etwas anderes ersetzen zu können. Der Flüchtling kann das Verlorene wiederfinden, indem er das Land, das ihm Asyl gewährt, als seine neue Heimat akzeptiert, oder in das Land zurückkehrt, aus dem er vertrieben wurde. Manche Flüchtlinge können ihre Herkunft auch vergessen, ohne irgendwo anzukommen. »Öfter als die Schuhe die Länder wechselnd«, wie Brecht es einst formulierte, nehmen sie dann vielleicht eine »hybride Identität« an, wie man heute sagt. Andere wiederum beginnen im Exil, den Ort ihrer Herkunft zu idealisieren und das Verlorene mit einem mythischen Schleier zu umgeben. Einige idealisieren auch das Gastland und verleugnen ihre Herkunft. Es gibt sehr unterschiedliche Reaktionen darauf, im Exil etwas aufgeben und an dessen Stelle etwas anderes annehmen zu müssen.

Flüchtlinge, Migranten, Staatsbürger

Einige Emigranten und Schriftsteller begreifen das Exil als Befreiung von alten Fesseln und genießen das einsame Umherschweifen in der Fremde. Sie verarbeiten ihre Exilerfahrungen auf produktive Weise zu interkulturellen Lernprozessen und schöpfen »Heimatländer der Phantasie«, so der Titel einer Aufsatzsammlung von Salman Rushdie.[2] Ihre biografischen und literarischen Zeugnisse können dann zur Projektionsfläche für die melancholischen Sehnsüchte derjenigen werden, die ihre Heimat wirklich nur in der Phantasie verlassen und sich in den Metaphern des Exils wiedererkennen. Bei anderen Flüchtlingen wiederum entwickeln sich die Verfolgungserfahrungen und die Einsamkeit im Exil zu einem hartnäckigen Leiden, das in klinischen Begriffen zu beschreiben und therapieren wäre. Projektion und Pathologie zeugen von einer extremen Reichweite im Gebrauch des Exilbegriffs. Während sich die Pathologie auf konkrete Traumatisierungen und Depressionen bezieht, drückt die Projektion ein diffuses Unbehagen und Bedürfnis aus, den Zwängen der »verwalteten Welt« zu entkommen. In ihrer Unvereinbarkeit verweisen Projektion und Pathologie auf eine Konstellation, die gerade diejenigen betrifft, die den Ort ihrer Staatsbürgerschaft nicht verlassen mussten. Diese verkennen mit ihrer Projektion die Verfolgungserfahrung der Flüchtlinge und verlängern deren Exil auf einer imaginären Ebene. Doch der ohnmächtige Traum einer »Heimat ohne Grenzstein«, wie es in den *Elementen des Antisemitismus* bei Horkheimer und Adorno heißt, verkehrt sich leicht zur »pathischen Projektion«, wenn er auf die traumatische Flüchtlingserfahrung von Grenzsteinen ohne Heimat trifft: »denn auch der Haß führt zur Vereinigung mit dem Objekt, in der Zerstörung.«[3]
Das Exil bezeichnet eine konstitutive Leerstelle innerhalb politischer und kultureller Repräsentationen. Indem der Flüchtling diese Leerstelle verkörpert, macht er die politischen Rahmenbedingungen und psychischen Auswirkungen des Exils auch für diejenigen sichtbar, deren Identität durch einen Staat repräsentiert wird. Angesichts der Rechtlosigkeit und Isolation der Flüchtlinge droht das diffuse Unbehagen der Staatsbürger in rassistische Diskriminierungen umzuschlagen, um die eigene Entmündigung unter kapitalistischen Herrschaftsverhältnissen zu verdrängen und

als nationalstaatliche Identität zu behaupten. Als Subjekte einer realen Entortung und verlorenen Geschichte repräsentieren die Flüchtlinge die Verwerfungen und das Unbehagen der Mehrheitsgesellschaft. Ihr Exil verortet jenen Nicht-Ort der Repräsentation, den das staatsbürgerliche Subjekt immer schon aufgegeben haben muss, um politisch repräsentiert zu werden.

Die Diskussionen um doppelte Staatsbürgerschaft und Sprachkurse für Migranten versuchen, die Situation des Exils als Gewinn- und Verlustrechnung der Einwanderungsgesellschaft zu verbuchen. Das bevölkerungspolitische Kalkül dieser Rechnungen liegt ebenso auf der Hand wie die Aufforderung an die Migranten, es in ihren individuellen Biografien umzusetzen. Die staatlichen Integrationsmaßnahmen erzeugen dabei eine paradoxe Verlusterfahrung, die im Diskurs der multikulturellen Gesellschaft kompensiert wird. Der Migrant hat zwar einerseits seine Heimat verloren, andererseits verliert sich im Zuge seiner Integration aber auch die Erfahrung, die ihn zum Verlassen derselben nötigte. Die verlorene Heimat des Migranten wird zur folkloristischen Bereicherung der Einwanderungsgesellschaft, ohne dass diese ihre nationalstaatlichen Institutionen und kulturellen Leitbilder revidieren müsste.

Der Diskurs der multikulturellen Gesellschaft endet dort, wo kein ökonomischer oder symbolischer Mehrwert mehr erwartet wird. Der Verlust der Heimat setzt sich in der Situation des Asyls fort. Das Asylrecht fordert den Flüchtling auf, sich als Opfer einer politischen Verfolgung zu identifizieren, um seinen Aufenthaltsstatus zu rechtfertigen. In dieser Identifikation wird der Flüchtling zum Heimatlosen, dessen prekärer Status durch die Kategorien des Asylrechts definiert wird. Einerseits entkommt er der Verfolgung, andererseits verliert er seine Lebensperspektiven jenseits der Verfolgung. Als Überlebender wird er zum Objekt humanitärer Hilfe, während seine Heimat nicht nur verloren geht, sondern, mit einem Ausdruck von Jean Améry, zur »Feindheimat«[4] wird.

Während bevölkerungspolitisches Kalkül und soziale Integration das biopolitische Regime der Migration innerhalb des Nationalstaats bilden, erweitert der Diskurs der humanitären Intervention dieses Regime zu einer globalen Biopolitik, in der die Gewährung von Asyl präventiv durch militärische Interventionen ersetzt werden soll, um Flüchtlingsbewegungen zu stoppen oder umzulenken. In diesem Kontext degeneriert die Erinnerung an die Opfer des Nationalsozialismus zum selbstgefälligen Dekor eines humanitären Konsenses, der die Einschränkung des nach 1945 aufgrund der Erfahrungen der NS-Verfolgten im Grundgesetz verankerten Asylrechts mit der Rechtfertigung deutscher Kriegsbeteiligungen konfiguriert.

Der Aufhebung des grenzüberschreitenden Exils im Rahmen einer globalen Biopolitik entspricht eine neue Form des innerstaatlichen Exils. Als zentrale Instanz für die Positionierung von Migranten und Flüchtlingen verlangt der Arbeitsmarkt auch von den Staatsbürgern eine Mobilität, ohne die sie als Arme und Arbeitslose innerhalb der Staatsgrenzen an Orte eines unheimlichen Exils verbannt werden. Der neoliberale Diskurs der Globalisierung verlangt von Flüchtlingen, Migranten und Staatsbürgern gleichermaßen, die mit ihrer Mobilität einhergehenden Verlusterfahrungen mit sozialen Integrationsgewinnen zu verrechnen. Um der sozialen Verbannung zu entgehen, müssen sie sich mit ökonomischen Notwendigkeiten identifizieren. Diese Identifikation erzeugt eine narzisstische Flexibilität und kompensiert den Mangel an sozialen Bindungen und politischem Engagement. Auf der Kehrseite der melancholischen Erstarrung hat der flexible Arbeiter nichts mehr zu verlieren, da er Orte, Beziehungen und Dinge von vornherein nur als befristet und austauschbar erfährt, bis er selbst ersetzt und ins Exil seiner eigenen Überflüssigkeit getrieben wird.

Solange die Überflussgesellschaft den einen vorenthält, worüber die anderen verfügen, regiert das Gespenst der eigenen Überflüssigkeit. Staatsbürgerschaftsrecht und Asylgesetze etablieren ein rigides Regime der Trennung zwischen Flüchtlingen, Migranten und Staatsbürgern, um der Verteilungswillkür den Schein einer legitimen Ordnung zu geben. »Um von den vielen Kategorien, die im demokratischen Nationalstaat zu etwas berechtigen, nicht ausgeschlossen zu werden, muß der moderne Mensch immer wieder unter Beweis stellen, daß er legitimerweise dazugehört. Das Paar Ausweis/Kartei kennzeichnet den Übergang vom Zeitalter der Überwachung in das Zeitalter der Kontrolle.«[5] Als Schnittpunkt unterschiedlichster Erfahrungen wird das Exil zu einem Fluchtpunkt, an dem die Kritik staatlicher Identitätspolitik eine Melancholie entdecken kann, von der Enzo Traverso sagt, dass sie »weder ohnmächtig noch resigniert ist, sondern eine Hoffnung und einen Kampf begründet, die mit der Erinnerung belastet, sich ihrer heilenden Absicht (Benjamin würde sagen: erlösenden) bewusst ist.«[6] Die Last der Erinnerung besteht nicht zuletzt in dem, was sich nicht mitteilen lässt und bis zur Sprachlosigkeit führt, ohne als Gegenstand von Trauer in einer Geschichte des Fortschritts verrechnet werden zu können.

Melancholie und Trauer

Neben dem Verlust der Heimat sind es die verlorenen Familien, Freunde und politischen Weggefährten, die die Melancholie der Exilerfahrung bestimmen. In einigen Fällen setzt der politisch Verfolgte gerade durch seine Flucht seine Angehörigen der Gefahr aus, ihrerseits verfolgt zu werden. Im extremen Fall überlebt der Flüchtling einen doppelten Tod: sowohl den Tod der zurückgelassenen Angehörigen als auch den ihm zugedachten Tod, dem er entgangen ist. Seine Melancholie überträgt sich vom Verlust der Angehörigen auf das eigene Überleben, ohne die auf der Flucht verlorenen Angehörigen aufgeben zu können. Im Exil fehlt gerade die für die Trauer notwendige soziale Sicherheit und Gewissheit über das Schicksal der verfolgten Weggefährten. So verharrt der Flüchtling als Überlebender in der Melancholie des Exils.

Im doppelten Verlust der Heimat und der Angehörigen wird die Trauer unmöglich. Die Melancholie des Überlebens entzieht sich den Zumutungen politischer Trauerrituale, die nach einem möglichen Regimewechsel in der Heimat ein Kollektiv von Tätern und Opfern beschwören. Die Melancholie des Exils verweist auf einen blinden Fleck der Erinnerung und entzieht sich auch jener »vernunftgeleiteten Trauer«, die nach Moshe Zuckermann das »Postulat der Erkenntnis und Anerkennung der Opfer« mit dem Anspruch verbindet, »der Verursachung künftiger Opfer entgegenzuwirken.«[7] Der Überlebende ist zu sehr selbst Opfer, um andere Opfer erkennen und gleichzeitig zu wenig Opfer, um sich in der Anerkennung der Trauernden wiedererkennen zu können. Tod und Leben, Verlust und Gewinn sind zu eng ineinander verwoben, als dass sich jene für jegliche Trauer nötige Erinnerungsdistanz einstellen könnte, in der sich ein Subjekt seinen Verlusten zuwendet, um sich von ihnen abwenden zu können. Der Überlebende steht unmittelbar zu einer Verfolgung, die ihn an die Täter jener Opfer bindet, mit denen er sich nicht identifizieren kann. Zugleich trennt das Exil den Überlebenden von denselben Opfern, auf die er in seiner Melancholie fixiert bleibt.

Die unmögliche Trauer und Melancholie des Überlebens konnten zu jenem Schuldgefühl führen, das man bei vielen Überlebenden der Shoah diagnostiziert hat. Die an dieser Schuld Leidenden können keine Antwort auf die Frage finden, warum gerade sie überlebten, während andere ermordet wurden. Ohne Antwort auf diese von den Brutalitäten der Vernichtungspolitik und Banalitäten des Flüchtlingsalltags entschiedene Frage empfanden sie gegenüber den von den Nazis Ermordeten ihr eigenes Überleben als Schuld oder unverdientes Glück. Die im Zentrum des so genannten Überlebenden-Syndroms stehende Schuld suchte ebenso traumatisierte KZ-Häftlinge wie im Exil an so genannten Entwurzelungs- und Umstellungsdepressionen leidende Flüchtlinge heim.[8] Waren viele Lagerhäftlinge durch die Begegnung mit dem eigenen Tod auf ihr nacktes Leben reduziert und ihr Erfahrungs- und Sprachvermögen zerstört worden, vermieden die meisten nach 1945 in das Land ihrer Verfolger zurückkehrenden Flüchtlinge, ihre Exilerfahrung zu thematisieren. Ihr Exil setzte sich vielmehr fort, statt nach der Rückkehr in die Heimat zu enden. Dort schwiegen die Täter über ihre Verbrechen, um nicht bestraft zu werden.

Solange die deutsche Nachkriegsgesellschaft sich der Verantwortung ihrer Verbrechen verweigerte, mussten die Überlebenden mit der Tätergesellschaft ein Vergessen teilen, das ebenso überlebensnotwendig wie »schuldhaft« ist, wie Adorno in einer Vorlesung von 1965 bemerkt: »Wenn wir: jeder von uns, die wir hier zusammen sitzen, in jedem Augenblick wüßten, was da geschehen ist und welchen Verkettungen wir auch unsere eigene Existenz verdanken und wie unsere eigene Existenz verflochten ist mit dem Unheil, selbst wenn man nichts Schlimmes getan hat, etwa nur dadurch, daß man es aus Angst versäumt hat, im rechten Augenblick anderen Menschen entscheidend zu helfen, und das ist eine mir sehr vertraute Situation aus der Zeit des Dritten Reichs, – daß man, wenn einem all diese Dinge in jedem Augenblick ganz gewärtig wären, daß man dann überhaupt nicht leben könnte; daß man gewissermaßen gedrängt wird, gestoßen wird auf jenes Vergessen, das selbst bereits etwas Schuldhaftes hat und das dadurch, daß man sich des Drohenden und des Geschehenen nicht in jedem Augenblick bewußt ist, zugleich auch dazu beiträgt, daß man zu wenig widersteht und daß es in jedem Augenblick sich wiederholen und sich wiederherstellen kann.«[9] Adorno versucht, der Überlebensschuld ein Moment abzugewinnen, das nicht im vergangenen »Unheil« verstrickt ist, sondern dem »Drohenden« widersteht. Doch die Schuldabwehr der Täter verstärkt einseitig die Überlebensschuld der Verfolgten, so dass diese von ihrer Erinnerung und ihren Schuldgefühlen überwältigt werden. Statt in ihrer eigenen Überlebensschuld ein rationales Moment zu erkennen, pathologisiert die Tätergesellschaft die irrationalen Schuldgefühle der Überwältigten, um die Schuldabwehr der Täter zu rationalisieren.[10] Gegen diesen ungeheuerlichen Vorgang hat Améry das Gefühl des Ressentiments rehabilitiert, dessen »verdrehtes« Zeitgefühl er folgendermaßen beschreibt: »Es verlangt nach dem zweifach Unmöglichen, dem Rückgang ins Abgelebte und der Aufhebung dessen, was geschah.«[11] Da die Forderung des Ressentiments auf Gleichgültigkeit, Unverständnis und Unwillen stößt, aktualisiert sie die Erfahrung der Melancholie, erlittene Verluste nicht aufheben zu können, mit ihnen nicht »fertig« zu werden.

Améry, den die Flucht ins belgische Exil nicht davor rettete, von der Gestapo gefoltert und nach Auschwitz deportiert zu werden, schrieb 1966: »Therapie hätte nur die geschichtliche Praxis sein können, ich meine: die deutsche Revolution und mit ihr das kraftvoll sich ausdrückende Verlangen der Heimat nach unserer Wiederkehr. Aber die Revolution fand nicht statt, und unsere Wiederkehr war für die Heimat nichts als eine Verlegenheit, als schließlich die nationalsozialistische Macht von außen gebrochen wurde.«[12] Um das Verhältnis der deutschen Nachkriegsgesellschaft zur nationalsozialistischen Vergangenheit zu charakterisieren, haben Alexander und Margarete Mitscherlich in den 60er Jahren die Wendung von der »Unfähigkeit zu trauern« geprägt. Doch ihre eigene Analyse zeigt, dass sich die psychische Verfassung der Nachkriegsdeutschen mit dieser Formel nur unzureichend bestimmen lässt. Sie drückt eher eine Idealvorstellung politischer Bildung aus und sollte eine Trauerarbeit in Gang setzen, die sich nicht mehr auf die Ereignisse des Nationalsozialismus, sondern auf den Mangel demokratischen Engagements in der BRD bezieht. Die nachträgliche Trauer um diesen Mangel kompensiert die unmögliche Trauer der Tätergesellschaft. Diese hatte ihre narzisstische Identifizierung mit dem Führer nach der Kapitulation verleugnet, um der politischen Verantwortung durch den ökonomischen Wiederaufbau zu entgehen.

Die Formel von der »Unfähigkeit zu trauern« setzt voraus, dass kollektive Trauer möglich ist. Angemessen wäre sie vielleicht hinsichtlich der Reaktionen auf die Terroranschläge des 11. September 2001. Dieses Ereignis hat in unterschiedlichsten Ländern Reaktionen der Trauer hervorgerufen. Jedoch erzeugte die Simultanität des Ereignisses und seiner medialen Vermittlung zugleich eine spontane Gleichschaltung der Öffentlichkeit, die sich erst langsam wieder auszudifferenzieren begann. Individuelles Entsetzen wurde zu politischer Beileidsbekundung umgedeutet. Statt das Versagen der eigenen Geheimdienste oder die Hintergründe der Anschläge zu analysieren, begannen die Regierungen in den USA und Europa für einen großen Rachefeldzug zu rüsten, indem sie private Empfindungen für Bekenntnisse zur politischen Solidarität instrumentalisierten. Doch man hätte auch um die Opfer der Anschläge trauern können, ohne sie zu

Symbolen einer Demütigung von Idealen zu machen. Wenn diese Ideale von Terroristen getroffen werden konnten, hätte man sich zunächst ihrer Verletzlichkeit versichern müssen, statt sie unmittelbar in Augenhöhe mit jenen Terroristen wieder ins Feld zu führen. Der 11. September hätte die Gelegenheit bieten können, die militärische Vergeltungslogik dieser Ideale außer Kraft zu setzen und in eine demokratische Verhandlungslogik zu überführen.

Die Deutschen des so genannten Wirtschaftswunders waren dagegen nicht unfähig zur Trauer, sondern unfähig, die aus dem Verlust des Führers resultierende Melancholie auszuhalten. Eine Verantwortung für die NS-Verbrechen hätten die Deutschen übernehmen können, wenn sie ihre Identifizierung mit dem Führer nicht verdrängt, sondern die Unmöglichkeit, um ihn in der von den Alliierten installierten Nachkriegsordnung zu trauern, in eine »deutsche Revolution« überführt hätten. Der unheimliche Klang dieses von Améry verwendeten Ausdrucks erinnert an die demokratisch legitimierte Machtübernahme der Nazis und bezeugt den Abgrund, der die Nachkriegsdeutschen von einer emanzipatorischen Praxis trennte, in der sie zur Anerkennung der Opfer und Verantwortung ihrer Verbrechen fähig gewesen wären. Zu welchen Verwerfungen die Vorstellung einer »deutschen Revolution« 1989 führte, haben die neu entstehenden Formen von Rassismus, Nationalismus und Antisemitismus in der Bonner und Berliner Republik gezeigt.

Die Mitscherlichs haben deutlich gesehen, dass ein Bewusstsein der deutschen Schuld die Fähigkeit zur Melancholie vorausgesetzt hätte. »Die Konfrontation mit der Einsicht, daß die gewaltigen Kriegsanstrengungen wie die ungeheuerlichen Verbrechen einer wahnhaften Inflation des Selbstgefühls, einem ins Groteske gesteigerten Narzißmus gedient hatten, hätte zur völligen Deflation des Selbstwerts führen, Melancholie auslösen müssen, wenn diese Gefahr nicht durch Verleugnungsarbeit schon in statu nascendi abgefangen worden wäre.«[13] Die Mitscherlichs stellen der drohenden »Deflation des Selbstwerts« schließlich die therapeutische Perspektive einer »Einfühlung in uns selbst« und eine »einfühlende, nachfühlende Anerkennung der Opfer« gegenüber.[14] Diese »Einfühlung in uns selbst« bei gleichzeitiger »Deflation des Selbstwerts« gleicht jenem Münchhausen-Dilemma, sich am eigenen Schopf aus dem Sumpf zu ziehen, das bereits die Kritische Theorie zu einer negativen Dialektik der Aufklärung universalisiert hatte. Auch die Mitscherlichs notieren in der »Nachbemerkung« ihres berühmten Essays lapidar: »Wir fordern Einfühlung Ereignissen gegenüber, die schon durch ihre quantitative Dimension

Einfühlung unmöglich machen.«[15] Mit dem Hinweis auf die Monstrosität der NS-Verbrechen stellen sie die Möglichkeit einer Trauer um die NS-Opfer einmal mehr in Frage. Ihre Formel von der »Unfähigkeit zu trauern« müsste daher auf folgende Weise differenziert werden: als »unmögliche Trauer« und »Unfähigkeit zur Melancholie«. Der Unfähigkeit zur Melancholie in der Tätergesellschaft steht die Melancholie der Überlebenden gegenüber, deren Exil nach einer politischen Subjektivierung der unmöglichen Trauer verlangt.

Wo Verluste nicht mehr im Namen neuer Gewinne betrauert werden können, da die Substanz für solche Transaktionen verloren gegangen ist, verflüchtigen sich das Konzept eines autonomen Subjekts, das über die Begriffe seiner Gegenwart und Vergangenheit frei verfügt, und die Vorstellung einer Fortschrittsgeschichte, die sich auf die Repräsentation historischer Tatsachen stützt. Sie werden zu Fiktionen, deren pragmatischer Nutzen in keinem Verhältnis mehr zu ihrer mangelnden Begründung steht. Da jede sprachliche Vergegenwärtigung der Realität zugleich deren Neubeschreibung und -bewertung impliziert, geht man in der psychoanalytischen Tradition Lacans davon aus, dass es einen konstitutiven Verlust gibt, der niemals zu Bewusstsein kommt und damit für das Subjekt selbst verloren geht, ohne im Prozess von Erinnern, Wiederholen und Durcharbeiten als Verlust angeeignet und überwunden zu werden. Dieser »Verlust des Verlusts« verweist auf die Melancholie als grundlegende Dimension politischer Subjektivität.

Freud bemerkt in seinem Aufsatz über *Trauer und Melancholie* von 1917, dass sich diese Reaktionen nicht nur im privaten Bereich auf konkrete Liebesobjekte, sondern auch auf Abstraktionen wie »Vaterland, Freiheit, ein Ideal usw.«[16] beziehen können. Die zentrale Frage lautet dann, wie diese Abstraktionen an die Stelle jener konkreten Personen treten können. Freud weist darauf hin, dass der Melancholiker »zwar weiß, *wen*, aber nicht *was* er an ihm verloren hat« und kommt zu dem Schluss, dass »die Melancholie irgendwie auf einen dem Bewußtsein entzogenen Objektverlust zu beziehen« ist, während bei der Trauer »nichts an dem Verluste unbewußt ist.«[17] Wendet man diese Bestimmung auf die Situation des Exils an, so weiß der Flüchtling zwar, dass er seine Angehörigen verloren hat, nicht aber, was er an ihnen verliert. An die Stelle des »dem Bewußtsein entzogenen Objektverlusts« rückt eine Abstraktion wie das »Vaterland« oder die Heimat. Der idealisierende Charakter dieser Abstraktion verdeckt bei den Flüchtlingen »sowohl die Schuld gegenüber den Zurückgebliebenen als auch die Wut gegen das eigene Land, das sie verstoßen hat«[18], so die Psychoanalytiker León und Rebeca Grinberg. Auch Améry berichtet davon, dass im Exil »mitten in der angestrengten Arbeit der Selbstvernichtung dann und wann auch das traditionelle Heimweh aufwallte und Platz verlangte. Was zu hassen unser dringender Wunsch und unsere soziale Pflicht war, stand plötzlich vor uns und wollte ersehnt werden: ein ganz unmöglicher und neurotischer Zustand, gegen den kein psychoanalytisches Kraut gewachsen ist.«[19] Freud selbst hat diesen »neurotischen Zustand« prägnant zum Ausdruck gebracht, als er in einem Brief aus seinem Londoner Exil schrieb, dass ihn das »Entzücken über die neue Umgebung (...) zum Ausruf Heil Hitler drängen möchte«.[20] Zwar kommt Freud am Ende seines Aufsatzes von 1917 zu dem Ergebnis, dass die Ambivalenzkonflikte aufgelöst werden, indem das Objekt für »tot erklärt« wird und das Ich die »Prämie des am Leben Bleibens«[21] erhält. Diese Verwandlung der Melancholie in eine der Trauerarbeit analoge Ausgangssituation ist unter den Bedingungen der politischen Gewaltgeschichte extrem schwierig, weil ihr die Kluft zwischen Tätern und Opfern entgegensteht, auch wenn Wahrheitskomissionen helfen können, die soziale Isolation der Überlebenden zu überwinden. Ethnische Separationstendenzen oder kulturelle Assimilationsversuche im Exil vereindeutigen die Ambivalenz der Verlusterfahrung, ohne sie in der Arbeit der Trauer auflösen zu können.

Judith Butler dekonstruiert in ihrer Freud-Lektüre die Entgegensetzung von normaler Trauer und pathologischer Melancholie, indem sie den Spuren der Gesellschaft in der Melancholie nachgeht. »In der Melancholie geht dem Bewußtsein nicht nur der Verlust eines anderen oder eines Ideals verloren, verloren geht auch die soziale Welt, in der ein solcher Verlust möglich wurde.«[22] Nicht die Trauer, sondern die Melancholie erweist sich als ein »psychischer Anfang« in einem sozialen Kontext, der die Trauer reguliert, indem er legitime von illegitimen Anlässen der Trauer trennt. Das Subjekt kann sich nur auf ambivalente Weise durch die Rückwendung auf sich selbst bilden. Die Rückwendung wird von einer Gesellschaft gefordert und getragen, die aus dem sich auf sich zurückwendenden Subjekt immer schon etwas anderes gemacht hat, als vor dieser Rückwendung hätte bestehen können. Was vor der Rückwendung auf sich besteht, lässt sich nur im Modus des Verlustes thematisieren und aus den Spuren dessen rekonstruieren, wodurch dieser Verlust durch etwas anderes ersetzt wird. Die Autonomie des Subjekts kann nur dann behauptet werden, wenn man diesen Verlust verloren hat und mit einer Gesellschaft identifiziert, die jene Autonomie immer schon reguliert.

Butler hat ihre These vom vorgängigen Verlust des Subjekts und dessen gesellschaftlicher Bedeutung am Beispiel der Verwerfung des homosexuellen Begehrens entwickelt. In dieser Verwerfung wird nicht nur ein Liebesobjekt, sondern eine bestimmte Form der Liebe als Bedingung für eine heterosexuelle Existenz verloren. Während Butler die Melancholie als Unterscheidungsgrund von innerem und äußerem bzw. psychischem und sozialem Leben versteht, bewegt sich der Flüchtling in einer realen Topographie. Er identifiziert sich mit den verlorenen Angehörigen und wendet seine Selbstvorwürfe, sie verlassen zu haben, in eine Fixierung auf die unerreichbare Heimat um. Da nach Butler der »Moralismus der Psyche ein Index ihrer eigenen vereitelten Trauer«[23] ist, werden die melancholischen Selbstvorwürfe zum Werkzeug einer staatskonformen Subjektivierung: »Der Staat kultiviert die Melancholie unter seinen Bürgern eben als Weg zur Verschleierung und Verschiebung seiner eigenen idealen Autorität.«[24] Bereits Freud hat die Ich-kritische Instanz der Selbstvorwürfe als »die gewöhnlich *Gewissen* genannte Instanz«[25] erkannt, so dass die Melancholie gerade jenen Mechanismus aufdeckt, der zur Bildung des Über-Ichs mit seinen sozialen Normen führt. Die Trauerarbeit vermag daher im gesellschaftlich Imaginären die melancholische Ambivalenz nur zu verschieben, nicht jedoch aufzulösen. Insofern die Melancholie an der Entstehung von sozialer Macht beteiligt ist, stellt sie unweigerlich auch einen möglichen Ort des Widerstands oder der Abweichung von dieser Macht dar. Auf diese Performativität des Zirkels von Unterwerfung und Subjektwerdung weist Butler in allen ihren Arbeiten hin. Die Frage ist nur, wie mächtig diese diskursiven Unterbrechungen der sozialen Reglementierung sind.

Ethik des Überlebens – Politik des Exils

Indem die Gesellschaft sich in die Selbstvorwürfe des Melancholikers einschreibt, konstituiert dieser sich als Staatsbürger, der die unmögliche Trauer als autonome Selbstbehauptung verkennt. Diese Subjektivierung scheitert bei Flüchtlingen, deren Selbstvorwürfe sich zu einer Überlebensschuld steigern, ohne in staatlich sanktionierten Trauerritualen entschuldet werden zu können. Die Schuld wird vielmehr zu einem Wendepunkt, an dem die Überlebenden die Autorität des Staates und Ordnung der Trauer bestreiten. Damit stellt sich die Frage nach einer Subjektivierung des Exils, die sich von der Überlebensschuld emanzipiert, ohne die un-

mögliche Trauer durch Ersatzideale wie Heimat oder Vaterland zu kompensieren.
Wenn Emmanuel Lévinas davon spricht, dass man im »Trauma der Verfolgung (...) von der erduldeten Schmach zur Verantwortung für den Verfolger und, in diesem Sinne, vom Leiden zur Sühne für den Anderen«[26] übergehen muss, so lässt sich für den in der »Schmach« des Exils Überlebenden sagen, dass er »Verantwortung« übernimmt, insofern er an die Stelle der »Verfolger« tritt und deren Schuld gegenüber den eigenen Angehörigen »sühnt«. Die Emanzipation vom Trauma der Verfolgung würde die Trauer ermöglichen, aber auch die Verantwortung verraten. Das Exil gibt der unmöglichen Trauer einen Ort, an dem die Überlebenden nicht zu Komplizen ihrer Verfolger werden, sondern die Irrationalität der Überlebensschuld in eine unendliche Verantwortung vor aller Rationalität von Klage und Anklage verwandeln.
Ebenso wie Butler lehnt Lévinas die Vorstellung ab, dass es ein Ich oder Selbst gäbe, das sein Selbstbewusstsein in der Rückwendung auf sich herausbilden könne, statt in dieser Rückwendung vom anderen her gerade erst gebildet zu werden. Während Butler in dieser Rückwendung Macht, Gesellschaft und Staat eingeschrieben sieht, spricht Lévinas von einer Verfolgung durch den anderen, um die ethische Relation gegenüber der ontologischen Tradition in der Philosophie hervorzuheben: »Das Sich kann *sich* nicht bilden, es ist bereits gebildet aus absoluter Passivität, und es ist in diesem Sinne Opfer einer Verfolgung (...); Passivität der Verbundenheit, die bereits als unumkehrbar vergangene geknüpft ist, diesseits jedes Gedächtnisses, vor aller Erinnerung.«[27] Das Subjekt wird zu einem Opfer der Verfolgung, das die Verantwortung für den Verfolger übernimmt, ohne in eine selbstbewusste Identität zurückkehren zu können. Insofern diese Verantwortung vor aller Freiheit, Initiative oder Wahl besteht, setzt sich Lévinas auch von der ethischen Tradition in der Philosophie ab. Er spricht nicht von einer Hinwendung zum anderen, von einer Sorge für den anderen oder vom Mitleid mit dem anderen – Begriffe, die ein in sich ruhendes Subjekt der Verantwortung immer schon voraussetzen –, sondern er bezeichnet die ethische Relation durch den Begriff der Stellvertretung, in der das Subjekt seine Verfolgung verantwortet und ein Exil in sich selbst begründet. »Das von der Verantwortung her angesprochene *ich* ist Für-den-Anderen (...) es ent-ortet sich, *verliert seine Stelle*, wird ins Exil getrieben, in sich verbannt (...) sich entleerend in einen Nicht-Ort bis hin zur Stellvertretung für den Anderen, in sich nur noch stehend wie in der Spur des eigenen Exils.«[28] Statt sich mit dem Verfolger

zu identifizieren, besteht die ethische Relation in einer »Stellvertretung«, die zugleich Ursache und Wirkung des eigenen Exils ist, ohne dass dieses Exil wiederum von einem anderen vertreten und ins Eigene der Tradition oder Gemeinschaft zurückgeführt werden kann. Das Selbst ist verlassen und in seiner asymmetrischen Stellvertretung ohne Beziehung auf einen Dritten wie die Institutionen des Staates, die gleichwohl notwendig sind, um den anderen sichtbar zu machen und ihm gerecht zu werden.

Doch Lévinas siedelt sein philosophisches Projekt auch jenseits der politischen Tradition in der Philosophie an, in der von einer Homologie zwischen Subjektivität und Staat ausgegangen wird. Gegen diese Homologie rehabilitiert Lévinas die skeptizistische Einsicht, dass es zwischen Sagen und Gesagtem, zwischen dem Akt der Aussage und dem Inhalt des Ausgesagten eine Kluft gibt. Diese heutzutage oft als performativer Widerspruch bezeichnete Einsicht des Skeptizismus zeigt nach Lévinas ein »Gespür für die *Differenz* zwischen *meiner* - rückhaltlosen - *Ausgesetztheit* gegenüber dem Anderen, die das Sagen ist, und der Exposition oder der Aussage des Gesagten, in ihrer Ausgewogenheit und Gerechtigkeit.«[29] Philosophie und Staat versuchen diesen Skeptizismus in einem »Diskurs, der im Gesagten aufgeht und im Sein«,[30] zu widerlegen, indem sie jede Unterbrechung des Diskurses in diesem Diskurs selbst wieder erzählen und dessen Subversion ausschließen. Impulse sprachlosen Entsetzens und irrationaler Schuldgefühle können auf diese Weise immer wieder instrumentalisiert und zur Legitimation staatlicher Herrschaft umgedeutet werden. »Im Bündnis zwischen Philosophie und Staat, Philosophie und Medizin wird der Abbruch des Diskurses überwunden. Der Gesprächspartner, der sich der Logik nicht beugt, wird mit Gefängnis oder Anstaltsaufenthalt bedroht oder muß sich dem Renommé der Lehrautorität beugen und die Behandlung des Arztes über sich ergehen lassen (...).«[31]

Bei Lévinas deutet sich eine Philosophie an, die die jüdische Erfahrung des Exils im Rahmen einer Staatskritik nach Auschwitz artikuliert. Insofern das Exil nicht erst die Situation der staatlichen Verfolgung und Vertreibung, sondern eine historische Existenzweise ohne Staatsterritorium bezeichnet, reicht die Exilerfahrung über die neuzeitliche Identifizierung der politischen Subjektivität mit der Souveränität des Staates hinaus. Unter den Bedingungen nationaler Staatsgrenzen hat sich das Exil immer wieder an besonderen Orten wie Ghettos und Lagern konkretisiert. Diese Orte erinnern an die Eroberungskriege und Vertreibungen in den Gründungsakten der Souveränität. Sie sind das nach Innen gewendete Faktum jener Kriege, in denen Staaten geboren und zerstört werden. Nimmt man Foucaults Bemerkung auf, dass der römischen Geschichte der Souveränität »die biblische Geschichte der Knechtschaft und des Exils« gegenübersteht, kann man die jüdische Exiltradition als eine »Gegen-Geschichte revolutionären Typs«[32] charakterisieren. Diese »Gegen-Geschichte« wurde in den neuzeitlichen Staatstheorien neutralisiert und wird seit dem 19. Jahrhundert der biopolitischen Perspektive des Staatsrassismus unterworfen. Im Nationalsozialismus konzentriert sich dieser Staatsrassismus auf die Vernichtung der Juden, um das Gedächtnis des Exils auszulöschen und die Einheit von Staat und Individuum in einem homogenen Volkskörper zu realisieren.

Das biopolitische Projekt der Moderne verbindet den Staatsrassismus mit der »Technologie der Normalisierung« und umfasst daher auch »alle Formen des indirekten Mordes: jemanden der Gefahr des Todes ausliefern, für bestimmte Leute das Todesrisiko oder ganz einfach den politischen Tod, die Vertreibung, Abschiebung usw. erhöhen.«[33] Das Exil wird zu einem Ort, der den Maßnahmen der Verwaltungen und der Polizei besonders ausgesetzt ist, ohne vollständig in den Staat integriert werden zu können. Der Flüchtling bringt - darauf hat Giorgio Agamben hingewiesen - »auf der politischen Bühne für einen Augenblick jenes nackte Leben zum Vorschein, das deren geheime Voraussetzung ist.«[34] Während die politische Philosophie seit Platon nach dem guten Leben gemäß den Gesetzen des Staates fragt, bewegen sich die Flüchtlinge im Widerstreit zu diesen Gesetzen. Das Überleben folgt einer anderen Moral als die vor- und fürsorgliche Lebensführung in staatlichen Kontrollregimen, in denen Lebenschancen und Todesrisiken kalkuliert werden, da »der Souverän immer mehr nicht nur mit dem Juristen, sondern auch mit dem Arzt, dem Wissenschaftler, dem Experten und dem Priester symbiotisiert.«[35] Die Ethik des Überlebens gilt der Frage, ob das Subjekt sich dem aufgeschobenen Tod, durch den die Biopolitik es in ihrem Bann hält, zu widersetzen vermag, obwohl der Überlebende doch auch zugleich das Produkt dieser Biopolitik ist.

Adorno hat den biopolitischen Bann als Verschränkung von erster und zweiter Natur im Kontext der totalen Vergesellschaftung beschrieben, die dazu führt, dass der Bann »nicht mehr gefühlt« wird, »weil kaum etwas und kaum einer mehr so weit ihm entronnen wäre, daß er an der Differenz aufginge.«[36] Im Über-Ich, das im gesellschaftlichen Bann der natürlichen Selbsterhaltung steht, »verschmilzt irrational die alte Angst vor der physischen Vernichtung mit der weit späteren, dem gesellschaftlichen

Verband nicht mehr anzugehören, der anstatt der Natur die Menschen umgreift«, so »daß der schon ein moralischer Heros sein müßte, der ihrer sich entledigte, selbst wenn er das Wahnhafte daran noch so gründlich durchschaute.«[37] Doch wer im Exil überlebt, vermag das »Wahnhafte« der Angst vor Vernichtung und Verbannung als gesellschaftliche Realität zu erkennen und zu erkennen geben. Der Flüchtling ist kein »moralischer Heros«. Er hat - wie Vilém Flusser in seiner Autobiographie notiert - »die Würde dem Leben geopfert«[38]. Die Ethik des Überlebens emanzipiert sich von der Theodizee des Exils, die dessen Leid als moralische Läuterung für eine Erlösung in der Heimkehr akzeptiert. Es ist die Ethik des zufällig Überlebenden, der in seiner Melancholie die Unmöglichkeit der Heimkehr erfährt und zum wissend Überlebenden wird, indem er sein Exil als Erkenntnisort begreift.

Das Exil ist der Indikator einer Gewaltgeschichte, deren schmerzhafte Erinnerung und mangelnde Repräsentation eine existentielle Unsicherheit über die eigenen Raum- und Zeitkoordinaten hervorruft. Im Exil gibt es einen konstitutiven Bruch zwischen Herkunft und Zukunft. Die Fluchtlinien des Exils verbinden Unterbrechungen, die nicht durch Trauerarbeit in eine politische oder kulturelle Kontinuität aufgehoben werden können, sondern den Verlust des eigenen Orts mit dem Verlust der Identität verknüpfen. Der Überlebende befreit sich von der Schuld gegenüber der Vergangenheit, indem er die blockierte Erinnerung an Heimat und Angehörige als aktuellen Widerstand gegen gesellschaftliche Diskriminierung und staatliche Verfolgung begreift. Die Melancholie bildet den Fluchtpunkt für eine Politik des Exils, die den Widerstreit zwischen der Heterogenität der Gesellschaft und der Homogenität des Staates sichtbar macht, statt das Individuum als ohnmächtigen Teil der Gesellschaft mit den biopolitischen Institutionen des Staates zu identifizieren. Als Erkenntnisort ist das Exil ein Spiegel gesellschaftlicher und politischer Machtverhältnisse, die auf der melancholischen Rückseite dieses Spiegels ständig ihre Spuren zu verwischen scheinen. Der Melancholie fehlt gerade die Dimension des Abstandes, die das Exil zum Erkenntnisort werden lässt, während ihr auf der anderen Seite ein Erfahrungsgehalt zukommt, den Flüchtlinge, Migranten und Staatsbürger teilen. Diesen Erfahrungsgehalt gilt es im Sinne einer Politik des Exils zu aktivieren und aus seiner für die Melancholie charakteristischen Handlungshemmung zu befreien.

Die globale Normalität des Exils verstärkt gesellschaftliche Verwerfungen, bietet jedoch auch Ansatzpunkte für eine solidarische Politik. Die Welterfahrung der Flüchtlinge, die Überlebensstrategien der Migranten und der Eigensinn der Staatsbürger bilden ein Potential widerständiger Kompetenzen und herrschaftskritischer Initiativen. Das Exil markiert den Einsatz für eine Politik, die sich an Verwerfungen orientiert, ohne sie den Techniken der Normalisierung zu unterwerfen. Statt nach verlorener Identität und Tradition muss die Politik des Exils nach Passagen zwischen Erkenntnissen und Verwerfungen suchen, mit denen die Ordnung der Herrschaft nicht rechnet. Sie darf das in dieser Ordnung Verworfene weder in pathischer Projektion vernichten noch mit einer pathetischen Geste der Identifikation die Differenzen zwischen Flüchtlingen, Migranten und Staatsbürgern nivellieren. Slavoj Žižek hat zu Recht auf die Gefahr hingewiesen, durch eine »metaphorische Verallgemeinerung des Schicksals der Ausgeschlossenen« über das »Leiden« der »wahren Opfer«[39] hinwegzugehen. Der notwendige Hinweis auf die deutlichen Unterschiede im Ausmaß des Leidens sollte nicht dazu führen, nur noch über das eigene, authentische Leiden zu sprechen und die Definition der »wahren Opfer« dem humanitären Diskurs zu überlassen. »Die politische Gemeinschaft«, so Jacques Rancière, »ist die Vergemeinschaftung dessen, was nicht als gemeinsam gegeben ist: zwischen Sichtbarem und Unsichtbarem, Nahem und Fernem, Anwesendem und Abwesendem. Diese Vergemeinschaftung setzt die Einrichtung von Verbindungen voraus, die das Gegebene an das Nicht-Gegebene, das Gemeinsame ans Private, das Eigene ans Uneigene anknüpfen. In dieser Einrichtung begründet und zeigt sich die gemeinsame Menschlichkeit und hat auch hier ihre Wirkung.«[40] Diesen Begriff der Menschlichkeit gilt es gegen den humanitären Diskurs, der nur Täter, Opfer und Polizisten kennt, zurückzugewinnen. Die prekären Orte und instabilen Identitäten des Exils müssen ein offenes Netz der Verantwortung bilden, damit der entrechtete Flüchtling von heute nicht zum flexiblen Arbeiter von morgen und der überflüssige Arme nicht zum arbeitslosen Migranten wird.

Anmerkungen

1 Jean Améry: Jenseits von Schuld und Sühne. Bewältigungsversuche eines Überwältigten (1966). In: Werke Bd. 2, hrsg. v. Gerhard Scheit. Stuttgart 2002, S. 87.

2 Salman Rushdie: Heimatländer der Phantasie. Essays und Kritiken 1981-1991. München 1992.

3 Max Horkheimer / Theodor W. Adorno: Dialektik der Aufklärung. Philosophische Fragmente: Frankfurt a. M. 1986 (zuerst 1944), S. 178.

4 Améry, a. a. O., S. 102.

5 Gerard Noiriel: Die Tyrannei des Nationalen. Sozialgeschichte des Asylrechts in Europa. Lüneburg 1994, S. 99 f.

6 Enzo Traverso: Sozialismus nach Auschwitz. In: jour fixe initiative berlin (Hg.): Geschichte nach Auschwitz. Münster 2002, S. 39-59, 51.

7 Moshe Zuckermann: Gedenken und Kulturindustrie. Ein Essay zur neuen deutschen Normalität. Berlin 1999, S. 90.

8 Vgl. William G. Niederland: Folgen der Verfolgung: Das Überlebenden-Syndrom. Seelenmord. Frankfurt a. M. 1980, S. 16 und 232.

9 Theodor W. Adorno: Metaphysik. Begriff und Probleme (1965), hrsg. v. Rolf Tiedemann. Frankfurt a. M. 1998, S. 176 f. Vgl. die hervorragende Studie von Christian Schneider / Cordelia Stillke / Bernd Leineweber: Trauma und Kritik. Zur Generationengeschichte der Kritischen Theorie. Münster 2000, S. 76 f.

10 Vgl. Claudia Heinrich: Peter Weiss und das deutsche Inferno. In: jour fixe initiative berlin (Hg.): Kunstwerk und Kritik. Münster 2003, S. 33-64.

11 Améry, a. a. O., S. 128.

12 Ebd., S. 102.

13 Alexander und Margarete Mitscherlich: Die Unfähigkeit zu trauern. Grundlagen kollektiven Verhaltens. München 1977 (zuerst 1967), S. 38 f.

14 Ebd., S. 83.

15 Ebd.

16 Sigmund Freud: Trauer und Melancholie (1917). In: Das Ich und das Es. Und andere metapsychologische Schriften. Frankfurt a. M. 1988, S. 105-119, 105.

17 Ebd., 107.

18 León und Rebeca Grinberg: Psychoanalyse der Migration und des Exils. München, Wien 1990 (span. 1984), S. 184.

19 Améry, a. a. O., S. 102.

20 Zit. n. Grinberg / Grinberg, a. a. O., S. 254.

21 Freud, a. a. O., S. 118.

22 Judith Butler: Psychische Anfänge. Melancholie, Ambivalenz, Wut. In: Psyche der Macht. Das Subjekt der Unterwerfung. Frankfurt a. M. 2001, S. 157-184, 169.

23 Ebd., S. 171.

24 Ebd., S. 177.

25 Freud, a. a. O., S. 109.

26 Emmanuel Lévinas: Jenseits des Seins oder anders als Sein geschieht. Freiburg, München 1992 (fr. 1978), S. 246.

27 Ebd., S. 232.

28 Ebd., S. 303.

29 Ebd., S. 364.

30 Ebd., S. 366.

31 Ebd., S. 368.

32 Michel Foucault: In Verteidigung der Gesellschaft. Vorlesungen am Collège de France (1975-76). Frankfurt a. M. 1999 (fr. 1996), S. 96 und 100.

33 Ebd., S. 303.

34 Giorgio Agamben: Homo Sacer. Die souveräne Macht und das nackte Leben. Frankfurt a. M. 2002 (ital. 1995), S. 140.

35 Ebd., S. 130.

36 Theodor W. Adorno: Negative Dialektik. Frankfurt a. M. 1982 (zuerst 1966), S. 338.

37 Theodor W. Adorno: Zum Verhältnis von Soziologie und Psychologie (1955). In: Soziologische Schriften I, Frankfurt a. M., 1979, S. 47.

38 Vilém Flusser: Bodenlos. Eine philosophische Autobiographie. Frankfurt a. M. 1999 (zuerst 1992), S. 28.

39 Slavoj Žižek: Die Tücke des Subjekts. Frankfurt a. M. 2001 (engl. 1999), S. 319.

40 Jacques Rancière: Das Unvernehmen. Politik und Philosophie. Frankfurt a. M. 2002 (fr. 1995), S. 147.

Olivier Morel

Die Abwesenheit der Exilierten

Oder die geheime Ankunft des Unkenntlichen

Für Sami Beji

> »*Im Leiden liegt die Abwesenheit jeglicher Zuflucht. Sie setzt den Menschen den anderen Menschen direkt aus. Sie besteht in der Unmöglichkeit zu fliehen und sich zurückzuziehen.* Der ganze Schmerz des Leidens liegt in dieser Unmöglichkeit des Rückzuges. Sie ist das Resultat des in die Enge Treibens. In diesem Sinne ist das Leiden die Unmöglichkeit des Nichts.«
> Emmanuel Lévinas, Le temps et l'autre, 1946

> »Historisch beispiellos ist nicht der Verlust der Heimat, wohl aber die Unmöglichkeit, eine neue zu finden. *Jählings gab es auf der Erde keinen Platz mehr, wohin Wanderer gehen konnten,* ohne den schärfsten Einschränkungen unterworfen zu sein, kein Land, das sie assimilierte, kein Territorium, auf dem sie eine neue Gemeinschaft errichten konnten.«
> Hannah Arendt, Elemente und Ursprünge totalitärer Herrschaft, 1950

Es gibt keine Kultur ohne Gastfreundschaft,[1] eine Öffnung für den Anderen, für den Gast. Alle Kultur ist eigentlich eine Kunst des Gebens und Erhaltens, das heißt, auch eine bestimmte und mysteriöse Kultur des Todes, die genauso gut gegeben wie empfangen sein kann, die man erwartet. Man erwartet die Ankunft, analog zu einem Untertitel eines starken Textes von Jacques Derrida, *Apories*, dessen Zeilen für die, die warten können, nachhallen. Es handelt sich um eine Unterbrechung. Es gibt keine Ankunft ohne die Drohung einer radikalen Unterbrechung, einer

Unterbrechung, die das Gesicht des Anderen erscheinen lässt, den Empfang des Gastes. Eine Unterbrechung, die das großzügige Öffnen der Tür ebenso beinhaltet wie eine Entführung, eine Geiselnahme, die, um es ohne Umwege zu sagen, die Möglichkeit des Todes beinhaltet, der gegeben oder erhalten wird... Dies wäre der richtige Moment, unsere Kultur der Gastfreundschaft zu hinterfragen oder dies könnte auch Ausdruck einer bestimmten Krise der Gastfreundschaft innerhalb unserer Kultur sein.

Wir befinden uns in einer Grenzstadt, die mit zahlreichen *check-points* an die Geschichte Europas erinnert. Eine Stadt, die weiß, was es bedeutet, den Übergang zu verweigern oder ihn zu befehlen. Erlaubt mir anzukommen, »ohne Geschichten zu machen«, wie es auf französisch heißt... Keine Geschichten machen, hieße, umständlich gesagt, ich würde nicht ankommen, das Exil nicht thematisieren, es nicht zu »meiner Sache« machen. Dass davon keine Rede wäre... Wenn ich ankomme, halte ich - so gut es mir gelingt - das Versprechen, dass ich meinen Freunden vor einigen Monaten gegeben habe... Das Versprechen zu kommen, durchzugehen, anzuhalten in dieser Stadt, die nicht irgendeine Stadt in unserer Geschichte ist und genauso wenig in der Geschichte der Übergänge, der Passierscheine, der Pässe und der »Eintrittskarten«, die mehr oder weniger fehlten - und das während langer Zeit. Das Versprechen, das heute eingelöst wird. Denn die Bedingung einer derartigen Zusage beinhaltet hier einen besonderen, sehr seltenen Passierschein, einen Pass, der durch den Kampf gewonnen wurde. Es ist kein Zufall, dass diese zögerliche, schwankende, strauchelnde Stimme ihren Ort genau hier findet, in diesem Land, in dieser Stadt und in diesem Raum... Der Fremde, der Exilierte, das da, ich müsste sagen, der da oder die da, *kommt* in diesen Mauern *an*, an diesem Ort, den ich gut kenne, in dieser fremden Stadt, die mir mehr als einmal Gastfreundschaft gewährte, der ich noch immer verpflichtet bin und wo ich vielen herzlichen Szenen der Gastfreundschaft beiwohnte, wie z.B. an dem Tag, als Zeev Sternhell von der Gruppe eingeladen wurde. Einige von euch werden sich daran erinnern. Was hier geschieht, hier in dieser Stadt und innerhalb dieser Mauern, ist auch eine bestimmte Geschichte der Ankunft, dessen, was man heute auf deutsch *die Geschichte* nennt, eine Geschichte der Geschichte, der Geschichte des Wissens und der Wissenschaft, dessen, »was geschieht«, die Geschichte dieser Gruppe, in diesem Laboratorium der Moderne, das Deutschland nach Auschwitz ist, kann ebenfalls als *Geschichte derer, die ankommen,* gelesen werden... Das Ereignis und der Ankommende, das Eintreffen des Ankommenden als Ereignis, was passiert, wenn der Gast, der Andere, der Exilierte oder der Flüchtling eintrifft. Dies hängt mit der Besonderheit Berlins als Grenzstadt damals und heute zusammen. Viele unterschiedliche und zum Teil tragische Episoden ihrer Geschichte, die uns in das Geschehen werfen, *wenn etwas passiert*, so das Wort, das aus dem Französischen kommt und hier wörtlich den »Schritt« benennt (le pas), die Übergänge von einer Sprache zur anderen, und das vielleicht von den vielen Übergängen (passages) herrührt, die in dieser Stadt besonders zahlreich sind, seit die »Exilierten« sich hier aufhielten und ihren Aufenthalts- und Zufluchtsort gefunden haben, verjagt durch die Verfolgung eines Staates, der sich durch die Verfolgung der Protestanten erschuf: sie flohen damals aus Frankreich. Dies würde bedeuten - um es kurz zu sagen -, ein Zeichen zu setzen für Sätze ohne Grammatik und Syntax, die sich in der Sprache einschreiben, gegen die Mauern und Denkmäler dieser Stadt, diese Sätze, diese Linien und diese Bücher sind ebenso Namen Berlins in unserer Geschichte wie die Ausdünnung »der Bevölkerung, die fehlt,« wie es Gilles Deleuze formulierte, das brausende und unsichtbare Schweigen der großen Abwesenden, deren Namen unsere Zeit und die Mauern Berlins heimsuchen, wie die unerfüllten historischen Möglichkeiten, die Walter Benjamin thematisierte... Es existiert ein unüberwindbarer Abstand zwischen *dem* bedingungslosen, zeit- und ortlosen Gesetz der Gastfreundschaft und *den* Gesetzen der Gastfreundschaft, die dazu führen, dass überhaupt keine Gastfreundschaft ohne Auflagen, ohne Regeln, ohne Verbote, kurz, ohne Eintrittsrechte, Pässe, Eintrittskarten, ohne Recht überhaupt, möglich scheint, egal, ob es sich um ein »Asylrecht« handelt, das konsequenterweise die Instanz der Gastfreundschaft schlechthin darstellt, oder auch um einen zweifelhaften, performativen Widerspruch, weil die Gastfreundschaft mit der - feindlichen - Gesetzesgewalt proklamiert wird, die es sich vorbehält, die Aufnahme zu verweigern... Jacques Derrida nannte diese Struktur »hosti-pitalité«, was auf deutsch so viel bedeuten könnte wie feindliche Gastfreundschaft. Außerdem setzt Gastfreundschaft ein »Bewusstsein« voraus, denn das Recht postuliert unter anderen massiven Verpflichtungen, wie ein verantwortliches Rechtssubjekt zu sein hat, das in der Lage ist, »ich« zu sagen, auf das Gesetz zu schwören, zu sagen, »ich sage die Wahrheit«, in seinem Namen zu unterschreiben, also die Sprache des Rechts zu sprechen und überhaupt eine Sprache zu können. Diese Gastfreundschaft postuliert, dass das Ich, dieses Ich, dieses Rechtssubjekt, das sich analog den Gesetzen der Gastfreundschaft verhält, »Herr in seinem eigenen Hause« sei, in dem Haus, das das Recht auf ein Zuhause ist, und die Fähigkeit »Ich« zu sagen bedeutet, Rechtsubjekt zu sein. Aber was heutzutage den Exilierten am meisten verweigert wird, ist genau dieses bestimmte Recht, »Ich« innerhalb eines bestimmten politischen Rahmens sagen zu können: des positiven Rechtes, das mittlerweile überall regiert. Diese tiefe Zerstörung des Subjektes ist zweifellos allen Fiktionen des »Ichs«, die sich in dem großen Archiv der *Exilliteratur* finden, nicht fremd. Die Moderne hatte die vollständige Auflösung des Registers zur Folge, das bisher zu leicht in die Kategorie »biographisch« oder »autobiographisch« passte. Aber das ist eine andere Geschichte, auf die ich jetzt nicht näher eingehen möchte. Jedes Recht postuliert ein Aufenthaltsrecht, ein Recht des Bodens. Wenn dieses Aufenthaltsrecht jedoch verweigert wird, gibt es keine alternative Form des Asylrechtes in dem so genannten internationalen Recht. Dies ist ein Desaster, denn heute wird das Statut des Staatenlosen systematisch immer weiter verweigert, was bedeutet, dass das Asylrecht eine weltweite Krise von nie da gewesenem Ausmaß durchläuft. Damit seht ihr bereits die beträchtliche Anhäufung von Problemen, die mit den an Fremde zugestandenen Rechten verknüpft sind, den Aufenthaltsrechten und den Eintrittsrechten in die modernen Staaten, wenn die Fremden »ohne Dach«, ohne Adresse, ohne Vaterland sind und selbst der Status »ohne alles« nicht mal anerkannt wird.[2] Es soll hier nochmals daran erinnert werden, dass alles, was die Anwendung der so genannten Ausländergesetze so schwindelerregend schwierig macht, daran liegt, dass die juristische Praxis einen Wohnort verlangt, eine Adresse, kurz, ein Haus, »einen Ort, wohin man gehen kann«. Nur das Echo von Freuds Satz »Das Ich ist nicht mehr Herr im eigenen Haus«[3] öffnet hier einen Abgrund, dessen Tiefe unergründbar ist.

Ich sprach vom Ereignis und vom Eintreffenden, der Ankunft des Eintreffenden als Ereignis. Ich bezeichnete das, was geschieht, als Ankunft des Gastes, des Anderen, des Exilierten oder Flüchtlings, wenn *das*, was geschieht, das Echo *derer* ist, die ankommen. Berlin ist eine der Bezeichnungen dieses historischen Problems unserer Moderne und der Geschichte dieses Problems als Stadt: Berlin war während Jahrzehnten – und wahrscheinlich lange vor der »Mauer« – das Problem der Teilung. Dies stimmte natürlich von einem bestimmten sozialen, ökonomischen und politischen Standpunkt aus immer nur teilweise. Dies trifft auch immer mehr für alle großen Städte der Welt zu. Aber wenn ich diesen Punkt gleich zu Anfang anspreche, indem ich von »Berlin« rede - so ist dies auch meine Ankunftssituation in Berlin und auf dieser Veranstaltung - zu Beginn meines Vortrages. Von einem anderen Standpunkt aus handelt es sich um ein metaphysisches, ein metapolitisches, metahistorisches Problem. Blanchot formulierte es so: »Berlin ist nicht nur Berlin, sondern das Symbol der Teilung der Welt«.[4] Und seiner Fragmentierung, würde ich hinzufügen, aber einer Fragmentierung, die von nun an weltweit ist. Sie ist die Welt selbst. Die Weltwerdung der Welt besteht in dieser Globalisierung der Fragmentierung zwischen einer weltweiten Vereinigung und ihrer rückwirkenden Fragmentierung. Berlin wäre einer der Orte dieser Welt, wo die Teilung, die Fragmentierung, das Zerstäuben der Stadt als Zufluchtsort sich globalisiert hat. Denn auch die städtische Erfahrung hat sich von nun an globalisiert, denn die Städte sind *unkenntlich geworden* (ich werde später auf den Begriff noch eingehen) aufgrund gewaltiger Mechanismen, ständiger Rückentwicklung und aller Katastrophen unserer Zeit. Und dieses Ereignis hat keine heterogene Beziehung zur Geschichte der Stadt, sondern es ist im Gegenteil konstitutiv für das, was wir, obgleich dieser Begriff überholt ist, noch »die Städte« nennen. Es ist eigentlich banal, aber der Krieg ist das eigentliche Prinzip der Stadtentwicklung. Vor allem die Globalisierung des Krieges. »Berlin: ein ›Punkt des Universums‹, *der Ort, an dem sich die Reflexion über die Notwendigkeit und die Unmöglichkeit der Einheit in jedem Einzelnen, derer, die bleiben und derer, die da bleibend, nicht nur die Erfahrung eines Aufenthaltes vollendet, sondern einer Abwesenheit des Aufenthaltes«*, schreibt Maurice Blanchot.[5] Das Szenario der städtischen Teilung weist sowohl auf die unvergleichbare demographische Explosion der Städte und des ganzen Planeten hin, als auch auf die vielen Auflösungen, die Teile unserer Erfahrung der unbewohnbaren Städte durch ihre Phantome, wo der »Aufenthalt« zur »Abwesenheit des Aufenthaltes« wird, durchqueren. Durch eine Reihe von unkalkulierbaren Veränderungen, aber vor allem der Technologien, die auf Entfernung funktionieren, (Überwachungssysteme, Telefonnetze, Elektronik, Web-Kameras, Kino, Literatur etc.), wird die Stadt zum Phantom. Und die auf ihren Ruinen wieder aufgebaute Stadt, die Akkumulierung der Bauten, die die Stadt zerstören, alle städtischen Dekonstruktionen, die den *Kaiserpalast* unserer Zeit darstellen, all das führt zu einer Stadt, die von Phantomen heimgesucht wird. Und selbst die Einwohner gleichen immer mehr Phantomen, kaum wahrnehmbar, Vorübergehende, Unterdrückte, anonym, atomisiert, akulturalisiert und asozial: *sie sind abwesend.* Die Stadt wird von dieser

Abwesenheit bewohnt, die die *Abwesenheit des Wohnortes als Stadt* ist. Unter anderen Potenzialitäten bedeutet diese Formulierung, dass ich, wenn ich dies sage, von der Abwesenheit tausender Einwohner Berlins und fast aller europäischer Städte, getötet durch Kriege und Verfolgungen, durchdrungen bin: *Es gibt nicht eine Straße* in Berlin, in der ich nicht daran denke, und es gibt Straßen, die uns besonders daran erinnern. Überall, wo unser Blick hinfällt, gibt es mehrere Schichten von Einschlaglöchern, von Kugeln, »Löchern« in der Stadtlandschaft und euch selbst. Die »städtischen« Kriege, die Berlin erlebte, sind untrennbar von den planetarischen Kriegen, die die Städte zum Einsatz des Krieges machen. Die universelle Explosion der alles erfassenden Städte, der Megalopole und anderer »Metropolis« und ihrer soziopolitischen und auch ästhetischen Konsequenzen, beteiligen sich an der Umwälzung unserer Wohnkultur. Jede Stadt würde auf ihrer Oberfläche die Stigmata der Zone der planetarischen Kriege tragen, die sich auf dem Maßstab der immer genaueren Kontrollsysteme entfalten, die die Städte rastern. Die Stadt wird heutzutage durch einen komplexen Knoten von Aufnahmetechniken erbaut und durchzogen, von Beobachtungen und Fallen, vor allem durch die Videoüberwachung. Es ist sogar möglich, die Stadt und ihre Einwohner auf Distanz zu betrachten, dort zu sein, ohne dort spazieren zu gehen, gleichzeitig Beobachter und Beobachteter zu sein, Überwacher und Überwachter, durch das weltweite *panoptikum* Internet und die Webkameras (über Internet kann man jederzeit und überall den Bahnhof Zoo oder den Alexanderplatz sehen). Die Wissenschaft der visuellen Stadteroberung (Poliocrétique) ist eine der aktuellsten Spezialitäten des modernen Krieges, der die panoptische Kontrolle der Städte durch Videoüberwachung darstellt. Die Kontrolle des Blickes kann sich in jedem Moment in ein Repressionsinstrument und in Zerstörung verwandeln. Die Prothesen des Blickes, die die Stadt permanent ergreifen, sind also auch Suchgeräte, die die zukünftige Zerstörung im Blick haben: Es ist der Blick, der tötet. Es gibt keinen Ort mehr, wo man hingehen könnte, ohne von den Unsichtbaren gesehen zu werden, diese Struktur dominiert unseren weltweiten Zeit-Raum: Man wird gesehen, ohne im öffentlichen Stadtraum (Straßen, U-Bahn, öffentliche Räume usw.) gesehen zu werden und man sieht diesen weltweiten öffentlichen Raum, ohne gesehen zu werden, während der private Raum des »Zuhauses« ins Internet geht oder im Fernseher erscheint. Umgekehrt ist der bisher diskret verhandelte private Raum zum kaum zu überbietenden Objekt der öffentlichen Werbung geworden: Ob durch das Internet oder das Fernsehen, die gesamte

Fernsehaufzeichnung des »Zuhauses« ist der Einsatz aller radioskopischen Antriebe von *Big Brother* (BRD) oder *Loft Story* (dem französischen Äquivalent) oder ähnlicher Sendungen.[6] Wenn es keinen geheimen Ort in der Stadt mehr gibt, der keine großen Gefahren in sich birgt, wenn die Stadt nicht mehr *bewohnbar* ist, ist sie es nicht mehr in einem klassischen Sinn. Keine Gastfreundschaft ist nun mehr möglich, wenn man voraussetzt, dass jegliche Gastfreundschaft, die ihren Namen verdient, dem Geheimnis einen Ort gibt, dem Unvorhergesehenen, dem Bruch, der Unterbrechung und dem Unsichtbaren, kurz, sowohl *dem Ereignis*, als auch den *Eintreffenden*. Die Herrschenden, wer sie auch sein mögen, haben dies gut verstanden, und die elektronischen Überwachungssysteme, die Telefonüberwachungen und andere mehr oder weniger »legale« Störungen der Intimität des Zuhauses, sind von nun an Teil der vorrangigen Ziele der Herrschaftsnetzwerke in den Kontrollgesellschaften.[7] Die politische-polizeiliche Fiktion der modernen, vollständig kontrollierten und kontrollierbaren Stadt hat sich gegen ihre eigene Wahnvorstellung gekehrt: Nichts kann mehr passieren, denn nichts trifft mehr ein, was nicht schon festgehalten, gefangen, ergriffen, festgenommen, vorausgesehen wäre.[8] Es handelt sich dabei nicht nur um einen Krieg mit Waffen und Militär. Auch nicht darum, dass unsere Art und Weise, in der Stadt zu leben, sich verändert, sondern dass die Explosion eine dominierende Form geworden ist, die Stadt zu bewohnen: Selbst wenn die Explosion nicht mit dem Krieg verbunden ist, findet sie statt und sie findet statt als Explosion des Wohnens, des Hauses, des Aufenthaltes. Die Stadt ist der typische Ort der zeitgenössischen Dekonstruktion des »Zuhauses«. Die Stadt hat sich soweit verändert, dass ein beschaulicher Aufenthalt niemals gewährleistet ist und dass der gewöhnlichste Aufenthalt der »Bewohner« die Abwesenheit des Aufenthaltes ist, wovon Blanchot in seinem Text über Berlin von 1964 beispielhaft schrieb. Man muss sich nur vergegenwärtigen, wie die Obdachlosen einen neuen Typus der »Bewohner« verkörpern, der in der modernen Stadt omnipräsent ist. Sie sind die Wahrheit der steigenden Unmöglichkeit, eine Stadt zu bewohnen, die von nun an keine Stadt und keine Bewegung auslassen wird, ob es sich um die Obdachlosenbewegung oder andere Wohnungslose handelt. Aber sie sind auch die Wahrheit über die radikale und neue Unmöglichkeit, die Wohnung als das, was ankommt, zu denken, an das zu denken, was mit den Wohnungen passiert in Zeiten, wo sie überall fehlen, selbst innerhalb des Wohnraums, des Ortes, des Hauses. Dies könnte eine Aufgabe für ein zukünftiges Kulturhaus sein, diese Explosion des Wohnens in der modernen Kultur zu denken, diese Explosionskultur, die die Häuser so stark betrifft. Diese Explosionskultur ist in jedem Punkt auch eine kulturelle Explosion. Die Abwesenheit eines Rechtes auf Wohnraum auf planetarischer Ebene, diese universelle Abwesenheit eines Wohnortes ist eine der wichtigen soziokulturellen Tatsachen der Gegenwart, mit der wir alle mehr oder weniger konfrontiert sind. Das Ausmaß ist im Moment noch nicht klar: Es wird eine nie da gewesene Veränderung unserer Art, in der Welt zu leben, und der Bedingungen von Gastfreundschaft in unserer »Kultur« bedeuten, die eine besondere »Kultur« des Wohnens und der Gastfreundschaft darstellt... Wir befinden uns dazwischen. Wir irren zufällig auf einer verwüsteten Erde herum, wie nach einem Erdbeben. Man kann versuchen, es zu ignorieren. Wir sind noch ziemlich weit entfernt von dem, was noch passieren wird, und wir sind uns vor allem der *Chancen* noch nicht bewusst, die diese Veränderung beinhaltet. Wir sollten uns aber bewusst machen, dass dieses Erdbeben jetzt stattfindet und dass wir, ob wir wollen oder nicht, ob wir davon Kenntnis haben oder nicht, Teil davon sind. Ich möchte in diesem Zusammenhang die Arbeiten von Pierre Bourdieu und Abdelmalek Sayad über die Entwurzelung und die Abwanderung in die Städte im Algerien der sechziger Jahre empfehlen und auch die Texte von Germaine Tillion, die die Erschütterung der Städte in *L'Algérie en 1957 (Algerien im Jahr 1957)* beschreibt. Diese Zerrüttung produzierte eine große Anzahl von Entwurzelten (Bourdieu, Sayed), die zu einer Art »Penner« (Tillion) und Nomaden wurden. Es kommen noch welche aus den Kriegen hinzu. Diese Menschen sind so zahlreich geworden, dass sie die aktuellen »Aufnahme-Kapazitäten« der Staaten übersteigen und im schlimmsten Fall von diesen Staaten brutal ignoriert oder unterdrückt werden. Alles läuft so, als ob diese unkalkulierbare Produktion von Exilierten undenkbar wäre. Obendrein verweigert man sich der Abwesenheit der Exilierten und ihrer Kultur des Abschieds, sowie der Abwesenheit der Kultur des Eintreffens. Es geht um diese Abwesenheit, die ich zu begreifen versuche. Ich habe den Verdacht, dass die Konsequenzen des nicht Gedachten katastrophal sein werden. Das nicht Gedachte ist so katastrophal wie die historische Katastrophe, aus der es hervorgeht. Eines der Symptome dieser Blindheit kommt daher, dass bis vor kurzer Zeit die Wege der Exilierten und Flüchtlinge, »Migranten« genannt, nicht thematisiert wurden, vor allem die sozialhistorischen Dimensionen ihrer Wege. Es ist nicht erstaunlich, dass die Nationalstaaten und ihre öffentlichen Meinungen diese Bevölkerungsgruppen brutal behandeln, so als wären sie Verbrecher und Kriminelle, wie es kürzlich in dem Flüchtlingslager Sangatte und anderswo passierte. Die Staaten veranstalten unvergleichbare Hetzjagden, um die kriminalisierten Exilierten sozial unsichtbar werden zu lassen. Im November 2002 ging es weniger darum, das Aufnahmelager in Sangatte zu schließen, als den Bruch und die historische Niederlage unsichtbar werden zu lassen, die dieses Lager verkörperte. Es gibt heute von Roissy bis Ceuta, von Gibraltar bis Lampedusa, von Frankfurt/Oder bis Marseille, Tausende von Sangattes. Wenn ich von Brutalisierung spreche, so handelt es sich nicht um eine rhetorische Figur: Im Rekordjahr 1998 starben mehr als 1100 Personen an den Grenzen der Europäischen Union beim Versuch, nach Europa zu gelangen. Die Brutalisierung, die mit diesem *Heimweh* verbunden ist, beginnt früh. Auch hier möchte ich nochmals auf unsere Kultur des »Hauses« hinweisen. Noch nie wurde die weltweite Dekonstruktion des »Hauses« und ihrer juristischen Fiktionen so weit getrieben wie in dieser Zeit, wo sie die Bedingung *sine qua non* des »Eintritts und des Aufenthaltes« auf einem nationalstaatlichen Territorium darstellt. Dies ist kein Detail, wenn man in Rechnung stellt, dass das gesamte Rechtssystem der zeitgenössischen Staaten mit dem Land verbunden ist und genauer, mit dem Aufenthaltsort, dem Ort des Aufenthaltes, der Adresse, dem Wohnort, kurz, dem Haus, dem Wohnraum, *Heim, Home, Homeland, Heimat.* In allen heutigen Staaten konzentrieren sich fast alle Rechte eines Citoyens auf seine Adresse. Von da ausgehend, gibt es soziale Rechte, Arbeitsmöglichkeiten, Heiratsmöglichkeiten, die Möglichkeiten als Zeuge berufen zu werden oder zu erben... Man muss nur darauf achten, wie die Moderne ihre Nomaden »behandelt«, um zu begreifen, wie die Abwesenheit einer »festen Adresse« - das heißt das Fehlen einer Wohnung - an sich ein reales oder latentes Delikt für all die Staaten repräsentiert, die *ohne zu zögern* die Bevölkerungen des Globus unterdrücken, die ein nomadisches Leben führen.[9] Auch hierüber kann ich mich nicht so auslassen, wie ich es gerne würde, und die schrecklichen Repressionsbeispiele benennen, die die nicht sesshaften Bevölkerungen der Erde erleiden müssen, wie z.B. die xenophoben Entladungen, die auch den widerständigen Rest betreffen, den verfluchten Teil der »Eintreffenden« der Welt und ihrer Nachkommen. Das Problem ist heutzutage, dass der »Rest«, dieses Resultat der gigantischen weltweiten Verbrennung und Zerstörung, die die Produktionsweise des posturbanen Kapitalismus kennzeichnen, dass dieser Rückstand in Form von Müll immer größere Teile der Weltbevölkerung in lebende Mülleimer verwandelt. Die Umgebung der großen Städte bietet besonders deutliche Zeichen dieser Unmöglichkeiten zu wohnen. Natürlich findet man auch traditionelle Nomaden, aber von nun an auch von schlechten Wohnbedingungen gekennzeichnete soziale Schichten und eine bestimmte Form von *Heimweh*, in der sich in der Erfahrung des Wohnens die Weigerung zu wohnen ausdrückt. Die oft von jungen Bewohnern vorgenommenen Zerstörungen können als Widerstand gegen diese Wohnformen, unter denen ein großer Teil der Weltbevölkerung lebt, interpretiert werden. Ob sie zuerst die Mülleimer anzünden, was vielleicht kein Zufall ist, oder sich gegen die erbärmlichen Zweitwohnsitze ihrer Eltern, die Autos, richten, mit deren Hilfe ihre Eltern sich »freiwillig« der Lohnsklaverei stellen, wenn sie das Privileg haben, einen Arbeitsplatz zu besitzen. Jedenfalls leben sie wirklich in den – wie man im Französischen sagt – »Banlieues«, den Orten, die aufgegeben wurden, den »verbannten Orten«, verbannt vom Zentrum, auf dem Boden des Exils, wo das, was passiert, die Abwesenheit des Ortes ist, eine Art von Posturbanismus, wo es weder einen Wohnort (Abwesenheit von Zuflucht), noch »einen Ort zum Hingehen« gibt, um zu entkommen. Die Revolten von Los Angeles im Frühjahr 1992, die in Vaulx en Velins in Frankreich und die in zahlreichen anderen Städten, wie Straßburg, sind einige der Prämissen des weltweiten Aufloderns, das mit der Abwesenheit der Exilierten zu tun hat, dem Nicht-Ort, der Abwesenheit des »Wohnortes«. Es ist kein Zufall, dass diese Revolten an den Punkten und in den Zeiten ausbrechen, wo die staatlichen Instanzen, die Polizei und die »Institutionen« (Feuerwehr, öffentliche Verkehrsmittel etc.) in den posturbanen Raum vordringen. Auf diesen städtischen Linien der Implosionen und der Explosionen wird eine neue Form der Stadt entworfen: Ein Zeichen davon ist, dass nicht mehr von den »Städten«, sondern den »banlieues« (Vorstädte), den »Zonen«, »Schranken« gesprochen wird. Ein Ort für die Phantome und die atomisierten, abwesenden Subjekte ohne Ort; ein Ort, der um die Abwesenheit der Stadt entworfen wurde, denn sie leben nicht mehr in einer Stadt, sie sind wie Exilierte der Stadt, außerhalb der Stadt. Sie wohnen aber in dieser »städtischen Zone«, in dieser kritischen Art und Weise, abwesend im Raum der Möglichkeiten. Sie sind aber die Bewohner dieser unerwünschten Zone, die man sich nicht mehr traut, »Stadt« zu nennen, selbst wenn sie einige historische Kriterien der Stadt aufweisen sollte. Ihr einziger Horizont ist die Abwesenheit des Horizontes.[10] Diese außerhalb liegenden posturbanen Räume sind Laboratorien der Elendsverwaltung innerhalb der entwickelten Gesellschaften, d.h. der Kontrolle des Absinkens ganzer sozialer Schichten in das Elend. Diese Fast-Orte sind vor allem durch die soziale Instabilität und das Herumirren ihrer »Einwohner« gekennzeichnet. Sie sind die großen Abwesenden unserer Geschichte, wenn wenigstens die Geschichte in der Lage wäre, ihre Wege zu begreifen, wenigstens solange die Revolte noch kein festes Datum hat. Das durch die Schwierigkeiten des Wohnens produzierte Umherirren ist eines der größten weltweiten und städtischen Probleme unserer Zeit. Die ständig steigende Zahl der nomadisierenden Kinder ist eng mit dem gerade beschriebenen posturbanen Phänomen verbunden und beunruhigt die Staaten ungemein - im Norden wie im Süden, in Europa und überall in der Welt und vor allem in Afrika. Es gibt heute Millionen nomadisierender Kinder auf der Welt. Ein kürzlich erstellter Bericht schreibt, dass die Zahl von Kindern, die versuchen, klandestin nach Europa zu gelangen, ständig steigt. Damit fordern sie alle zur Verfügung stehenden staatlichen Rechtsgrundlagen heraus. Sie haben kein bestimmtes Alter, keinen Namen, keinen Geburtsort, keine Sprache, keine Religion und selbst der Zugang zu ihrer eigenen Exilgeschichte ist ihnen fast immer versperrt. Sie sind unterworfen, aber sie haben ein Gesicht. Ich weiß nicht, welcher Nacht entrissen, wahrscheinlich sind sie die großen Marranen (Zwangskonvertierte)[11] unserer Zeit, denen ich diesen Text widmen möchte. Wie die Gesichter der Abwesenden, die Berlin noch heimsuchen... Die Stadt wird immer mehr zum Ort der Abwesenheit des Universums, zu dem, was Hannah Arendt unter anderen Umständen die *Weltlosigkeit* nannte. Und der Obdachlose, der Nomade und Exilierte sind die wichtigen Figuren des Wohnungswesens ohne Wohnungen, des Aufenthaltes, der durch die Abwesenheit des Aufenthaltes gekennzeichnet ist, in der planetarischen städtischen Explosion, wo ein sich ausbreitendes Aufenthaltsverbot regiert, ohne dass das Versprechen eines Ortes irgendwo gegeben würde. Die Abwesenheit jeglicher Zuflucht bedeutet Leiden. »Im Leiden liegt eine Abwesenheit jeglicher Zuflucht«, schreibt Emmanuel Lévinas 1946. Eine gemeinsame Eigenschaft dieser drei Subjekte - des Bewohners, des Citoyen, des Einwohners - besteht genau darin, dass die Eigenschaft, ein *Subjekt* zu sein, »Rechtssubjekt«, Wähler, Einwohner, Bewohner, ihnen verweigert wird. Es wird ihnen mit der Begründung verweigert, dass sie keine Erdenbewohner seien. Wo sind sie also? Sie sind hier und da, »hier«, der Platz, der Ort wird ihnen verweigert. Wenn der Nomadismus eines der wichtigsten Merkmale unserer Zeit darstellt, handelt es sich auch um ein historisches Konstrukt, das durch völlig überforderte staatliche Strukturen unterdrückt wird, weil sie die Bewegung nicht erkennen, die den Nomadismus produziert.

... Die Historisierung unserer Zeit und die Ausdehnung der Welt sind in vollem Gange .... Dies trifft überall da zu, wo etwas »eintrifft« oder jemand »eintrifft«. Das heutige Thema ist als das, was in unserer historischen Zeit und unserem politischen Raum passiert, in diesen Zeiten der Brüche und Unterbrechungen. *In einer Welt des Krieges gegen diese Welt* ist der Weltkrieg eine dieser Unterbrechungen der historischen Zeit. Ein täglicher Krieg, in dem jeder Tag wie ein Jahrhundert zählt, in dem sich die Zeit unablässig dreht und umdreht, ohne anzuhalten, und ohne Richtung weitermacht ohne ein zu bändigendes historisches Bild. Es handelt sich also auch um einen Krieg gegen den Tag, im Lichte betrachtet und in einem bestimmten Sinn um einen Krieg gegen die Aufklärung (im Französischen Lumières: Lichter). Die von uns erhobene historische Zeit hängt mit der kantischen und Hegel'schen Konzeption zusammen, demselben politischen oder »kosmopolitischen« Raum, der dabei ist, sich zu verändern und in der berühmten Schrift *Zum ewigen Frieden* thematisiert wurde. Was diesen Bruch schwierig macht, macht anderes möglich: Er öffnet die enge Tür, durch die man eine Stimme zur »richtigen Zeit« vernehmen kann, in dem Moment, in dem sich die Zeit der Gerechtigkeit entfalten kann, wo man sagen kann: »Endlich wird Gerechtigkeit walten!« Ich notiere dies sehr schnell, sehr eilig, wie es von nun an in der Fragmentierung der weltweiten Zeit und des Raumes üblich sein wird. Der gegenwärtige Ausnahmezustand ist genau diese, der Moderne eigene Situation, in der eine bestimmte Art von übereilter, explosiver, plötzlicher Zeit unsere Synthese der Zeit und des Raumes verwüstet. Es gibt eine richtige Traumatisierung, eine Verletzung unserer historischen Zeit. Das Trauma wurde zur Wahrheit und zur Regel unseres Verhältnisses zur Geschichte. Das heißt zumindest, dass die Synthese der Zeit durch die stattfindende Bombardierung zerstört wurde. Diese Bombardierung ist älter als die Ruinen, durch die wir uns der Zeit bewusst werden. Sie ist ... datiert. Auch was ich hier aufführe ist datiert. Wie es Françoise Proust in ihrem wunderbaren Text *L'histoire à contretemps* über die historische Zeit bei Walter Benjamin unterstrich, die dreifache kantische Synthese ist heute unmöglich geworden: Im Objekt, im Subjekt, in der Sensibilität oder im Verständnis, diese Synthesen, die unsere Beherrschung des Mannigfaltigen in einer minimalen Sinneinheit zusammenfügen, sind nun fragmentiert, zerstäubt, verteilt. Der »Schock« – das ist der Begriff, den Arendt und Derrida verwenden, wenn sie von den Heimatlosen schreiben – der Ausbruch von Aggressionen, die Zerstückelung der Aktivitäten und der Orte, das Feuer der Maschinengewehre oder der Informationen, der Bombardierungen. All dies unterwirft das Bewusstsein einer derartigen Auflösung und Delokalisierung, dass es in jedem Moment wie schwer verletzt wirkt, unfähig sich zu ordnen, sich zu erinnern, die Gedanken aneinander zu reihen. »Die Welt«, schreibt Françoise Proust, »hat dem Bewusstsein den Krieg erklärt«.[12] Die moderne Zeit entwickelt sich nicht mehr friedlich und allmählich, sie ist plötzlich, sie ist Schnelligkeit, Unfälle, Auflodern, Krieg. »Die Welt ist im Krieg, jeder Tag ist ein Tag des Krieges«, noch einmal Proust.[13] Jetzt fehlt mir die Zeit, noch ausführlich Lévinas zu zitieren, der auf ganz andere Art und Weise als Proust diese »harte Realität« unserer Moderne in den ersten Sätzen von *Totalité et infini* (Totalität und Unendlichkeit) beschreibt und der nicht zufällig darauf aufmerksam macht, dass sich niemand dieser Erschütterung entziehen kann. Auch hier wird der Begriff des Krieges zitiert, als etwas ohne Gesicht, das dem Gesicht den Krieg erklärt: »Wie der moderne Krieg, so bedient sich jeder Krieg der Waffen, die sich gegen die kehren, die sie halten. Er errichtet eine *Ordnung der sich niemand entziehen kann.* Es gibt kein Außen mehr. Der Krieg offenbart kein Außen und kein Anderes; er zerstört die Identität des Selbst.«[14] Bei einem Krieg, der keine Distanz mehr erlaubt, ist unsere *Verantwortung* gegenüber diesem Ereignis grenzenlos. Es gibt kein Außen mehr, keine Äußerlichkeit und die Gewalt besteht nicht nur darin, zu verletzen und zu vernichten, sondern auch darin, den Verstand und das Bewusstsein zu zerstören, die Synthesen und die Verbindungen zu verhindern, einen allgemeinen Schockzustand herzustellen und auf die Bewusstseinsebene zu zielen, durch Bombardierungen von Gegebenheiten ohne Folge und ohne Verkettung.[15] Der Status der Information und ihrer planetarischen Zirkulation sind sowohl Ausdruck eines universellen Schocks als auch einer mittlerweile nicht mehr zu begrenzenden Distanz, weil sie auf die Ebene des Bewusstseins zielen. Nicht eigentlich räumlich, nicht nur zeitlich, trägt die »Distanz«, von der Lévinas schreibt, die Neuheit des Auseinanderfallens des Zeit-Raumes in sich. Es ist die Zerstörung der »Identität des Selbst«, was Françoise Proust auch das »Bewusstsein« im Herz unserer Herzen nennt: Eine derartige Distanz bildet sich nicht nur zwischen den Menschen, sie setzt sich tief im Herzen fest, im Herzen des Bewusstseins. Die Schwierigkeit besteht nicht unbedingt darin, dass das Bewusstsein beim einfachen Kontakt mit einer umfassenden Bombardierung hier und jetzt an mehreren Punkten des Raumes und der Zeit – als Fragment – explodieren würde. Mit diesem Bewusstsein erhält sich auch eine historische Zeit und eine Geschichte unserer Weltlichkeit, die wir von der Aufklärung übernommen haben, die sich aber heute in einer tiefen Krise befindet. Es gibt noch keine Konzepte für einen neuen Zeitraum und das hat Gründe, denn auch da handelt es sich um eine konzeptionelle Krise: Wenn die Grenze sich in einer Krise befindet, die Zeit ist die Krisenzeit, gibt es eine Krise des Erwartungshorizontes. Es gibt keinen Ort mehr, zu dem man gehen kann (Arendt). Die Zuflucht ist abwesend (Lévinas). Dieser Abstand zwischen zwei datierten Texten, zwei im Stil und in der Absicht sehr unterschiedlichen Texten, mit gerade mal vier Jahren Abstand von zwei Exilierten verfasst, einer Frau und einem Mann, geschrieben am Ausgang des Krieges, in denen die Zerstörungen des Aufenthaltsorts, der Zuflucht oder des Hauses in der Sprache des Anderen thematisiert werden. Lévinas betrachtet diese Zerstörung als das Leiden *per definitionem.* Arendt sieht in ihm das Verschwinden des Zuhauses. Diese beiden Autoren erläutern also auf ihre Weise und auf verschiedene Art das Ende einer Epoche und wahrscheinlich die Möglichkeit einer engen Tür, durch die »gerade noch« eine Intervention möglich ist: die Eile, diesen Moment zu thematisieren. Sie benennen den Schock und den Schmerz in einer neuen Sprache, denn weit davon entfernt, französisch oder englisch zu sprechen - dies waren nicht die Sprachen von Lévinas und Arendt -, handelt es sich um eine neue Sprache und ein neues Lexikon, die in ihren Texten zum Sprechen kommen und die uns anrufen.

... In diesem Zeitraum ..., der durch Dringlichkeit bestimmt ist ..., werde ich mich beeilen, mit einigen Thesen das am Anfang dieses Textes Versprochene zu benennen.

Wenn es keine Gastfreundschaft ohne eigene Souveränität über das Zuhause mehr gibt, stellt sich folgende Frage: Wie soll es möglich sein, die Grenzen eines Hauses zu ziehen, eines Zuhauses und eines »bei mir«, das heißt, ein Bewusstsein herzustellen. Wenn meine Souveränität über »mich«, über mein Bewusstsein in diesem Maß fragmentiert ist, bedeutet das, dass der Schutzraum und der Moment der Erholung sowie des Innehaltens im weltweiten Auflodern fehlen? Von »dort« auszugehen hieße, neue Formen zu bilden *und* Subjekt *und* Behausung zu werden, indem die unförmige Masse der Nacht entrissen wird, die durch die Unterkunft, die schlechte Wohnung oder die Abwesenheit eines Ortes und einer nicht existierenden Behausung ins Exil kam. Dies würde bedeuten, von den gängigen Widerstandsformen auszugehen, die die Dekonstruktion der

Souveränität und der Grenzen verlangen, die eine neue Entgrenzung des Politischen in Gang setzen und aus der fragmentierten Welt der Vorstädte eine historische Kultur der entgrenzten Gastfreundschaft machen.
Dies würde z.B. bedeuten, über das Recht, das auf diesem Planeten in Kraft ist, hinauszudenken. Dies hieße, nicht mehr von der Abfahrt und der Ankunft auszugehen, sondern die Möglichkeit der Bewegung zu denken; nicht mehr vom Wohnort, sondern von den Wegen, auch nicht mehr von dem Geburtsort, sondern vom Ort des Sterbens, nicht mehr vom Ort der Sprache, sondern von neuen Formen der Lokalisierungen zu sprechen. Nichts würde heute die Bildung virtueller Staaten verhindern - die eigentlich keine wirklichen »Staaten« mehr wären. Staaten, die sich auf Verbindungen stützen anstatt auf Zugehörigkeiten zu einem bestimmten Flecken Erde. Diese Staaten wären nicht supranational oder international oder kosmopolitisch: Sie würden *de facto* alle klassischen Figuren des Internationalismus oder des Universalismus und vor allem des Nationalstaates, der von nun an durch die Erscheinung der Exilierten überfordert ist, überschreiten. Sie könnten sich z.B. auf die Städte stützen, auf die Netzwerke der Städte - wie es das Internationale Parlament der Schriftsteller (auf Initiative Derridas) mit der planetarischen Allianz der Zufluchtsorte tut, wo wegen ihrer Werke verfolgte Intellektuelle empfangen und geschützt werden. So würde man Gastfreundschaft neu definieren, unabhängig von staatlichen und geographischen Mächten. Es geht nicht darum, das Konzept von Asyl und Gastfreundschaft aufzugeben. Diese Praxis würde sich auf dem Rücken eines Tigers festhalten: sie würde ein weltweites Bündnis begründen, das Städte, Inseln und Landengen erfindet, die den Wellen der weltweiten Bewegungen der Menschen, der Ideen und der Güter folgen würde, weit weg und über die imperialen Formen und Nationalstaaten hinaus, welche analog zu der gesteigerten Repression gegenüber denen, die sich wehren, ihre Relevanz verlieren. Dies ist alles andere als eine Utopie, eher eine seltsame Vision, denn diese Bewegung hat bereits begonnen und vielleicht ist sie auch älter, als wir es wahrhaben wollen. Das weltweite Bündnis, das »Porto Allegre« oder »Florenz« genannt wird, ist schon dabei, sich zu verändern.
Der Begriff des/der Exilierten impliziert ein individuelles Exil im bestehenden Denken. Er führt dazu, dass das heutige Denken es überschreitet, über es hinausgeht und den geo-kosmopolitischen Rahmen des nationalen-internationalen Rechtes, das sich auf die Verträge zwischen den souveränen Staaten beschränkt, hinter sich lässt. Es würde bedeuten, die Abwesenheit des Exilierten in eine Chance zu verwandeln, seine Welt-

und Raumlosigkeit sowie das Exil nicht mehr als eine durch die Polizei auferlegte Kapitalstrafe zu erleiden, die mit Zwecken verbunden ist, die sie überfordert und über die sie sich beschwert. Die Exilierten sind heute die Beute von immer abstruseren staatlichen Repressionen, die sie aus einem einzigen Grund »kriminalisieren«: weil sie im Exil sind. Arendt und Benjamin haben sehr genau beschrieben, wie die immer gespenstischer werdenden und allgegenwärtigen Polizeikräfte das Gesetz nach ihrem Gutdünken bestimmen. Herrschaft wird immer ungreifbarer, sie ist nirgendwo, also *verantwortungslos.* Dass Fremde, Exilierte und andere *Heimatlose,* die die Staatenlosigkeit gemeinsam haben, stark verfolgt werden, ist kein Zufall. In ihrem Schicksal spiegelt sich nicht mehr und nicht weniger als die Auflösung des Rechtes und der Souveränität. Die starken Einschränkungen des Asylrechtes sind ein Teil davon. Das große Problem der gegenwärtigen Bewegungen und sans-papiers liegt darin, einen Widerstand gegen diese Gewalt aufzubauen, ohne das Gesetz zu affirmieren, unter dem diese Gewalt ausgeübt wird. Denn der Erhalt von Papieren (»Papiere für alle!«) regelt das Problem der sans-papiers noch lange nicht und das haben sowohl die Staaten als auch die sans-papiers begriffen. Um sich zu befreien, müssen die Exilierten immer an die appellieren, die sie an ihrer Befreiung hindern. Darin liegt eine der verflixten Aporien unserer Zeit. Der neue weltweite Widerstand muss wissen, dass es keine Belohnung geben wird, dass er sich nicht auf den Strukturen aufbauen kann, die er bekämpft, und nicht die Kräfte benutzen darf, die er abschaffen möchte. Wahrscheinlich ist dies eine der größten Schwierigkeiten der aktuellen Kämpfe der sozialen weltweiten Bewegung: Grenzen überschreiten, ohne sich den Grenzen bedingungslos zu unterwerfen.

Vielleicht wird es durch die Thematisierung eines neuen Konzeptes geschehen, das sich auf *diejenigen* stützt, die ankommen. Was geschieht, geschieht durch *deren* Ankunft. Heute noch als ein verfluchter Teil des Ganzen betrachtet, wird sie eine immer wichtigere Rolle dabei spielen, wovon sie bisher nur einen Anteil hatte: in der weltweiten Produktion der Verbrennung, der übriggebliebenen Masse, dem Rest, der widersteht – nennen wir es »Überrest oder Asche« – Dieser Überrest ist von nun an größer als der »konsumierbare« Teil. Überall regiert der Müll: Die Verwaltung der Abfälle ist fürchterlich, nicht nur, weil wir Berge von widerständigen und Platz brauchenden Resten produzieren, sondern auch, weil das letzte Stadium des Prozesses in der Müllwerdung des Menschen durch die weltweite Prostitution der Waren und Personen im Herzen der Weltvergesellschaftung besteht.[16] Wenn man sich an die bekannten Statistiken hält, so sind im Moment 13 bis 18 Millionen Menschen, die sich im weltweiten Raum bewegen, Opfer von Vertreibungen. Diese Zahl betrifft nur die sans-papiers und bezieht die zahlreichen internationalen Migrationsströme, die seit einigen Jahrzehnten von den Staaten unter größten Schwierigkeiten absorbiert werden, nicht mit ein. Das Exil, der Exodus, die Fremden sind nicht nur etwas, von dem aus etwas Neues entsteht wie etwa eine neue politische und ethische Figur - die der Exilierten und der Fremden -, sondern sie repräsentieren auch die Beharrlichkeit, mit der eine neue Idee formuliert wird. Die Idee der Ankunft und der endlich Angekommenen, des Eintreffens, kurz, des Ereignisses und der Geschichte selbst. Dieses Ereignis hat noch keinen Namen, mit ihm trifft das Namenlose ein, die sans papiers, das Konzeptlose (ohne Stimme, ohne Sprache: der Überrest) und das, was geschieht. Wenn die Figur der Exilierten noch an der Tür der Geschichte klopft, geschieht dies deshalb, weil sie der Geschichte etwas Entscheidendes hinzufügen werden. Wir sollten unsere Geschichte, unsere Geschichtsphilosophie (und möglicherweise unsere Geschichte der Philosophie) überdenken und die Dringlichkeit der jetzigen Situation ebenso erkennen wie das weltweite Aufblitzen des widerständigen starken Restes, dem der Zugang zur Geschichte verweigert wird, und zwar in jeder Hinsicht, denn der Zugang zu ihrer eigenen Geschichte bleibt den Exilierten ebenso systematisch versperrt wie der Zugang zur Universalgeschichte. Es ist das Los der Flüchtlinge, der Einwanderer und der sans-papiers unserer Zeit, kein Anrecht auf Geschichte zu haben oder sie zu machen.[17] Genau wie der Knüppel sie regelmäßig daran erinnert, dass sie kein Interesse daran haben »Geschichten zu machen«, wie es die französische Redewendung ausdrückt. Dieser verbotene Zugang zur Geschichte taucht seit einigen Jahrzehnten in einem Feld auf, das bisher kein Gegenstand von historischen Forschungen darstellte: der Literatur. Literatur, die Geschichten erzählt, ist ein geeigneter Ort - ein Ort, der alle hier erwähnten Delokalisierungen hinterfragt und sublimiert -, dieses Leiden an Geschichte und an den Archiven. Einige Forscher beschäftigen sich heute damit[18], z.B. die Postcolonial Studies, so »kolonial oder »postkolonial« ist die Weltkultur heute eben. So schlage ich hiermit vor, dass dieser Überrest, dieses Namenlose und Geschichtslose, nicht mehr nur eine Unterregion der weltlichen Repräsentation darstellt, sondern ihr Zentrum und ihr Herz; das Herz, das fehlt, um endlich die Geschichte dieses Überrestes zu machen, um diesen Überrest ins Herz des fehlenden Herzes zu platzieren, ins Herz der nicht ausgeschöpf-

ten historischen Möglichkeiten, die sich im Ankommen der Exilierten ausdrücken.
Mit der letzten These möchte ich anregen, über unser Verhältnis zu den Grenzen nachzudenken und leichthändig, aber entschieden unseren Umgang, unsere Praxis und unser Denken Fremden gegenüber zu verändern. Unsere Kritik an den Grenzen sollte sich an den Grenzen der Kritik und der Aufklärung abarbeiten, um einen bestimmten »grenzenlosen« Geist der Aufklärung zu kultivieren, ohne dem erleuchteten Schwindel der kulturellen Grenzen nachzugeben. Dies würde bedeuten, unser Bedeutungsmuster der Realität der Grenzen zu hinterfragen und die Aporie, die Ausweglosigkeit zu kultivieren. Danach zu fragen, warum die Grenzen niemals so »real« und »wirksam« wie heute waren, obgleich sie doch auch niemals so »virtuell-phantomhaft-inmateriell« waren. Es geht darum zu verstehen, dass dieser alte Begriff der »Realität« in der Realität die phantomhafte Zukunft der weltweiten Gewalt darstellt, wenn sie an allen Grenzübergängen zuschlägt. Das würde elliptisch und noch rätselhaft bedeuten, dass es Modalitäten des Ortes gibt, des Stattfindens und des Zuhauses, die sich allen Zuschreibungen des Wohnortes entziehen, wo die gegenwärtige Rechtsprechung und die Geschichte Gewalt hervorrufen, indem sie die Zuflucht (Leiden) verweigern. Dies würde den Fremden eine einzelne Grenzüberschreitung ermöglichen, die die Grenze und die Fremden betreffen würde, gerade zur rechten Zeit, wie etwas Rettendes, wo die Fremden eintreffen wie die Retter. Wer weiß, ob diese Menschenmenge Exilierter nicht eine wichtige und gute Nachricht bringt? Ja, eine wichtige und gute Nachricht, inmitten des drohenden Krieges. Damit würde man die Verwundbarkeit eines Murrens riskieren, eines Wortes, aber nicht einer Idee: Nicht wirklich auf der Seite des Selbst, nicht auf der des Anderen, außerhalb des hysterischen und verstaatlichten Körpers der Grenzen - zugleich »abstrakt« und »konkret« –, richtet sich das soziale Wesen mehr oder weniger geheimnisvoll »bei dem Anderen« ein. Wenn die fremden Exilierten sich mit ihrer multiplen Abwesenheit auseinandersetzen, sind sie umso fremder, je weniger sie dieses Geheimnis erahnen. Es ist *nicht zu erkennen.* Als Figur, Matrix, Ort, wie die *Khôra* von Platon, ist das Unerkennbare weder sensibel noch verständlich, immer größer oder kleiner, jünger oder älter, geheimnisvoller oder zur Schau gestellt, *weder dies noch das,* aber auch *dies und das auf einmal*, weder männlich noch weiblich, Fremder oder Fremde analog zum Paradigma oder zum Begriff, außerhalb der kategorischen Gegenüberstellungen und der Kategorien selbst, die, wenn sie Platz nehmen, sich niemals dem Ort

unterwerfen, wo sie sich einfinden oder niederlassen. Diese unergründliche Bemerkung würden wir riskieren, um eine Gemeinsamkeit zwischen den nicht erkennbaren Exilierten und Marranen aus der *Khora* festzustellen: die sterblichen Überreste (die Asche).[19] Dies wäre auch eine zu elliptische Formulierung für diese unbegrenzte und unsichtbare Ortsveränderung - den Ausbruch - die Überschwemmung - *die Überführung,* die das Geheimnis des Abstandes, der sich zwischen dem sich außerhalb eines Ortes und außerhalb des Gesetzes bewegenden unerkennbaren Fremden und dem Verbot des Ortes vertieft.

Das Eintreten und Eintreffen, den »Schritt der Gastfreundschaft«, verhindern die gegenwärtigen Nationalstaaten. Es geht um das Unkenntliche und um das Unwiderrufliche dieser Ortsveränderungen. Das Unkenntliche kann auch ein Tier sein, ein Phantom, ein Klon, eine Marionette, ein Schauspieler, ein Roboter (eine Prothese), Frau oder Mann und auch ein »Stein«, eine Pflanze, der Wind, ein Blitz, das Klima... In diesem Maße ist das Unkenntliche auch klimatisch. Jedenfalls zielt es auf die Eintreffenden, auf das Eintreffende, also auf eine Störung des Grenzverkehrs, ein Zerreißen des Horizontes, den Blitz eines bestimmten Gewitters, das auch Benjamin interessierte. Es handelt sich dabei nicht um eine gewöhnliche Grenze, sondern um das Erzittern der Erfahrung und des Begriffes der Grenze: der Grenze zwischen männlich und weiblich (des Geschlechtsunterschiedes), aber auch zwischen Mensch und Tier (hier ginge es um eine »tierische Grenze«), zwischen der Intention und der Mechanik, genauer, zwischen dem Lebendigen und dem Toten, denn niemals zuvor waren die Grenzen zwischen Leben und Tod so unbestimmt wie heute. Schließlich macht der Souverän eines Staates, der die »Grenzen« einschränkt und verteidigt, nichts anderes, als seine Herrschaft als eine Errungenschaft zu begreifen: über lebende Menschen zwar, aber auch über Tote und warum nicht über Menschen, die zwischen Leben und Tod schwanken - denn das Recht entscheidet über den Moment des legalen Todes - und auch über Tiere, Pflanzen, Flüsse, Berge, Meere, den Himmel und die Steine? Alles, über das der Souverän regiert, ist Bestandteil einer Ökonomie des Erkennbaren und Unerkennbaren. Und all dies kündigt das Ende eines solchen Souveräns an. In einem bestimmten Sinne könnte man auch sagen, dass das Unerkennbare sich auf die Sterne bezieht, »ein Meteorit« oder meteorisch oder metatheoretisch: wie ein Stein, der vom Himmel fällt. Sideral oder siderisch, wie die Exilierten und Beherrschten, die manchmal - von der Allgemeinheit nicht beachtet - die Strände von Lampedusa oder Südspanien erreichen. Aber das Uner-

kennbare, das weder ein widerständiger Rest ist noch das Andere oder das Selbst, wäre der im geheimen geworfene Stein außerhalb der räumlichen und kalendarischen Nebensächlichkeiten, wie das schweigsame und nicht wahrgenommene Eintreffen des Marranen. Sein Gesicht betrachten, diese namenlose Geschichte ohne Alter, ohne Ende mit leiser Stimme zitieren, diese Gebete als Seufzer murmeln, wo sich die Religion, die Sprache und der verlorene Ort selbst einschreiben, wo man weder den Namen, die Sprache, noch die Religion, noch den Ort erkennt, ohne den Namen und das Geburtsdatum eines Marranen zu erahnen.
Dies wäre die Chance, gerade noch zur »rechten Zeit« ein einfaches »Hallo« zu rufen. So das Verbot zu durchbrechen, das Verbot des Ortes, das hier mehr als jemals zuvor ein Redeverbot und ein Verbot des Geheimnisses bedeutet, das Verbot, ein Geheimnis zu bewahren, als ob es als Geheimnis vergessen wurde, dieses Verbot davon zu befreien, »alles zu sagen und alles zu verstecken« (Blanchot[20], Derrida[21]). Dies wäre der andere Begriff von der kommenden Literatur und Demokratie. Und die Anerkennung und die Geburt des Marranen - des Unerkennbaren.

Bist Du endlich eingetroffen?
Nein, es wird eintreffen. Es wird passieren.
Wie ein Stein der vom Himmel fällt.
Wie ein Stein der vom Himmel fällt.

Aus dem Französischen von Elfriede Müller

Anmerkungen

1 Im französischen heißt Gastfreundschaft »hospitalité«, was auch soviel bedeutet wie ein Gastrecht gewähren. Das Wort stammt aus dem lateinischen »hospitalitas« und entstand Ende des 12. Jahrhunderts u. Z. In der Antike bedeutete es, sich gegenseitig aufzunehmen und ein Gastrecht zu gewähren.

2 Ein Anzeichen dieses Problems ist der französische Begriff »sans domicile fixe«. Eigentlich sind die Betroffenen nicht nur ohne *»festes«* Domizil, sondern sie haben gar keine Wohnung. Das Fehlen einer »festen« Wohnung bedeutet eigentlich nicht, wohnungslos zu sein, doch legt der Ausdruck den Umgang mit denjenigen nahe, die »ohne Wohnung« sind, so als ob der Mangel einer Wohnung sprachlich undenkbar wäre.

3 Die übliche französische Übersetzung dieses berühmten Satzes von Freud ist die folgende: »Le moi n'est pas le maître dans sa propre maison«. Das Wort »maître« stellt den Status der Souveränität und der Herrschaft wieder her. Allerdings wird die maskuline Bezeichnung »Herr« weggelassen. »Herr« bedeutet »Monsieur« und würde die Bedeutung der Souveränität, die der Freudschen Bezeichnung innewohnt, nicht ausdrücken. Die naheliegendste Übersetzung von »Herr« wäre eher »Seigneur«. Das Ich ist nicht der Hausherr, der »seigneur« seines eigenen Hauses.

4 Maurice Blanchot: Le nom de Berlin. Paris 2000, S. 130.

5 Ebenda. Von mir hervorgehoben.

6 Nur die Toiletten (»water closets«) sind bisher noch nicht allgemein sichtbar geworden, was Norbert Elias sicherlich sehr interessiert hätte. Dies betrifft auch den Müll, den Überrest der »Scheiße« in einer Zivilisation, wo die Müllproduktion sich privat, geheim, schuldig und verdrängt vollzieht und nichtsdestotrotz unbegrenzt ist. Dies trifft ebenfalls für den Platz der Leichen zu. Die Einsätze der Fernsehrealität werden in der Fachzeitschrift *Antennes, médias et réseaux* und vor allem in dem Aufsatz *La vague de fond de la télévision réalité* in Nr. 165, mars 2003, S. 15ff, beschrieben.

7 Man denke an die weltweite elektronische Überwachungsanlage »Echelon«. Vgl. Duncan Campbell: Surveillance électronique planétaire. Paris 2001.

8 Diese weltweite Sichtbarkeit ohne Schatten und tote Ecken wurde am 11. September 2001 besonders deutlich. *Handykameras* nahmen das Ereignis, aus dem das historische Datum »11. September« entstand, direkt auf. Das erste Mal in der Geschichte der Menschheit wurde ein Ereignis in seinem Ablauf vollständig gefilmt und unter verschiedenen Aspekten aufgezeichnet. Die weltweite Medialisierung des Ereignisses war eins mit dem weltweiten Ereignis seiner Medialisierung. Ohne diese weltweite Möglichkeit der weiten Verbreitung durch die privaten *Handykameras* und ihrem häuslichen Gebrauch, hätte der »11. September« nicht stattgefunden. Es ist wahrscheinlich, dass die Attentäter den 11. September hellsichtig mit diesen Möglichkeiten seiner sofortigen weltweiten Verbreitung geplant hatten. Es gibt ein »Szenario« des »11. September«. Er wurde unstrittig wie ein Film mit seinen »Autoren« geplant. Das Kino - vor allem das amerikanische - war nach den Attentaten besonders bestürzt über die in den letzten Jahrzehnten ausgestrahlten fiktionalen Katastrophen. Wenn der 11. September zum Ereignis wurde, dann auch deshalb, weil er die enge Grenze zwischen »Realität« und »Fiktion« in unserer historischen Zeit in Frage stellte. Das Datum »11. September« ist der Eigenname dieses Ereignisses.

9 Unter allgemeiner Teilnahmslosigkeit und ohne hörbaren Protest wurde in Frankreich während der ersten Märzwoche 2001 eine Gruppe »rumäni-

scher Nomaden« aufgemischt und mit Ausweisung bedroht, weil sie sich in einer »nicht legalen Situation« befänden.

10 Eine Adresse in der »banlieue« zu haben, bedeutet eine definitive soziale Verachtung und eine Verdammung zur Arbeitslosigkeit. Es gibt eine starke Diskriminierung von bestimmten Adressen, die die Stigmatisierung des Körpers ergänzt (Gesicht, Akzent, Haltung, die Art sich zu bewegen, usw.). Die Abwesenheit des Horizonts definiert die Stadt im Verhältnis zur Landschaft: die Stadt ist im Gegensatz zur Landschaft tatsächlich durch die Abwesenheit des Horizonts gekennzeichnet.

11 Die Marranen sind die von der spanischen Inquisition zwangskonvertierten Juden, die im Verborgenen ihre Religion weiter praktizieren. Vgl. Cecil Roth: Histoire des marranes. Paris 1990.

12 Françoise Proust: L'histoire à contretemps. Paris 1994. S. 21.

13 Ebenda, S. 53.

14 Emmanuel Lévinas: Totalité et infini. Essai sur l'extériorité. La Haye 1961, S. 6. Aus Gründen, die ich noch nicht verstehe, wird die Bedeutung von *Totalité et infini* in den Reflexionen über den »Krieg« selten erwähnt.

15 Wie sich die Medien in den »Zeiten des Krieges« verhalten und der Informationskrieg sind Logiken dieser organisierten Traumatisierung.

16 Es geht nicht mal darum, dass »sie uns in den Müll werfen, wenn sie entscheiden, dass wir kaputt sind«, wie es vor kurzem ein entlassener Angestellter formuliert hat, es geht eher darum, dass der Angestellte entdeckte, dass er ein Stück Scheiße sei. Dies ist ein Beispiel dieser »beschissenen Realität«, die Guattari in seinem Band *La révolution moléculaire* beschreibt.

17 In einer noch nicht erschienenen Untersuchung konnte ich beobachten, dass die Unzugänglichkeit der Geschichte und das Verbot, die Archive zu benutzen, einer der häufigsten Gründe für psychische und soziale Störungen bei verschiedenen eingewanderten Bevölkerungsgruppen in der französisch-algerischen Geschichte seit dem Unabhängigkeitskrieg (1962) darstellen. Es handelt sich nicht um Anekdoten, sondern um eine der blutigsten Entkolonialisierungskriege der Geschichte.

18 Vor allem in den USA, und man sollte sich fragen, warum die Forschung über den Postkolonialismus in Europa so schwer fällt. In Frankreich z.B. ist sie völlig marginal. Die Denker der Postkolonialität in den USA sind zahlreich: Edward Said, Arjun Appadurai, Françoise Lionnet, Mireille Rosello etc.

19 Und einige »spurenlose« Äußerungen dieser Asche sind bei Paul Celan zu finden (Aschenglorie).

20 Vgl. seinen Einleitungstext zu Sade. Français, encore un effort. Paris 1965.

21 Vgl. Jacques Derrida: Donner la mort. Paris 1999, S. 206 und ders. :Cosmopolites de tous les pays, encore un effort! Paris 1996. Und auch ders.: Littératures déplacées. In: Autodafé. Revue du Parlement international des écrivains. Numéro 1, octobre 2000. S. 61-63. Das Eintreffen dieser Figur des Marranen im Werk von Jacques Derrida in der Mitte der 80er Jahre ist ein philosophisches und literarisches Ereignis, das man nicht zweimal erleben kann.

Enzo Traverso

Eine Freundschaft im Exil

Der Briefwechsel zwischen Adorno und Benjamin

Dieser Text ist zunächst als Vorwort der französischen Ausgabe des Briefwechsels zwischen Theodor W. Adorno und Walter Benjamin erschienen (La Fabrique, Paris 2002). Der französische Verleger hatte die Vertragsbedingung nicht beachtet, nach der dem Briefwechsel kein Text ohne das Einverständnis der Inhaber der Autorenrechte hinzugefügt werden darf. Mehrere Monate nach dem Erscheinen des Buches hat schließlich der Suhrkamp Verlag – sehr wahrscheinlich auf Veranlassung des Adorno-Archivs – seinen Unmut bekundet und gedroht, rechtliche Schritte einzuleiten. La Fabrique sah sich daraufhin gezwungen, den Vertrieb zu stoppen und das Buch ohne das inkriminierte Vorwort neu zu verlegen. Offensichtlich dulden die deutschen Inhaber der Rechte nicht, dass auch nur eine Zeile Adornos erscheint, wenn sie von einem kritischen Kommentar begleitet wird. Eine solche Haltung – ungeachtet ihrer sicherlich fundierten Rechtslage – nimmt unweigerlich die Form einer Zensur an. Ich möchte mich hier um so herzlicher bei Michel Surya bedanken, der diesen »verbotenen« Text in die Zeitschrift *Lignes* (Mai 2003)[1] aufgenommen hat. Es ist eine schöne Art, damit zwei Autoren zu würdigen, die zu ihrer Zeit versucht haben, ihr Recht auf Kritik gegen jede offizielle Zensur auszuüben.

Die Korrespondenz zwischen Adorno und Benjamin ist das kostbare Dokument einer nahe liegenden Epoche, als Europa sich inmitten von Kriegen und Revolutionen, Diktaturen und Genoziden befand. Andererseits liegt diese Epoche nun Lichtjahre von uns entfernt. Die verwüstete und tragische Periode hinterließ unweigerlich Spuren in einigen Werken von Adorno und Benjamin: bei Adorno in der *Dialektik der Aufklärung*, die die totalitäre Tendenz der westlichen Rationalität analysiert, und bei

Benjamin in seinen *Geschichtsphilosophischen Thesen*, in denen es heißt, dass jedes Dokument der Kultur zugleich eines der Barbarei darstelle.[2] Der Briefwechsel ist der getreue Spiegel dieser dialektischen Feststellung. Er erlaubt verschiedene Lesarten und keine Erwartung wird durch diese Quelle an Ideen, Erörterungen, kritischen Bemerkungen über Kultur, Kunst und Geschichte enttäuscht. Man kann die Briefe lesen, als blicke man durch ein offenes Fenster auf die Gedanken zweier Philosophen, die das 20. Jahrhundert geprägt haben als ein kostbares Dokument der deutschen Kultur am Vorabend der Sintflut, die Europa heimsuchen wird, und auch als ein berührendes Zeugnis über die Größe und die Misere des deutsch-jüdischen intellektuellen Exils während des Nazismus. Man kann die Briefe auch als die Geschichte einer intellektuellen Freundschaft lesen, die durch diese Briefe geschmiedet und gestärkt wird, als Erzählung einer Begegnung und eines Dialoges, der Affinität und der Missverständnisse, die die beiden Denker verbinden und auch trennen. Diese Lesart gehört zu den komplexesten. Weit davon entfernt, unvereinbar zu sein, kreuzen sich die verschiedenen Lesarten ständig, denn sie berühren Aspekte, die eng verbunden sind, sich wechselseitig durchdringen und es uns schwer machen, sie voneinander zu lösen. Wir werden versuchen, die Fäden dieser Freundschaft miteinander zu verbinden.[3]

Eine Zeit, die lange vorbei und uns doch so nahe ist. Nahe deshalb, weil viele Freunde und Kollegen von Benjamin - wie Gerschom Scholem und Leo Löwenthal, Pierre Missac und Hans Mayer - in den letzen zwanzig Jahren gestorben sind, nicht ohne häufig von ihm gesprochen und über ihn geschrieben zu haben. Darüber hinaus sind die ehemaligen Schüler von Adorno in der Bundesrepublik sehr zahlreich. Weit entfernt nicht nur deshalb, weil das von Hitler und den Faschismen dominierte Europa verschwunden ist und einer vergangenen Zeit angehört, sondern auch aufgrund des Stils und der Modalitäten dieses Briefwechsels, der eine heute fast gänzlich verschwundene Freude am Briefeschreiben ausdrückt - zu einer Zeit, da es kaum Telefon gab und das Internet nicht einmal in der Science Fiction existierte.

Von Adorno wissen wir, dass Benjamin für das Briefeschreiben eine Leidenschaft hegte, in die er viel Zeit investierte. Das Schreiben verschaffte ihm ein Vergnügen, das er sich nicht nehmen lassen wollte und das er, wie eine Kunst, bis in die kleinsten Details pflegte. Seine Briefe sind selten auf der Maschine getippt; die handschriftlichen Seiten fallen sowohl durch ihre Kalligraphie mit ihren kleinen und regelmäßigen Buchstaben ins Auge als auch durch die Form, die aus jeder Seite ein harmonisches Ganzes entstehen lässt. Es scheint so, als legte er großen Wert auf das Material und selbst im Exil besorgte ihm sein Jugendfreund Alfred Cohn weiterhin Papier von guter Qualität. Gewohnheiten, die sich von den üblichen Umgangsformen der Intellektuellengenerationen dieser Zwischenkriegszeit abheben. Adorno formulierte die Hypothese, dass diese Liebe zum Detail auf den Einfluss von Stefan George zurückgehe, bei dem Benjamin das »Modell des Rituals«[4] zu kultivieren gelernt habe. Adorno interpretiert den Briefstil Benjamins im Kontext von dessen Theorie des *Trauerspiels,* dem barocken deutschen Drama, wenn er schreibt: »Briefe waren ihm naturgeschichtliche Bilder dessen, was Vergängnis überdauert.«[5] Was Adorno angeht, so tippte dieser seine Briefe fast alle auf der Maschine und fügte häufig handschriftliche Korrekturen hinzu. Es handelt sich dabei zweifellos um ein Symptom. Dem erbarmungslosen Kritiker der verwalteten Gesellschaft und ihrer universellen Verdinglichung - der Kehrseite der Aufklärung - gelang es immer, trotz alledem, mit den Zwängen der Massengesellschaft zurecht zu kommen. Er richtete sich ziemlich bequem in den USA ein - wo sich Benjamin wahrscheinlich kaum zurechtgefunden hätte - und begann gleich mit dem Radio zusammenzuarbeiten, obgleich das Radio in seinen Augen »einen Rückschritt des Hörens« darstellt. Auf einem Photo aus den sechziger Jahren, als er nach der Rückkehr nach Deutschland die Leitung des Institutes für Sozialforschung übernommen hatte, sitzt er mit dem Habitus des Chefs eines mittelständischen Unternehmens telefonierend an seinem Schreibtisch.[6] Nur schwer kann man sich Benjamin in dieser Haltung vorstellen. Sicherlich hatten die Zeiten sich geändert. Das erklärt auch die Faszination, die die Schreibweise Benjamins auf Adorno ausübte. Einige Jahre nach dem Tode Benjamins erinnert Adorno an dessen Briefe wie an einen archäologischen Fund, wie an ein kostbares Relikt aus einer vergangenen Zeit. In dieser Faszination drücken sich sowohl die Erinnerung an den verlorenen Freund als auch die romantische Nostalgie für eine klassische Form der Kommunikation aus, der er sich selbst nicht mehr widmen konnte.

*

Dieser Briefwechsel betrifft hauptsächlich die Exiljahre. Aus der Weimarer Periode sind nur die Briefe Benjamins erhalten geblieben. Die Briefe Adornos, die 1933 in Berlin verblieben, als ihr Adressat nach Paris aufgebrochen war, sind verloren. Die beiden Philosophen haben sich mehrmals in Frankfurt und Berlin sowie in Königstein nahe der preußischen

Hauptstadt getroffen, wo sie 1929 »unendliche Gespräche« über das *Passagen-Werk* geführt haben, das Benjamin gerade begonnen hatte. Ihre Briefe aus dieser Zeit dienten eher dazu, den Kontakt aufrechtzuerhalten, als Diskussionen zu führen, denen sie sich ja während ihrer häufigen Treffen widmen konnten. Adorno hatte sich in seiner Doktorarbeit über Kierkegaard der von Benjamin in der Einleitung zum *Ursprung des deutschen Trauerspiels*[7] erläuterten epistemologischen Methode bedient. Benjamin widmete dieser Arbeit eine sehr lobende Rezension, als sie 1933 unter dem Titel: *Kierkegaard. Konstruktion des Ästhetischen* erschien.[8] Während der Weimarer Jahre haben Adorno und Benjamin die Grundlagen für einen Dialog geschaffen, der auch außerhalb Deutschlands weiter bestehen wird. Ab 1934 wird ihr Briefwechsel regelmäßiger und durch einen äußerst intensiven intellektuellen Austausch bereichert. Das Exil schweißte sie zusammen und stärkte ihre geistige Freundschaft, auch weil sie die gleichen Bedingungen als Außenseiter durchlebten. Ihre Briefe wurden nun der Ort einer in Deutschland unmöglich gewordenen Debatte, ein Ersatz für einen entfremdeten öffentlichen Raum, um Manuskripte zu analysieren und zu diskutieren, die vielleicht niemals erscheinen sollten oder, im besten Fall, bei befreundeten Zeitschriften und Verlagen veröffentlicht wurden, ohne wirklich rezipiert und kritisiert zu werden.
Doch wie entstand überhaupt die Freundschaft zwischen Adorno und Benjamin? Ihr erstes Treffen fand 1923 in Frankfurt am Main in einem von den städtischen Intellektuellen geprägten Ort, dem Café Westend am Opernplatz, statt. Dieses Treffen wurde durch Siegfried Kracauer veranlasst, einem gemeinsamen Freund der beiden, der jedoch im Briefwechsel kaum gewürdigt wird, weder für den Platz, den er in der deutschen Kultur der Zeit eingenommen hat, noch für die Rolle, die er in der Entwicklung unserer beiden Briefschreiber spielte. Kracauer, Redakteur des Feuilletons der *Frankfurter Zeitung*, der anspruchsvollsten Tageszeitung der Weimarer Republik, war auf eine bestimmte Art und Weise der geistige Vater Adornos, den er als Jugendlichen während des Ersten Weltkrieges in die Philosophie einführte. Er war auch mit Benjamin befreundet, den er zum regelmäßigen Mitarbeiter seiner Zeitung machte. Aber Kracauer war nur ein Vermittler. Philosophie, Literaturkritik, Ästhetik, Marxismus, Theologie und Massenkultur waren die Bestandteile einer intellektuellen jüdisch-deutschen Kultur, die in Frankfurt und vor allem in Berlin ihre Hauptstätten hatte und in die sich die Freundschaft von Adorno und Benjamin einschreibt.

Eine Freundschaft, die sich mit den Jahren zwar festigte, aber für beide niemals die wichtigste ihres Lebens war. Ein Beweis dafür ist der formelle und respektvolle Umgangston, den sie zehn Jahre lang pflegten: *Lieber Herr Benjamin, Lieber Herr Wiesengrund.* Die elf Jahre Altersunterschied innerhalb einer intellektuellen Generation - der des Ersten Weltkrieges, die aber in diesem Falle nicht *Frontgeneration* genannt werden kann, da weder der Eine noch der Andere in den Schützengräben lag - wirkte sich sicher nicht wenig auf die aufrechterhaltene Distanz innerhalb der Freundschaft aus.[9] Mit seinem Alter von zwanzig Jahren befand sich Adorno eher in der Position dessen, der sich, nach seinen eigenen Worten, »als den Nehmenden betrachtet«.[10] Er schrieb, dass er, als er Benjamin traf, das Gefühl hatte, *der* Philosophie zu begegnen. Zahlreich sind die Zeugnisse über Benjamins Ausstrahlung, sein natürliches Charisma, die Strenge und die Überzeugungskraft seiner Aussagen. Diese Eigenschaften werden bald und vielleicht noch stärker, ergänzt durch eine eher aristokratische und etwas überhebliche Haltung, die die Persönlichkeit Adornos ausmachen. Man kann sich ihre Unterhaltungen im Café Westend vorstellen, angeregt durch Kracauer, den unvermeidlichen Vermittler, der auf Grund seines Stotterns immer die größten Schwierigkeiten hatte, sich auszudrücken.

Einige Jahre vor diesem Treffen schrieb Kracauer, inspiriert durch seine Zuneigung zu dem jungen Adorno, einen bemerkenswerten Essay über die Freundschaft, deren Wesen im »Zusammenklang der Persönlichkeiten« bestehe und in der Form einer »*durchgeistigten Sinnesliebe*«[11] Ausdruck finden könne. Und 1923 schrieb Adorno an Leo Löwenthal, nachdem er Goethes *Wahlverwandtschaften* gelesen hatte, »[ich] finde mich mit Friedel in der Deutung innig«[12] (*Friedel* war der Kosename Siegfried Kracauers). Sicherlich war Adornos Freundschaft mit Benjamin von anderer Bedeutung, ebenso wie für Benjamin die Begegnung mit Adorno keinen Wendepunkt in seinem Leben oder seiner geistigen Entwicklung darstellte, im Unterschied zu seiner Annäherung einige Jahre früher an Gerschom Scholem, der bald darauf nach Palästina auswandern und Benjamins bester Freund und erster Ansprechpartner bleiben sollte. Auch als sie nach einem Treffen in Paris im Oktober 1936 anfingen, sich bei ihren Vornamen anzureden - *Lieber Walter, Lieber Teddie*, fuhren Adorno und Benjamin fort, sich gegenseitig zu siezen. Kurz, während langer Zeit behielt ihr Briefwechsel einen etwas steifen und formellen Charakter. Sicherlich entsprach dies auch den Umgangsformen dieser Zeit und den Konventionen eines bestimmten sozialen Milieus, aber auch einer Distanz, die beide gegenüber anderen Gesprächspartnern nicht einnahmen. Deshalb ist es umso erstaunlicher, von welch großer Vertrautheit, ja sogar Vertraulichkeit die Korrespondenz zwischen Benjamin und Grete Karplus, der Frau Adornos, bestimmt war, die Walter Benjamin in Berlin Mitte der zwanziger Jahre kennen lernte und die ihm im nächsten Jahrzehnt - auch in finanzieller Hinsicht - helfen wird. Sie duzten sich, redeten sich mit ihren Spitznamen Detlef und Felizitas an und tauschten manchmal Bemerkungen voller Sympathie und Zuneigung aus, die der heutige Leser nicht anders lesen kann, als »Übertretungen« des von Adorno vorgegebenen ästhetischen Kanons. Als das Ehepaar Adorno 1938 nach New York übersiedelte und die Mitarbeiter des Instituts für Sozialforschung die Möglichkeit in Betracht zogen, Benjamin über den Atlantik emigrieren zu lassen, ermutigte ihn Gretel, indem sie ihm den »surrealistischen« Charakter der amerikanischen Metropole beschrieb, wo er sich genauso zu Hause fühlen könne wie inmitten der Pariser »Arkaden«.[13] Detlef schrieb Felizitas, dass er, als er zum ersten Mal Katharine Hepburn gesehen habe, von der Ähnlichkeit der beiden Frauen überrascht gewesen sei.[14] Der beschränkte Raum, den der Witz in der Freundschaft mit Theodor einnahm, erlaubte ihm nicht die kleine »Unverschämtheit«, dem unflexiblen Kritiker der Massengesellschaft dafür zu gratulieren, sein Leben mit einer Hollywoodschönheit zu teilen.

Diese Distanz, die zwar unweigerlich im Laufe der Jahre abnahm, verschwand doch nicht vollständig, da sie eben auch mit dem paradoxen Umstand zusammenhing, dass Adorno, der Jüngere, »Nehmende«, schnell, ab 1933, materiell wie auch »institutionell« in eine überlegene Position gelangte. Das Werk von Benjamin entstand in den zwanziger und dreißiger Jahren: seine Theorie der Allegorie im *Ursprung des deutschen Trauerspiels* und die Aphorismen der *Einbahnstraße,* seine Reflexion über den Verlust der Aura des Kunstwerkes im industriellen Kapitalismus und seine geschichtsphilosophischen Thesen, seine Literaturkritik und sein unvollendetes Projekt über Paris im 19. Jahrhundert. Das Werk von Adorno begann zu dieser Zeit gerade einmal Form anzunehmen, sollte sich aber erst in der Nachkriegszeit entfalten, und man sollte nicht vergessen, dass der Briefwechsel einerseits vom Autor des *Passagen-Werkes* und andererseits von dem *zukünftigen* Autor der *Minima Moralia* (1951), der *Negativen Dialektik* (1966) und einer ebenfalls unvollendeten *Ästhetischen Theorie* (1970) verfasst wurde. Als Benjamin 1940 starb, hatte Adorno erst ein Buch über Kierkegaard und einige erwähnenswerte kritische Essays zur Musik verfasst. Manche seiner Arbeiten verdankten einiges dem *Kunstwerk im Zeitalter seiner technischen Reproduzierbarkeit*, was Adorno auch anerkannte. Wenn Benjamin für ihn eine inspirierende Quelle war, wäre es übertrieben, dies auch umgekehrt behaupten zu wollen. Wenn sich Adorno im Laufe der Jahre als aufmerksamer, feinsinniger und genauer Leser der Schriften Benjamins erwies und sich als privilegierter, manchmal unersetzbarer Kritiker behauptete, so war er doch kein Mentor.

Das Paradoxon liegt in der Tatsache, dass »der Nehmende« sich weder mit dieser Haltung noch mit der des brüderlichen und strengen Kritikers begnügte, sondern die des unentbehrlichen Vermittlers einnahm. Hin und wieder wirkte er indirekt als befreundeter Mäzen, manchmal aber trat er als Zensor auf. Worin bestand das dialektische Geheimnis einer derart ungleichen Beziehung, in der die intellektuelle Überlegenheit Benjamins untrennbar mit seiner materiellen Unterlegenheit einherging, mit all den Konsequenzen, die das unweigerlich beinhaltete? Wie kam es dazu, dass »derjenige, der empfängt« sich in einen Richter verwandeln konnte, in denjenigen, der entscheidet, dessen Haltung und Einfluss die Zukunft bestimmten und dessen Briefe mit Herzklopfen erwartet wurden, denn sie konnten die Rettung oder die Katastrophe verkünden? Es wäre sicherlich ungerecht, dieses Paradoxon auf eine von Adorno bewusst verfolgte Strategie der Beherrschung zurückzuführen. Die Schieflage dieser Beziehung war vor allem das Resultat einer objektiven Situation, die aus einem historischen Kontext entstanden war, den beide nicht gewählt hatten: die Machtergreifung der Nationalsozialisten 1933. Die materiellen und psychologischen Zwänge, die daraus entstanden, drängten sich dieser Freundschaft auf und verwandelten, verstärkten und modellierten sie auf einer neuen »hierarchischen« Grundlage. Gleichwohl kann man sich des Eindrucks nicht erwehren, dass selbst wenn Adorno diese Situation nicht geschaffen hatte, er sich darin doch wohlfühlte. Um das Ausmaß dieser Metamorphose zu begreifen, genügt es, den Brief Benjamins vom 17. Juli 1931 mit den Briefen aus den Jahren 1938 bis 1940 zu vergleichen. In jenem Brief erhebt er auf ebenso elegante wie bestimmte Weise Einspruch gegen die dreiste Verwendung seiner Gedanken - ohne Quellenangabe - in Adornos Frankfurter Antrittsvorlesung. Er ermahnte ihn freundlich diesem Mangel bei der Publikation des Textes abzuhelfen und akzeptierte schließlich als »Entschädigung« den Vorschlag einer Widmung.[15] Dieses Selbstbewusstsein wäre in den Briefen von 1938 bis 1940 undenkbar, in denen sich hinter dem freundschaftlicheren und intimeren Tonfall oft die Angst verbirgt, Beurteilungen könnten falsch interpretiert werden, und Benjamin sich jedenfalls davor hütet, die Arbeiten seines Briefpartners zu kritisieren.

Wir wollen versuchen, diesem paradoxen Rollentausch auf die Spur zu kommen. Zunächst handelt es sich um ein Auseinanderdriften ihrer materiellen Existenzgrundlagen. Beide kamen aus dem deutsch-jüdischen Bürgertum: Adorno war der Sohn eines bedeutenden Weinhändlers aus Frankfurt (seine Mutter, korsischer und genuesischer Abstammung, war katholisch), Benjamin war der Sohn eines Berliner Kunsthändlers.[16] Beide hatten mit dem Konservatismus und der Feindseligkeit der deutschen Universitäten zu kämpfen, wo ein schleichender Antisemitismus herrschte. Benjamin musste auf die Perspektive einer universitären Karriere schnell verzichten; unterstützt von Paul Tillich erlangte Adorno sehr jung den Status eines *Privatdozenten,* d. h. eines Lehrenden ohne Titel und Gehalt. Dies war die höchste akademische Position, auf die - mit wenigen Ausnahmen - ein jüdischer Intellektueller der Geisteswissenschaften hoffen konnte. Adorno konnte mit einer großzügigen finanziellen Unterstützung seiner Familie bis 1938 rechnen, während Benjamin nach dem Tod seines Vaters 1926 lernen musste, sein Geld als Literaturkritiker zu verdienen, was er nie aufhörte, als Verdammnis zu betrachten. Ab 1933 fand er sich im Pariser Exil ohne irgendwelche Mittel und auf die sporadische Hilfe einiger Institutionen (wie der Universellen Israelitischen Allianz) oder auf die Hilfe einiger Freunde angewiesen: so hielt er sich lange bei seiner Ex-Frau Dora in San Remo oder bei Bertolt Brecht in Dänemark auf. Ab 1937 erhielt Benjamin vom Institut für Sozialforschung (nun in Genf und bald in New York, an der Universität von Columbia unter Leitung von Max Horkheimer) ein kleines Stipendium von 90 Dollar, das für ihn die eigentliche Grundlage seines Lebensunterhaltes wurde. Adorno beginnt 1934 mit dem Institut zusammenzuarbeiten und wird erst im Frühjahr 1938 richtiges Mitglied, als er sich in New York niederlässt. Aufgrund seiner privilegierten Beziehung zu Max Horkheimer wird er sehr schnell zum regelmäßigen Vermittler zwischen dem wissenschaftlichen und finanziellen Direktor des Instituts und Benjamin. Es war Adorno, der sich gegenüber Horkheimer für Benjamin einsetzte, sich für ein Treffen in Paris stark machte, es organisierte und Benjamin über die Absicht des Instituts informierte, sein Forschungsprojekt über Paris im 19. Jahrhundert zu unterstützen. Und es war auch Adorno, der seine Emigration in die Vereinigten Staaten anregte. Es war ebenfalls Adorno, der seit dem Anfang des Krieges und vor allem nach der französischen Niederlage 1940 alles Menschenmögliche in die Wege leitete, um zu versuchen, seinen Freund, der in Europa geblieben war, zu retten. Kurz gesagt, die Geschichte ihrer Beziehung ist die Chronik einer wachsenden Abhängigkeit des einen dem anderen gegenüber. In einem Brief an Scholem vom Februar 1935, schreibt Benjamin, in einer vagen Anspielung auf den *Prozess* von Kafka: »Das Genfer Institut, in dessen Dachstuhl, wie du weißt, mein so überaus strapazierter Lebensfaden sich verliert ...«[17] In einem Brief vom März 1939, nachdem sein Essay über Baudelaire, der von Adorno strengstens kritisiert wurde, von der am Institut herausgegebenen *Zeitschrift für Sozialforschung* abgelehnt worden war, teilt er seinem Freund in Jerusalem mit »äußerst schwerem Herzen«[18] mit, dass er Angst habe, Horkheimer könnte sich entscheiden, seine Subventionen nicht weiter zu leisten; zwischen den Zeilen äußert er sich über die katastrophalen Konsequenzen, die eine solche Entscheidung für sein Leben und seine Arbeit haben könnten. In einem Essay von 1968 erinnert Hannah Arendt, die Benjamin während ihrer gemeinsamen Exiljahre in Paris regelmäßig traf, an den »Schock«, den Benjamin empfand, als er erfuhr, dass seine Zusammenarbeit mit dem Institut aufhören könnte. Sicherlich hat sie übertrieben, wenn sie das Verhältnis von Benjamin zu Adorno unter dem Zeichen der »Angst« zusammenfasste, einer Angst, die sowohl in Benjamins Schüchternheit, als auch in seiner »Abhängigkeit« begründet lag. Doch hat sie mit ihrer Bemerkung, die natürlich mehr auf der Kenntnis der beiden Männer als auf deren Briefwechsels gründete, nicht trotzdem den problematischsten Aspekt ihrer Freundschaft ins Mark getroffen?[19]

Dieser Briefwechsel ist also die Erzählung eines Exils, das von beiden Autoren weder gleich erlebt, noch gleich interpretiert wurde. Benjamin war einer der ersten, der 1933 Deutschland verließ. Mitte März hatte er sich bereits in Paris niedergelassen. Seine Briefe an Scholem (und noch mehr die von Scholem aus Jerusalem), zeigen eine sehr frühe und deutliche Bewusstwerdung des »welthistorischen Ausmaßes« der Wende, die sich gerade vollzog.[20] Als jüdischer Literaturkritiker, der für seine linken Positionen bekannt war, begriff Benjamin schnell, dass ihm jede Arbeitsmöglichkeit für die Presse oder das Radio - seine hauptsächlichen Einnahmequellen seit Jahren - verwehrt werden würde. Auch wenn die Tatsache, dass er nie Mitglied der Kommunistischen Partei geworden war, ihn davor bewahrte, sofort verhaftet zu werden, wusste er, dass seine

Karriere als Kritiker in Deutschland beendet war. Seine gesamten Verträge wurden gekündigt. Am 28. Februar schrieb er an Scholem, »dass die Luft (in Berlin) kaum mehr zu atmen ist; ein Umstand, der freilich dadurch an Tragweite verliert, dass einem die Kehle zugeschnürt wird. Dies vor allem einmal wirtschaftlich«.[21] Sein Bruder Georg, der bei den Kommunisten eine wichtige Position innehatte, war, genau wie Gershoms Bruder Werner, ein ehemaliger Abgeordneter und Initiator der trotzkistischen Opposition in Deutschland, verhaftet und gefoltert worden. Sie wurden deportiert und starben in den Lagern der Nazis. Im April nahm Scholem die »Katastrophe« zur Kenntnis und zog bereits eine Parallele zwischen der Auflösung der Arbeiterbewegung und dem Ende des deutschen Judentums.[22] Benjamin antwortete ihm einige Tage später: »Auf alle Fälle steht die Judenemanzipation in neuem Licht da.«[23] Es ist nicht verwunderlich, wenn es in einem Lebenslauf, den er für sein Visum für die Vereinigten Staaten erstellte, hieß, dass sich sein intellektueller Werdegang »ganz offensichtlich, in zwei Perioden, vor und nach 1933 unterteilen lasse.«[24]

Durch den, der deutschen Kultur vom Propagandaminister Joseph Goebbels verordneten »Gleichschritt«, sah sich Benjamin gezwungen, ein Land zu verlassen, in dem er keinen Ort mehr hatte. Seine Rolle als Intellektueller, der in der Weimarer Republik keiner Partei angehörte, trug zweifellos zu seiner Isolierung in der Emigration bei, wo er von den Auffangstrukturen des deutschen Antifaschismus fast völlig abgeschnitten war. »Das Leben unter den Emigranten ist unerträglich«, schrieb er im Dezember 1933 an Scholem, »das einsame nicht erträglicher, eines unter Franzosen nicht herbeizuführen. Es bleibt also nur die Arbeit, aber nichts gefährdet sie mehr, als sie so deutlich als einziges inneres Auskunftsmittel zu erkennen.«[25] Benjamins Name tauchte nicht auf der klangvollen Liste der Gäste des Internationalen Kongresses zur Verteidigung der Kultur auf, dem ersten Treffen der antifaschistischen Intelligenzia, das in Paris 1935 stattfand.

Das Exil entzog Benjamin jegliche ökonomische Grundlage und stürzte ihn in die größtmögliche Unsicherheit. Bald konnte er gar nichts mehr veröffentlichen, selbst nicht unter Pseudonym (einige Zeit unterschrieb er mit dem Namen Detlef Holz). Seine *Berliner Kindheit* erschien nicht mehr zu seinen Lebzeiten. *Deutsche Menschen,* eine Sammlung von Briefen der deutschen Klassiker, die er in der Schweiz 1936 herausgab, kannte keine große Verbreitung und die Aussichten seines großen Projektes, des *Passagen-Werkes* hingen von der Laune des Direktors am Institut für Sozialforschung ab. 1940 schickte er eine Bestandsaufnahme an Scholem, die einerseits eine Beschreibung der Weltlage und andererseits eine genaue Bilanz seiner Exiljahre war: »Jede Zeile, die wir heute können erscheinen lassen, ist - so ungewiß die Zukunft, der wir sie überantworten - ein Sieg, der den Mächten der Finsternis abgerungen.«[26] Seine Bibliothek, die er über die Jahre mit der Leidenschaft eines Sammlers wie ein Kunstwerk aufgefüllt hatte, ist in Berlin geblieben. Er wird nur einen Teil in Paris - über Dänemark - wiederbekommen und gezwungen sein, sie während der deutschen Besatzung erneut aufzugeben.[27] Zwischen 1933 und 1940 wechselte er in der französischen Hauptstadt mehrfach seinen Wohnsitz, vor allem wegen der Schwierigkeit, die Miete zu bezahlen.

Adorno dagegen betrachtete sich erst ab 1938, nach seiner Abreise nach New York als einen Exilierten im eigentlichen Wortsinn.[28] Sicherlich hatte die Machtergreifung Hitlers seine akademischen Ambitionen in Deutschland definitiv beendet, aber die Tatsache, dass er nicht auf den Listen der Jüdischen Gemeinden auftauchte (er war katholisch nach der Religion seiner Mutter getauft worden und Mitglied der protestantischen Gemeinde), sowie das große Vermögen seiner Familie ersparten ihm die in Benjamins Briefen beschriebene »Zuschnürung der Kehle«. So konnte er sich mit der Perspektive einer universitären Karriere in England als »advanced student« im Merton College von Oxford eintragen lassen. Ein Projekt, das ihn wenig anzog und das er einige Jahre später, Anfang 1938, aufgab, als ihn Horkheimer bat, für das Institut für Sozialforschung in New York zu arbeiten. Zwischen 1933 und 1938 bewegte sich Adorno regelmäßig zwischen Oxford und Frankfurt, wo seine Mutter und seine Tante lebten, eine Sängerin und eine Pianistin, die ihn für die Musik begeistert hatten und die er sehr liebte (wie man dem Briefwechsel mit Benjamin entnehmen kann). Es waren sicherlich diese Bewegungsfreiheit und das ökonomische Wohlergehen, die es Adorno erlaubten, die Wende von 1933 nicht als einen »Schock« zu empfinden. Anders ist sein Rat an Benjamin in einem Brief vom April 1934 nicht zu verstehen, in dem er ihm vorschlägt, sich in der *Reichsschrifttumskammer* eintragen zu lassen, die ein Jahr zuvor von Goebbels gegründet wurde und deren Statuten noch keinen »Arierparagraph« enthielten.[29] Natürlich folgte Benjamin diesem Rat nicht, und Adornos eigene Anfrage wurde ein Jahr später abgelehnt. Schwerlich kann man sich seinen Artikel erklären - dieses Mal wirklich unanständig - der in *Die Musik* im Juni 1934 erschien: eine lobende Kritik eines Werkes des Komponisten Herbert Müntzel, das von einer Gedichtsammlung des Reichsjugendführers Baldur von Schirach inspiriert worden war. Adorno begrüßte darin das »Bild einer neuen Romantik, vielleicht von der Art, die Goebbels als ,romantischen Realismus' bestimmt habe.«[30] Angesichts dieser Rezension - die Adorno später als Fehler betrachten sollte - überrascht umso mehr die Unverschämtheit, mit der er 1937 in seinen Briefen an Benjamin das bemerkenswerte Buch von Siegfried Kracauer über Jacques Offenbach als ein »schändliches« Werk bezeichnet, in dem er eine kommerzielle Absicht zu erkennen glaubt, einen »apologetischen« Charakter und die Duftmarke eines »Ressentiments des Exilierten«.[31] Für Adorno war klar, dass das Institut nach einem derartigen Verbrechen seine Haltung zu Kracauer ändern müsse, dem bereits eine Zuwendung verwehrt worden war. Kurz gesagt, Adorno scheint keine Ahnung von den Schrecken der Emigration gehabt zu haben. Im Briefwechsel mit Benjamin findet sich hiervon nur eine Spur aus dem Jahr 1936, ein Jahr nach dem Inkrafttreten der Nürnberger Gesetze, als Adorno ihn bittet, sich diskret und bestimmt zu erkundigen, ob er über die korsische Herkunft seiner Mutter die französische Staatsbürgerschaft erlangen könnte.[32] Ein Projekt, das genauso scheitern sollte wie die Anfrage Benjamins.

Ab 1939, als sich die Situation in Europa überschlug, bemühte sich das New Yorker Institut Benjamin zu retten, der seinerseits das Zögern aufgegeben hatte und bereit war, Europa zu verlassen. Während vieler Jahre war die Möglichkeit seiner Emigration nach Amerika in Erwägung gezogen, doch keinerlei Anstrengung in diese Richtung unternommen worden. Man muss hier den Briefwechsel von Adorno mit Benjamin mit demjenigen zwischen Scholem und Benjamin hinsichtlich einer möglichen Emigration nach Palästina vergleichen, einer Möglichkeit, die von Scholem nie gefördert wurde, der sich der Schwierigkeiten materieller und intellektueller Natur bewusst war, die dies nach sich ziehen würde (die Jerusalemer Universität besaß keine Möglichkeit, Benjamin einzustellen, und er hätte in Palästina alle in Europa begonnenen Projekte aufgeben müssen). Einige Male äußerte Benjamin in seinen Briefen die Absicht, hebräisch und englisch zu lernen, was er allerdings nie ernsthaft verfolgte. Seine Versuche, Frankreich zu verlassen, wurden ab 1939 konkret. Im Herbst wurde er in ein Lager für deutsche Staatsbürger eingewiesen. Er floh ein Jahr später während der deutschen Besatzung nach Paris. Das Institut scheute keine Anstrengung, Adorno verzichtete auf seinen Urlaub, um seinen Freund zu retten, doch ohne Erfolg. Es ist zweifelhaft, ob er mehr hätte tun können. Zwei Benjamin sehr nahe stehende Exilierte, Arendt und Kracauer, schafften es, New York zu erreichen.

Wenn es Benjamin nicht gelang, so lag dies nicht an mangelnder Unterstützung, sondern an mangelnder Chance, am Zufall, an seiner Erschöpfung, an seiner Verzweiflung. Er nahm sich in Port Bou das Leben, nachdem er von der spanischen Grenze zurückkehren musste, unter der Bedrohung, den französischen Autoritäten und somit der Gestapo ausgeliefert zu werden. Doch seine Reisebegleiter konnten die spanische Grenze überqueren, Lissabon erreichen und nach New York einschiffen. Er hatte keine Kraft mehr für eine derartige Rundfahrt, um in einem Land anzukommen, in dem er sich wie ein Museumsstück vorgekommen wäre, wie »der letzte Europäer«.[33] Sein Selbstmord war keine Kündigung, es war ein Akt der Verzweiflung und ein letzter Protest gegen den Faschismus, in einem Augenblick, wo ihm keine Alternative möglich schien.

Es ist bemerkenswert, dass die großen politischen Ereignisse der Zeit in diesem Briefwechsel kaum vorkommen. Obgleich die Nazifizierung Europas und die Zuspitzung der internationalen Krise bis zum Ausbruch des Krieges ihren Hintergrund bilden, so werden sie doch fast nie kommentiert. Keine Bemerkungen über die Moskauer Prozesse, wie bei den Unterhaltungen zwischen Benjamin und Brecht[34] (außer einer vagen Anspielung Adornos auf *Die verratene Revolution* von Trotzki),[35] keine Erwähnung der Repression in Deutschland, keine Einschätzungen über den spanischen Bürgerkrieg oder die Volksfront in Frankreich, keine Mutmaßungen über die Folgen des Münchner Abkommens, wie in den Briefwechsels zwischen Benjamin und Scholem oder anderen Exilierten.[36] Die hauptsächliche Ursache dürfte darin liegen, dass weder Adorno noch Benjamin politische Analytiker waren, aber auch, zumindest teilweise, an ihrer unterschiedlichen Einschätzung des Faschismus. Für Benjamin hatte der Faschismus eine historische und eine politische Dimension, die des nazistischen Deutschland. Der Nationalsozialismus bildete eine konkrete Bedrohung, die er immer wieder betonte, während er seine »Geschichtsphilosophischen Thesen« verfasste, und die durch die Gasmaske, die nun in seiner Wohnung hing, verdeutlicht wurde: »doppelt beunruhigend dieser Totenkopf mit dem die Mönche ihre Zelle schmückten«.[37] In seinen Thesen, in denen der Faschismus in der metaphorischen Gestalt des Antichristen auftaucht, repräsentiert er eine Gefahr für die gesamte Menschheit. Nichts wird sein Erscheinen überleben, weder die Hoffnung einer kommenden Befreiung noch die Erinnerung an die verlorenen Kämpfe: »auch die Toten werden vor dem Feind, wenn er siegt, nicht sicher sein.«[38] Adorno dagegen wird sich erst viel später des histo-

rischen Bruches bewusst, den der Faschismus verkörperte. Erst während des Krieges, unter dem Eindruck des Genozids an den Juden, erkennt er die totalitären Systeme als Höhepunkt der »Selbstzerstörung der Aufklärung«.[39] Ab 1944 war Auschwitz dauerhaft im Zentrum seiner Gedanken und seines Werkes. Bis zum Krieg allerdings war der Faschismus in seinen Augen nur der nebensächliche Ausdruck einer allgemeinen Tendenz hin zur »verwalteten Gesellschaft« und einer Verdinglichung der menschlichen Beziehungen: die Uniformierung der Lebenswelten und des Denkens, die Ablehnung der Veränderung, die Auslöschung des »Nichtidentischen«, was er in mehreren Schriften als »Ticketmentalität«[40] bezeichnete. Das Ergebnis ist, dass man in seinen Schriften nicht eine Zeile darüber findet, wie der Faschismus zu bekämpfen sei. Anders die scharfen Bemerkungen Benjamins über die Politik der kommunistischen oder sozialdemokratischen Parteien, die er für die Niederlagen der Arbeiterbewegung verantwortlich machte. Dies erklärt auch seine ziemlich paradoxe Interpretation von Horkheimers Essay *Die Juden und Europa* (1939), in dem er eine Bestätigung seiner eigenen »unerbittlichen Abneigung gegen den dümmlichen Optimismus der Führer der Linken«[41] zu finden glaubte.
Der melancholische Blick, den Benjamin auf die Geschichte wirft, war keineswegs unsensibel gegenüber den Abweichungen der Gegenwart, gegenüber der Autonomie der Politik als aktives und bewusstes Eingreifen, gegenüber der revolutionären Aktion als Kunst der »Jetztzeit«, die Blanqui in seinen Augen mit der »Entschlossenheit, die Menschheit aus der jeweils drohenden Katastrophe in letzter Sekunde herauszureissen«,[42] paradigmatisch verkörperte. Für Adorno, der bemüht war, die hegelianische Dialektik mit der weberschen Diagnose der Moderne zu versöhnen, war die Geschichte eine lineare Bewegung, deren Weg sich in der westlichen Welt vollendet, wie Hegels Weltgeist, allerdings in der Form einer entfremdeten Gesellschaft, eines unzerstörbaren »stählernen Gehäuses« (wie Weber sie nannte), des Totalitarismus. Der Faschismus war omnipräsent, vereinnahmend und vor allem der modernen Gesellschaft wesensgleich, so schrieb er 1942 in einem Essay über Aldous Huxley. Die einzige noch vorstellbare Utopie sei die der »totalen Vergesellschaftung« auf der Grundlage der modernsten Technik, die der »totalen Herrschaft« schließlich entspräche.[43] Da die modernen Gesellschaften ohnehin dazu tendierten, totalitär zu werden, stellten die faschistischen Regierungen keine besondere Bedrohung dar.

Die unterschiedlichen und doch sich kreuzenden Schicksale der beiden Briefpartner erklären die späteren Reflexionen Adornos über die Intellektuellen im Exil, die er 1944 schrieb und dann in den *Minima Moralia* veröffentlichte: »Jeder Intellektuelle in der Emigration, ohne alle Ausnahme, ist beschädigt und tut gut daran, es selber zu erkennen, wenn er nicht hinter den dicht geschlossenen Türen seiner Selbstachtung grausam darüber belehrt werden will. Er lebt in einer Umwelt, die ihm unverständlich bleiben muss, auch wenn er sich in den Gewerkschaftsorganisationen oder dem Autoverkehr noch so gut auskennt; immerzu ist er in der Irre. Zwischen der Reproduktion des eigenen Lebens unterm Monopol der Massenkultur und der sachlich-verantwortlichen Arbeit herrscht ein unversöhnlicher Bruch. Enteignet ist seine Sprache und abgegraben die geschichtliche Dimension, aus der seine Erkenntnis die Kräfte zog. Die Isolierung wird umso schlimmer, je mehr feste und politisch kontrollierte Gruppen sich formieren, misstrauisch gegen die Zugehörigen, feindselig gegen die abgestempelten anderen. Der Anteil des Sozialprodukts, der auf die Fremden entfällt, will nicht ausreichen und treibt sie zur hoffnungslosen zweiten Konkurrenz untereinander inmitten der allgemeinen. All das hinterlässt Male in jedem Einzelnen. Wer selbst der Schmach der unmittelbaren Gleichschaltung enthoben ist, trägt als ein besonderes Mal eben die Enthobenheit, eine im Lebensprozess der Gesellschaft scheinhafte und irreale Existenz. Die Beziehungen zwischen den Verstoßenen sind mehr noch vergiftet als die zwischen den Eingesessenen. Alle Gewichte werden falsch, die Optik verstört. Das Private drängt ungebührlich, hektisch, vampyrhaft sich vor, eben weil es eigentlich nicht mehr existiert und krampfhaft sein Leben beweisen will. Das Öffentliche wird zur Sache des unausgesprochenen Treueids auf die Plattform.«[44]
In diesen Worten steckt sicherlich auch ein Zeugnis: rückblickend enthält auch das Exil einen gewissen Edelmut, gleichwohl wird es vom Emigranten wie ein Verlust und eine nicht zu reparierende »Verletzung« erlebt. Allein Kracauer wird es 1938 gelingen, eine Lobrede auf den Emigranten als »exterritoriale«[45] Figur zu halten. Nur wenige der Exilierten in Paris, Prag, London oder New York hatten das Gefühl, sich durch das erkenntnistheoretische Privileg der »Fremde« zu bereichern, wie dies von Georg Simmel am Anfang des letzten Jahrhunderts beschrieben worden war.[46] Für die, die es erleben, ist das Exil traurig und miserabel.
Also nur teilweise ein Selbstzeugnis: es ist nicht schwierig, etwas Autobiographisches in Adornos Behauptung zu erkennen, die Sprache des Exilierten sei »beschlagnahmt«. Stolz in einer Sprache zu schreiben, die

»unübersetzbar« sei und eigentlich die Definition von Arthur Lovejoy verdient hätte: ein »metaphysisches Pathos der Finsternis«,[47] hätte Adorno nie akzeptiert, während Herbert Marcuse und Hannah Arendt endgültig die deutsche Sprache gegen die englische austauschten. Nach dem Beispiel des deutschen Konservativen Werner Sombart hielt er die Sprache Shakespeares eher für ein *Händlervolk* angebracht als für das philosophische Denken geeignet. Ebenso ist es ein Selbstzeugnis, wenn er von »vergifteten Beziehungen« zwischen Exilierten oder von dem »Konformismus« schreibt, nach dem sie leben mussten, um überleben zu können. Dies erinnert an die Zensur, der er und Horkheimer die Beiträge für die *Zeitschrift für Sozialforschung* unterzogen, um sie systematisch von jeder radikalen Äußerung zu bereinigen. In einem Artikel von Benjamin über den sozialdemokratischen Sammler Eduard Fuchs wurde aus dem »Faschismus« eine »totalitäre Doktrin« und der »Kommunismus« verwandelte sich in »die konstruktiven Kräfte der Menschheit«. Dies alles mit dem Ziel, so erklärte Horkheimer Adorno 1938, »ja kein Wort zu sagen, das politisch ausgelegt werden könnte.«[48]

Richtig und zur genauen Diagnose der Bedingungen des Exils wird Adornos Meditation dort, wo sie jenseits seiner eigenen subjektiven Lage über die Isolierung des Emigranten und seine Konfrontation mit einer feindlichen Umgebung schreibt. Wenn man genau hinsieht, stellt man fest, dass sich das gesamte Leben von Adorno und Benjamin während der dreißiger Jahre in einem von deutschen, meist jüdischen Exilierten bevölkerten Universum abspielt. In Oxford hatte Adorno den Eindruck, das Leben »eines mittelalterlichen Studenten in Cap und Gown«[49] zu führen. Er hatte keine angenehme Erinnerung daran (und hinterließ auch keine guten Erinnerungen, nach den Aussagen von Isaiah Berlin).[50] Seine Briefe zeugen von keinerlei anregenden Bekanntschaften in England, das in seinen Augen philosophisch völlig uninteressant war. Allein das Werk des exilierten Ungarn Karl Mannheim, ehemaliger Professor der Frankfurter Universität, fand Gnade in seinen Augen und wurde Objekt einer kritischen Studie. In New York, wenn man von der ersten Zeit absieht, als er bei dem von Paul Lazarsfeld geleiteten Princeton Radio Research Project arbeitete, entwickelte sich das intellektuelle Leben Adornos nur innerhalb der Grenzen des Instituts für Sozialforschung; hier war sein Gesprächspartner vor allem Horkheimer.[51] Einmal erwähnt er gegenüber Benjamin, mit dem deutschen protestantischen Philosophen Paul Tillich gespeist zu haben. Die einzige beeindruckende Persönlichkeit, die Adorno in New York entdeckt zu haben schien, war Meyer Schapiro, ein marxistischer Kunsthistoriker von der Columbia University, der sich im Umfeld des deutschen Exils bewegte, mit dem er deutsch sprechen konnte und der damals seine Sympathie für Trotzki nicht verbarg.

In Paris war Benjamin sehr isoliert. Nicht nur aufgrund eines unbestimmten Misstrauens der Franzosen gegenüber den Exilierten, das Benjamin durchaus zur Kenntnis nahm und in einem Brief an Scholem ansprach, wobei er eine damals modische Redewendung zitierte: »Les émigrés sont pires que les boches.«[52] (Die Emigranten sind schlimmer als die boches [Schimpfwort aus dem 1. Weltkrieg für Deutsche]). Hannah Arendt schrieb, dass er die französische Hauptstadt geliebt habe, wo er sich fast genauso »heimisch« gefühlt habe wie in den Straßen Berlins. Er liebte diese Stadt, die sich seit einem Jahrhundert »allen Heimatlosen als Heimat« angeboten hatte. Aber was ihn am meisten an Paris anzog, war die Vergangenheit. »Er mag«, so fügte Arendt hinzu, »damals bereits, sicher aber zwanzig Jahre später, gespürt haben, wie sehr die Reise von Berlin nach Paris einer Reise in der Zeit, nicht aus einem Land in ein anderes, sondern aus dem zwanzigsten ins neunzehnte Jahrhundert gleichkam.«[53] Paris war für Benjamin die Stadt des 19. Jahrhunderts, die fast intakt geblieben war, eine Stadt, deren durch Erinnerung geprägte Atmosphäre ihn seit seiner ersten Reise 1913 fasziniert hatte und ihn zehn Jahre später das Projekt des *Passagen-Werkes* in Angriff nehmen ließ. In seinem Essay über Eduard Fuchs von 1935 fasste Benjamin in wenigen Zeilen sein Bild Frankreichs zusammen: »an dem Boden dreier Großer Revolutionen, an der Heimat der Exilierten, an dem Ursprung des utopischen Sozialismus, an dem Vaterland der Tyrannenhasser Quinet und Michelet, an der Erde, in der die Kommunarden liegen.«[54] Die französische Kultur, der er sowohl als Übersetzer von Baudelaire und Proust als auch als Kritiker in der Literarischen Welt geholfen hatte, in Deutschland verbreitet zu werden, sollte sein Werk erst Jahre nach seinem Tod entdecken. Er kannte Valéry und Gide, denen er wichtige Essays widmete und die ihm vergeblich Bescheinigungen verfassten, um seine Einbürgerung zu unterstützen. Aber ihre Beziehungen hatten nichts Vertrautes. 1935 weigerte sich Jean Paulhan, einen Essay Benjamins über Bachofen, den er auf Französisch für die *NRF (Nouvelle Revue Française)* verfasst hatte, zu veröffentlichen. Nur wenige von ihm auf Französisch geschriebene Texte wurden zu seinen Lebzeiten veröffentlicht. Paris war für Benjamin vor allem der Lesesaal der Nationalbibliothek. Hier verbrachte er viel Zeit, hier entstand das berühmte Fotoporträt von Gisèle Freund. Unterbrochen wurde diese Zeit regelmäßig durch seine Reisen nach San Remo, Svendborg und Ibiza, wo er von seiner Ex-Frau, von Brecht und Jean Selz eingeladen war. Die einzige Französin, mit der er, wie alle Exilierten, Kontakt hatte, war die Buchhändlerin Adrienne Monnier, die all ihre Bekanntschaften mobilisierte, um ihn im Herbst 1939 aus dem Lager in Nevers heraus zu bekommen, wo er interniert worden war.[55]

Komplexer und zweifelsohne auch von gegenseitigem Unverständnis geprägt war das Verhältnis von Benjamin zum Collège de sociologie. 1936 trat er mit Pierre Klossowski in Kontakt, dem wir die erste französische Übersetzung von *Das Kunstwerk im Zeitalter seiner technischen Reproduzierbarkeit* verdanken, und mit Georges Bataille, der damals als Bibliothekar in der Nationalbibliothek arbeitete. Benjamin nahm an einigen Sitzungen des Collège zwischen 1937 bis 1939 teil. Als letzte Avantgarde-Bewegung der Zwischenkriegszeit orientierte sich die von Bataille, Leiris und Caillois initiierte intellektuelle Gruppe an einer Überschreitung des Surrealismus unter Aufgabe des Marxismus und der Übernahme des soziologischen und anthropologischen Erbes von Durkheim und Mauss. Ihr antibürgerlicher Radikalismus, ihre Interdisziplinarität und ihr neuer Blick auf das »Heilige«, zogen Benjamin einerseits an und stießen ihn andererseits auch ab. Dieses Misstrauen wurde von Adorno geteilt und noch verstärkt. Bei Roger Caillois vermeinte Adorno eine ahistorische »kryptofascistische Naturgläubigkeit« zu erkennen, die Gemeinsamkeiten mit der Mystik von Carl Gustav Jung und Ludwig Klages, ja sogar mit der nazistischen Konzeption der Volksgemeinschaft aufweise.[56] Viel später erwähnte Klossowski eine Anekdote, die das Unverständnis illustriert, das die Beziehungen zwischen den deutschen Exilierten und den französischen, um die Zeitschriften *Contre-Attaque* und *Acéphale* versammelten Schriftstellern prägte. Auf eine Frage Adornos nach den Aktivitäten des Collège de sociologie antwortete Klossowski: »Neue Tabus erfinden.« Adorno antwortete: »Haben wir denn nicht schon genug Tabus?«, während Benjamin den Kopf schüttelte.[57] Klossowski zufolge beteiligte sich Benjamin an den Sitzungen des Collège »mit ebensolcher Bestürzung, wie mit Neugier«, und erwähnte bei Gelegenheit »die metaphysische und politische Übertreibung« der Schriften seiner Mitglieder als einen unverzeihlichen Fehler. In seinen Augen hatte die deutsche Erfahrung weitgehend bewiesen, dass dieses gefährliche Spiel geeignet sei, »dem Faschismus einen psychologischen Boden« zu bereiten.[58] Benjamin wiederholte dieses Urteil in der Rezension eines Werkes von Caillois, *L'aridité* (die Dürre, die Gefühllosigkeit), die in der Zeitschrift für Sozialforschung erschienen war und von Benjamin mit einem Pseudonym unterzeichnet wurde, um sein Verhältnis zu Bataille nicht zu trüben, der ihm gegenüber oft sehr hilfsbereit war[59] (Bataille rettete das Manuskript des *Passagen-Werkes* und versteckte es in der Nationalbibliothek).

Die geteilte Zurückhaltung gegenüber dem Collège de sociologie hinderten Adorno und Benjamin nicht daran, ein unterschiedliches Urteil über den Surrealismus zu formulieren, wie aus ihrem Briefwechsel hervorgeht. Der Surrealismus war einer der Hauptgründe, warum Frankreich auf Benjamin so faszinierend wirkte. Auslöser war seine Entdeckung des *Paysan de Paris* (Der Bauer von Paris) von Aragon, aus dem er mehrere Kapitel für die *Literarische Welt* übersetzt hatte. In einem langen Artikel von 1929 begrüßte Benjamin den Surrealismus als erste Avantgardebewegung, die in Europa »einen radikalen Begriff von Freiheit« wiedergefunden habe, wovon seit Bakunin keine Spuren mehr zu entdecken gewesen seien.[60] Sein Projekt bestand darin, »die Kräfte des Rausches für die Revolution zu gewinnen« und somit Freiheit und menschliche Emanzipation zu versöhnen. Die Magie, der Traum, die traumhafte Verklärung des Realen wurden von den Surrealisten zur kreativen Praxis erhoben, um einer völligen Befreiung »vorzugreifen«, die nicht nur die Abschaffung der Ausbeutung anstrebte, sondern auch die sexuelle Befreiung, die Befreiung der Phantasie, der Kunst, des Geistes. Dies war das »Rauschhafte« des Surrealismus, dessen explosives Potential er unterstrich, obgleich er auch Grenzen der surrealitistischen Gleichgültigkeit gegenüber der »methodischen und disziplinären Vorbereitung der Revolution« denunzierte.[61] In anderen Worten: ihm fehlte die *pars construens*. Wie es Michael Löwy in den Fußstapfen von Margaret Cohen schrieb, teilte Benjamin mit Breton denselben »gothischen Marxismus«, gespeist von einer großen Sensibilität für die magische Dimension der Vergangenheit, schöpfend aus der Verzauberung durch die Quellen einer utopischen Vorstellungswelt, die in der Gegenwart verankert war.[62] Nach dem Muster der surrealistischen Gestaltung prägten die Aphorismen und der fragmentarische, »mikrologische« Stil Benjamins die »profanen Illuminationen«, die das Bild der befreiten Gesellschaft erahnen lassen. Es ist nicht schwierig, eine Affinität zwischen der surrealistischen Praxis der »freien Assoziation« und der Haltung von Benjamins Flaneur zu erkennen. Wie die Surrealisten durch die Technik der Montage neue utopische Bilder schaffen, so umgeht der Flaneur die kapitalistischen Gesetze, in dem er die Stadt neu erfindet: das ist sein Kunstwerk. Er erfährt die Modernität als Quelle des ästhetischen Genusses und vermag es, sich ihrer Verdinglichung und ihrer instrumentellen Vernunft, ihrer Produktions- und Zeitrationalität zu entziehen. Die surrealistische Traumtheorie hatte Benjamins Interesse für Freud geweckt und ihm einen entscheidenden Schlüssel für den Beginn seiner Studie über das Paris des 19. Jahrhunderts gegeben. Für den Autor des *Passagen-Werkes* war das »Erwachen« der »exemplarische Fall des Erinnerns« und die große moderne Stadt mit ihrer Verdichtung der Vergangenheit in der Architektur und in der Landschaft ein privilegierter Ort der Aktivierung von Erinnerung.[63] Die »Elektroschocks« und die »Erlebnisse« der großen Stadt im Geiste von Proust könnten - jenseits der Phantasmagorie ihres käuflichen Universums, in den Ruinen einer durch den industriellen Kapitalismus zersplitteten Vergangenheit - in eine dialektische Spannung mit der Vergangenheit eintreten. Im *Passagen-Werk* erläutert Benjamin, dass der Surrealismus diese Ausdrucksform zwischen Traum und Wiedererinnerung artikuliert habe: »Das 19. Jahrhundert, um mit dem Surrealismus zu sprechen: sind die Geräusche, die in unsern Traum eingreifen, die wir im Erwachen deuten.«[64] Für Benjamin bestand ein deutliches Charakteristikum der Moderne in dem Wechsel von der »Erfahrung«, der übertragbaren Erinnerung, zu dem fragmentierten und ephemeren »Erlebnis«. Das »Eingedenken«, d. h. die Wiederbelebung der Vergangenheit in der Gegenwart, ihr »Reliquienkult«[65], hat aufgehört, eine soziale spontane und natürliche Praxis zu sein, die von einer Generation an die nächste übertragen wird. In seinem dem Werk von Nicolas Leskov gewidmeten Essay über die Figur des »Erzählers« bezeichnete Benjamin den Ersten Weltkrieg als entscheidenden Moment der Auflösung einer übertragbaren Erfahrung. Während die technologischen Massaker von 1914 bis 1918 den natürlichen Lebensrhythmus von Millionen Menschen durchbrochen hatten, indem ihre »winzigen gebrechlichen Menschenkörper einem Kraftfeld zerstörender Ströme und Explosionen« ausgesetzt waren, erschienen die früheren Erfahrungen obsolet und nutzlos.[66] Die Wiedererinnerung braucht von nun an einen Auslöser, eine Zündschnur. Der Surrealismus stellte in der Ästhetik den ambitioniertesten Versuch dar, den Graben zwischen dem Moment, dem flüchtigen Schock und der Erinnerung zu überbrücken.

Die Dichotomie zwischen *Erlebnis* und *Erfahrung* lässt Adorno zufolge keinerlei Platz für das verdichtete Eingedenken in den Träumen und utopischen Bildern, aber sie bilde, so schrieb er im Februar 1940 an Benjamin, »eine dialektische Theorie des Vergessens«, anders ausgedrückt »eine Theorie der Verdinglichung.«[67] Die Aufhebung der Erinnerung in der

Warengesellschaft stelle lediglich die Vollendung eines historischen Prozesses dar, der stets unter dem Vorzeichen der Herrschaft stattfinde. Wenn für Benjamin das Eingedenken *auch* bedeutete, in der gegenwärtigen Gesellschaft die Erinnerung an die klassenlose Gesellschaft aufleben zu lassen, so glaubte Adorno in einer solchen Haltung nur die romantische Idealisierung der Vergangenheit als »goldenes Zeitalter« zu erkennen. In »Paris, Hauptstadt des 19. Jahrhunderts« benutze Benjamin die Erinnerung, um eine »mytisch-archaische Kategorie« neu zu beleben, die nicht frei sei von reaktionären Tendenzen. Adorno zögerte nicht, sie in die Nähe der Theorie des »Kollektivbewusstseins« von Jung und der Vision des Mythos von Klages zu rücken.[68]

Adorno kritisierte Benjamins Essay über »Das Paris des Second Empire bei Baudelaire«, dessen Veröffentlichung er in der Zeitschrift des Instituts »in dieser Art unmittelbaren, fast möchte ich wiederum sagen, des anthropologischen Materialismus«, ablehnte. Adorno monierte, dass Benjamin das Konzept der Phantasmagorie auf den Habitus der Bohème beschränke und sich damit in eine Sackgasse »am Kreuzweg zwischen Magie und Positivismus«« begebe. Im Klartext: der Zauber des Flaneurs und der Positivismus einer historischen Rekonstruktion der Bohème sei ein grundlegender Fehler, der Adorno an den Soziologismus der Schriften von Georg Simmel über die Stadt erinnere und den, in seinen Augen, bereits Kracauer begangen habe, als er in den Boulevards die Essenz des Paris im Zweiten Kaiserreich gesucht habe.[69] Benjamin analysierte die poetischen Metamorphosen Baudelaires (den Flaneur, die Bohème, den Dandy) einerseits als Produkt der »Phantasmagorie« der Warengesellschaft - eine Definition, die er von Marx übernahm - und andererseits als einen Versuch, ihren Zwängen zu entkommen. Er verband das Werk Baudelaires mit dem Aufstieg der Massengesellschaft, gekennzeichnet durch die Beleuchtung mittels Gaslampen, die großen Kaufhäuser, das Feuilleton, die Photographie, die Passagen, die Boulevards und die Menschenströme, die städtischen Aufstände und auch, unvermeidbar, durch das Auftauchen neuer sozialer Figuren wie den Journalisten, den Detektiv, den Polizisten und den professionellen Verschwörer. Die »Schocks«, die nach dem Muster des Großstadtlebens der Poesie Baudelaires den Rhythmus geben, fanden Benjamin zufolge ihren politischen Ausdruck in den »Staatsstreichen« von Blanqui, »dem wichtigsten Chef der Barrikade«.[70] Beide schrieben sich in denselben Humus der Großstadt ein; beide teilten dieselbe Ablehnung der Philosophie des Fortschritts und des positivistischen Glaubens an die Industriegesellschaft.

Im Grunde irritierte Adorno genau diese »praktische« Kritik des Kapitalismus, die sowohl der Ästhetik Baudelaires und der Surrealisten als auch der Politik Blanquis gemeinsam war. Adorno hatte seine Feindschaft gegenüber dem Surrealismus in mehreren Schriften betont, z. B. in der *Philosophie der neuen Musik,* einer Studie von 1956, und in den *Noten zur Literatur*, wo er die Ohnmacht des Surrealismus gegenüber der allgemeinen Verdinglichung unterstreicht und so weit geht, die Begeisterung für Gegenstände des Traumes als eine Form des pornographischen Fetischismus zu verachten.[71]

Nach dem Krieg wird Adorno eine exakte Definition des Benjamin'schen Stils formulieren, wenn er seine aphoristischen Texte und Fragmente als »Denkbilder«[72] bezeichnet. Die Idee als Bild, also nicht als »Repräsentation«, sondern als ein »autonomes Wesen, das zu Kontemplation anregt, wenn auch nur auf spirituelle Art und Weise«. Diese genaue Interpretation sollte ihn nicht daran hindern, seine Kritik gegenüber einer »Philosophie des Fragments (...), die selbst fragmentarisch bleibt«, und gegenüber einer mikrologischen, der hegelianisch-marxistischen Idee der dialektischen Totalität völlig fremden Methode zu wiederholen.[73] Diese Differenzen erklären die widersprüchliche Haltung Adornos: einerseits setzt er sich bei Horkheimer für Benjamin ein und unterstützt das *Passagen-Werk,* das er als außergewöhnlichen theoretischen Beitrag preist und als »Meisterwerk«[74] bezeichnet. Andererseits kann er seine Bedenken gegenüber dem Essay über Baudelaire nicht verbergen, die soweit gehen, dass er ihn zensiert. Freundschaft, Bewunderung, eine gemeinsame Sensibilität, oft unterschiedliche theoretische Einschätzungen und unbestreitbar eine »hierarchische« Überlegenheit innerhalb des Instituts, das sich als Verkörperung der Kritischen Theorie verstand: dies alles bestimmte die Haltung Adornos gegenüber Benjamin.

Noch eine andere Dissonanz kommt in dem Briefwechsel zum Tragen: die Analyse der Kunst in der Massengesellschaft. Benjamins Essay *Das Kunstwerk im Zeitalter seiner technischen Reproduzierbarkeit,* der 1936 auf Französisch in der *Zeitschrift für Sozialforschung* erschienen war, erlangte die Zustimmung des jungen Musikphilosophen. Er teilt eine ästhetische Theorie, deren Ausgangspunkt der Beginn der Kulturindustrie war und die das künstlerische Schaffen unter dem Aspekt der verschwindenden Aura interpretierte. Doch Adornos Enthusiasmus gründet in einer sehr einseitigen Interpretation dieses Textes. Wo Benjamin die Veränderungen der Kunst an ihrer technischen Reproduzierbarkeit festmacht, nennt er zwei vorrangige Konsequenzen dieses Prozesses - einerseits das Ende des Einzigartigen der künstlerischen Schöpfungen (den Verlust der »Aura«), andererseits die neuen Möglichkeiten ihrer Verbreitung (und Demokratisierung), worin Adorno nur einen Reflex auf die »Liquidation der Kunst«[75] zu erkennen glaubt. Wo Benjamin unterstreicht, dass zum ersten Mal in der Weltgeschichte sich das Kunstwerk durch seine Reproduzierbarkeit, wie im Falle des Kinos, »von seiner Ritualfunktion«[76] emanzipiere, sieht Adorno nur eine neue Illustration des »bürgerlichen Sadismus«, der sich der Massen bemächtige.[77] Für Benjamin könnte die Kunst der Massen Träger eines emanzipatorischen Potentials sein, Kontrapunkt und dialektische Kompensation des Niedergangs der Aura, für Adorno kann sie nur jedes künstlerische Werk in die universelle Verdinglichung hinabziehen. Die theoretische Systematisierung Benjamins weist verschiedene Einflüsse auf: das epische Theater Brechts, den sowjetischen Konstruktivismus (in den ihn Asja Lacis eingeführt hatte) und nicht zuletzt die Gedanken von Kracauer über »das Ornament der Masse«.[78] Die Kritik Adornos trug den Stempel eines gewissen ästhetischen Konservatismus und eines tiefen Kulturpessimismus. Einige Jahre vor seinem Tod zögerte Adorno nicht, Benjamins Essay von 1936 in psychoanalytischen Begriffen als eine »Identifikation mit dem Angreifer« zu charakterisieren.[79]

Das Kunstwerk im Zeitalter seiner technischen Reproduzierbarkeit ermunterte Adorno zu zwei Texten, den ersten über den Jazz und den zweiten über den »Fetischcharakter der Musik«, die beide jeweils 1936 und 1938 in der Zeitschrift der Frankfurter Schule erschienen waren. Wie er Benjamin geschrieben hatte, schätzte er die so genannten »fortschrittlichen Elemente« des Jazz als Fassade von etwas in Wahrheit ganz Reaktionärem ein.[80] In seinem Essay wurde das Wesen des Jazz auf das reduziert, was Horkheimer zur selben Zeit eine »Revolte der Natur« nannte, d. h. eine regressive Gewalt im Fahrwasser des Faschismus, die dazu neigte, die Herrschaftsmechanismen zu stärken.[81] Als Ventil der in der entfremdeten Gesellschaft gefangenen Massen beschränke sich der Jazz darauf, das destruktive Potential der instrumentellen Vernunft zu wecken. Die »monotone Aufregung« des Jazz ermöglichte in seinen Augen nur die »Verschmelzung des revoltierenden Gestus mit der Verzweiflung eines blinden Gehorsams« und brachte damit eine »sadomasochistische« Komponente zum Vorschein.[82] Die synkopierten Rhythmen erinnerten ihn an das regelmäßige Skandieren eines Militärmarsches, was aus dem Jazz einen perfekten Ausdruck des der Massengesellschaft innewohnenden Totalitarismus mache. In seinem Essay über den »Fetischcharakter der Musik« ging er so weit, die amerikanischen *band leaders* mit den faschistischen »*Führer(n)*« zu vergleichen.[83] Seine Analyse der populären Musik reformulierte die Idee des Verlustes der Aura mit dem Begriff des »regressiven Hörens« und endete mit einer Verdammung ohne Gnade: diese Kunstform sei die vollendetste Form des masochistischen Hörens, der allgemeinen Verdinglichung (eine »Selbstaufgabe« und Identifikation mit der Autorität).[84] Wie es in seinen früheren Schriften zu lesen ist, liegt die Antwort auf den Niedergang der Aura Adorno zufolge nicht in der Brecht'schen Ästhetik, sondern in der atonalen Musik Schönbergs. Diese Musik, so unterstrich er, wolle nicht »dekorativ«, sondern »wahr« sein und gäbe deshalb die harmonischen Wohlklänge auf, um ein authentisches Zeugnis der inneren Unruhe und der Angst der Menschen gegenüber der Gefahr einer verdinglichten Welt abzulegen.[85] In einem Brief von 1936 bezeichnete Adorno Wien als seine »zweite Heimat«, genau wie Benjamin Paris:[86] der eine blickte auf die Hauptstadt der Revolutionen des 19. Jahrhunderts, der andere auf das Epizentrum der Krise der modernen bürgerlichen Welt und der radikalen Infragestellung der Identität des Subjektes.

Ausgehend von der gleichen Feststellung - die Entstehung einer Kunst ohne Aura im modernen Kapitalismus - zogen Benjamin und Adorno entgegengesetzte Schlussfolgerungen. Benjamin schlug die durch ihre neuen technischen Grundlagen möglich gewordene *Politisierung der Kunst* als notwendige Antwort auf die *Ästhetisierung der Politik* vor, die durch den Faschismus praktiziert wurde.[87] Adorno sah keine andere Möglichkeit, als sich in eine Art von konservativer und resignierter Romantik zurückzuziehen und sich in einer rein kontemplativen Kritik einzurichten. Wie erklärt sich aber der Brief, den Benjamin nach der Lektüre des Essays über den Jazz an Adorno schrieb, in dem er eine »so tiefgehende und so spontane Kommunikation unserer Gedanken«[88] festzustellen glaubte (die allerdings während ihrer Pariser Gespräche 1936 etwas nuanciert wurde)?[89] Man könnte die Unkenntnis des Jazz für den Pariser Exilierten anführen, doch wahrscheinlich findet seine Reaktionen ihre Erklärung in seiner Lebenslage: die »Angst« Benjamins gegenüber den Menschen, von denen er abhing, die »vergifteten Beziehungen« zwischen den Emigranten und die mehr oder weniger bewusste oder unbewusste Verstellung, die dies nach sich zog. In seinen Briefen wagte es Benjamin nicht mehr, Adorno zu kritisieren.

Im Frühjahr 1938, kurz nach seiner Ankunft in New York, trifft Adorno Scholem, der sich für Forschungen und eine Reihe von Veranstaltungen vorübergehend in den USA aufhält. Dieses sehr freundschaftliche Treffen mit dem engen Freund Benjamins war Gegenstand eines langen Briefes, der Adorno Gelegenheit gab, das unterschiedliche Verhältnis der beiden Briefpartner zur Theologie auf den Punkt zu bringen. Ein Thema, das von beiden während ihrer letzten Unterhaltung in San Remo erörtert wurde. Er stellte die Methode Scholems, der einfach nur »die Theologie retten wollte« (Adorno sprach zunächst von Theologie und dann von Rettung bei Scholem), der seltsam »romantischen« Benjamins gegenüber, der sich bemühe »die Kraft der theologischen Erfahrung anonym in der Profanität mobil zu machen«.[90] Diese Methode, so Adorno, nähere sich der seinen und entferne sich auch vom orthodoxen Materialismus Brechts, den Adorno durch eine flüchtige Anspielung auf den in Dänemark lebenden »Stein der Weisen und des Anstoßes« erwähnt.[91] Er bestätigte dieses Urteil 1950 in einem Artikel, in dem er das Projekt Benjamins als einen Versuch, die jüdische Mystik in die Aufklärung einzuführen, interpretierte. Benjamin suche keinerlei Transzendenz, aber interpretiere die profane Literatur, als handelte es sich um heilige Texte und als wollte er das theologische Erbe mit den Mitteln einer »radikalen Profanisierung«[92] erhalten. Diese genaue Einschätzung zeigt, dass Adorno die Grundrisse von Benjamins Methode begriffen hatte. Im Unterschied zu Brecht, der seine Bewunderung für das wunderbare revolutionäre Manifest der »Geschichtsphilosophischen Thesen« betont und dabei ihr mystisches Gewand bedauert hatte, und Scholem, der die Gedanken seines Freundes für grundlegend »metaphysisch« hielt und ihm seine »materialistische Verkleidung«[93] vorwarf, hatte Adorno bereits vor der Kenntnis dieses Textes verstanden, dass Benjamin sowohl Marxist als auch Theologe war. Politik und Religion, Marxismus und jüdischer Messianismus koexistierten in seinem Denken, ohne sich jemals voneinander zu lösen. Zahlreich sind die Interpreten seiner geschichtsphilosophischen Thesen, die entweder in der religiösen Auffassung von Scholem oder eher in der rationalen Richtung von Brecht das Scheitern dieses Versuches verkünden, den Marxismus mit der jüdischen Theologie oder umgekehrt veredeln zu wollen. Benjamin, könnte man mit Michael Löwy antworten, hatte niemals versucht, den Marxismus zu »theologisieren« oder den jüdischen Messianismus im historischen Materialismus zu »säkularisieren«. Er interpretierte sie als zwei sich vervollständigende Elemente: »Das Religiöse und das Politische gehen bei Benjamin ein gegenseitiges Verhältnis ein, das auf einer wechselseitigen Tradition beruht und das sich jeglicher einseitiger Verkürzung entzieht: in einem System kommunizierender Vasen ist das Flüssige in allen Zweigen notwendig gleichzeitig präsent.«[94] Diese originelle Dialektik von Religiösem und Profanem, von Messianischem und Säkularem führt schließlich bei Benjamin zu einer neuen Sichtweise von Geschichte und Revolution. In seinen Thesen von 1940 – die wie durch ein Wunder über Hannah Arendt zu Adorno gelangten, der sie zwei Jahre später in New York in einem Heft des Instituts für Sozialforschung publizierte – nahm diese neue Sicht der Geschichte dunkle und apokalyptische Züge an. Die Berühmteste, die neunte These, stellt die Geschichte unter den erschrockenen Blick eines Engels, der durch einen Sturm zum Himmel getrieben wird, und identifiziert den Fortschritt mit einer ununterbrochenen Kette von Niederlagen der Unterdrückten. Es ist vor allem dieses »Denkbild«, das Adorno und Horkheimer in der *Dialektik der Aufklärung*, ihrem *opus magnum* der Kriegsjahre, wieder aufnehmen und reduktiv interpretieren.[95] Aber für Benjamin lässt sich die Geschichte nicht auf dieses beängstigende Gefolge von berühmten Siegern reduzieren, von denen die Chronisten einer linearen, homogenen und leeren Zeit des Fortschritts zu berichten wissen. Sie enthält auch die Erinnerung an die Besiegten, das Gedächtnis der erlittenen Niederlagen und das Versprechen einer zukünftigen Erlösung. Dieses Versprechen siedelt sich im Einklang mit der jüdischen Tradition in der Zukunft an: »denn in ihr war jede Sekunde die kleine Pforte, durch die der Messias treten konnte.«[96] Der historistischen Annäherung an die Vergangenheit stellt er eine messianische Sicht der Revolution gegenüber: den Beginn einer neuen Ära, die die Aneinanderreihung von Niederlagen und den Lauf der Geschichte unterbricht. Statt die Geschichte »vorwärts zu bringen«, soll die Revolution sie »aufhalten«. Im Unterschied zu Marx, der die Revolutionen als die »Lokomotiven der Geschichte« definiert, interpretiert Benjamin sie als »Notbremse«, die den Weg des Zuges in die Katastrophe, eine sich ewig erneuernde Katastrophe, anhalten kann.[97] In dieser plötzlichen Unterbrechung der historischen Zeit tritt der Messianismus auf, der nicht die Vollendung, sondern den *Ausstieg* aus der Geschichte zum Ziel hat. Für Benjamin befriedigen die Revolutionen auch ein Bedürfnis nach Erinnerung. Er schrieb, dass die Revolutionen des 19. Jahrhunderts »Wunschbilder« in sich trugen, die an eine uralte Vergangenheit erinnerten: »Der Form des neuen Produktionsmittels, die im Anfang noch von der des alten beherrscht wird (Marx), entsprechen im Kollektivbewusstsein Bilder, in denen das Neue sich mit dem Alten durchdringt. Diese Bilder sind Wunschbilder (...) In dem Traum, in dem jeder Epoche die ihr folgende in Bildern vor Augen tritt, erscheint die letztere vermählt mit Elementen der Urgeschichte, das heißt einer klassenlosen Gesellschaft. Deren Erfahrungen, welche im Unterbewusstsein des Kollektivs ihr Depot haben, erzeugen in Durchdringung mit dem Neuen die Utopie, die in tausend Konfigurationen des Lebens, von den dauernden Bauten bis zu den flüchtigen Moden, ihre Spur hinterlassen.«[98] Das Eingedenken löst hier eine utopische Spannung aus, die mit dem Messianismus und dem Surrealismus in das gleiche »magnetische Feld«[99] mündet, das dem historischen Materialismus Benjamins Form verleiht.

Auch wenn Adorno die Dialektik zwischen Materialismus und Theologie, die Benjamin inspirierte, verstanden hatte, so war er doch weit davon entfernt, Benjamins revolutionäre Sehnsucht zu teilen. Benjamin folgte in diesem Fall Lukács und Korsch: »Das Subjekt historischer Erkenntnis ist die kämpfende unterdrückte Klasse selbst.«[100] Für Adorno spiegelte sich in dieser Haltung seines Freundes nur der schädliche Einfluss Brechts wieder. Adorno zog sich in einen ästhetischen Marxismus zurück, der dem Klassenkampf fremd, wenn nicht feindlich gegenüber stand. In dem marxistischen Konzept des Proletariats sah er vor allem einen *deus ex machina,* der in Benjamins Essay über Paris, die Hauptstadt des 19. Jahrhunderts, zu oft vorkam und von dem man sich, so schnell es geht, verabschieden solle - »aber hier, genau, hier, liegt das Halt«,[101] schrieb er am 20. Mai 1935. Eigentlich lehnte Adorno *a priori* jede Hypothese eines politischen Engagements ab, während Benjamin eine auf die Ästhetik reduzierte Kapitalismuskritik bereits als steril und ohnmächtig denunzierte. Im Schlusswort seines am meisten an Brecht angelehnten Essays »Der Autor als Produzent«, den er sich nicht an Adorno zu schicken traute - schrieb er, dass die letzte Schlacht den Kapitalismus nicht dem »Geist« gegenüberstelle, dass es sich nicht um einen Kampf zwischen metaphysischen Wesenheiten handele, sondern dass Kapitalismus und Proletariat soziale Kräfte seien.[102]

Vielleicht gelang es Benjamin mit Hilfe dieser originellen und nicht einzuordnenden Positionierung zwischen Kommunismus und Theologie, zwischen Revolution und Messianismus den Sackgassen der Marxismusinterpretationen zu entkommen, die ihn umgaben: dem Stalinismus, der sozialdemokratischen Evolutionslehre und der ästhetischen Verkürzung.[103] Gefangen in dieser letzten Haltung blieb Adorno jedem Versuch gegenüber völlig verschlossen, seiner kritischen Theorie eine politische

Übersetzung zu geben. Der Ursprung seiner Differenzen mit Benjamin, die sich in dem geschilderten Briefwechsel ausdrücken, ist im Grunde genommen derselbe, der ihn in den sechziger Jahren gegen die deutsche Studentenbewegung einnimmt. Herbert Marcuse, dem wir eine wesentlich radikalere Lesart der »Geschichtsphilosophischen Thesen« von Benjamin verdanken, zögerte nicht, Adorno seine konformistische und konservative Haltung vorzuwerfen.[104]
Der 1923 begonnene Austausch, der direkt aus der unruhigen und chaotischen Periode vor der Weimarer Republik entstanden war, wird im September 1940 in Port Bou am Beginn einer anderen katastrophalen Wendung der Geschichte tragisch unterbrochen. Benjamin richtete seine letzten Worte auf Französisch an Adorno, als er sich in einer »ausweglosen Situation« (une situation sans issue)[105] befand. Diese Worte sind das letzte Zeugnis einer Freundschaft, die sich im Zuge einer unvollendeten Debatte konsolidiert hatte. Diese Briefe bleiben uns als Grabschrift einer der gehaltvollsten und dunkelsten Epochen der europäischen Kultur, als es Mitternacht schlug im letzten Jahrhundert.

Aus dem Französischen von Elfriede Müller und Paola Traverso

Anmerkungen

1 Der Text ist mittlerweile auch erschienen in: La pensée dispersée. Figures de l'exil judéo-allemand. Clamecy 2003, S. 77-125.

2 Theodor. W. Adorno / Max Horkheimer: Dialektik der Aufklärung. Philosophische Fragmente. Frankfurt/M. 1969, S. 12; Walter Benjamin: Über den Begriff der Geschichte. In: Illuminationen, Frankfurt/M. 1977, S. 254.

3 Für eine sinnvolle Rekonstruktion der Auseinandersetzung zwischen Adorno und Benjamin vgl. Richard Wolin: Walter Benjamin. An Aesthetic of Redemption. Berkeley 1994. Kapitel 4: The Adorno-Benjamin Dispute, S. 163-212. Und auch Eugene Lunn: Marxism and Modernism. An Historical Study of Lukács, Brecht, Benjamin and Adorno. London 1985. Section III: Benjamin and Adorno, S. 149-279.

4 Theodor W. Adorno: Benjamin, der Briefschreiber. In: Über Walter Benjamin. Frankfurt/M. 1970, S. 82.

5 Ebenda, S. 85.

6 Das Photo wurde in dem Band von Hartmut Scheible: Theodor W. Adorno. Hamburg 1989, S. 135, veröffentlicht.

7 Walter Benjamin: Vom Ursprung des deutschen Trauerspiels. Frankfurt/M. 1955.

8 Walter Benjamin: Kierkegaard. Das Ende des philosophischen Idealismus. In: Gesammelte Schriften. Band III. Frankfurt/M. 1979, S. 383.

9 Über die intellektuelle Generation Adornos und Benjamins vgl. Detlev Peukert: Die Weimarer Republik. Krisenjahre der Klassischen Moderne. Frankfurt/M. 1987, S. 26-30. Und auch Enzo Traverso: Les juifs et la culture allemande. Le problème des générations intellectuelles. In: Revue germanique internationale 5/1996, S. 15-30.

10 Theodor W. Adorno: Erinnerungen. In: Über Walter Benjamin, a.a.O. (Anm. 4), S. 68.

11 Siegfried Kracauer: Über die Freundschaft. In: Schriften 5.1. Aufsätze 1915-1926. Frankfurt/M. 1990, S. 37 und 45.

12 Zitiert bei Leo Löwenthal: Erinnerung an Theodor W. Adorno. In: Schriften 4. Judaica, Vorträge, Briefe. Frankfurt/M. 1984, S. 78. Über die stürmische Freundschaft zwischen Adorno und Kracauer vgl. Enzo Traverso: Siegfried Kracauer. Itinéraire d'un intellectuel nomade. Paris 1994.

13 Brief von Gretel Adorno an Walter Benjamin vom 7. März 1938. In: Theodor W. Adorno / Walter Benjamin: Briefwechsel 1928-1940. Frankfurt/M. 1994, S. 314.

14 Walter Benjamin: Correspondance. Paris 1979. 2. Band, S. 258.

15 Adorno / Benjamin, Briefwechsel, a.a.O. (Anm. 13), S. 18.

16 Der Essay wurde vor dem 100. Geburtstag Adornos verfasst, bevor die zahlreichen Biographien des Philosophen auf dem Markt waren. Zu diesem Zeitpunkt existierten nur Annäherungen an eine Biographie: vgl. Scheible, a.a.O. (Anm. 6); Martin Jay: Adorno. London 1984; Rolf Wiggershaus: Theodor W. Adorno. München 1987. Über Benjamin: Bernd Witte: Walter Benjamin. Une biographie. Paris 1988; Momme Brodersen: Walter Benjamin. A Biography. London 1996.

17 Walter Benjamin / Gershom Scholem: Briefwechsel 1933-1940. Frankfurt/M. 1980, S. 188.

18 Ebenda, S. 300.

19 Hannah Arendt: Walter Benjamin. In: Menschen in finsteren Zeiten. München 1989, S. 185-242. Arendts Hypothese beruhte zweifellos auf ihrer großen Antipathie Adorno gegenüber. »Der kommt bei uns nicht so schnell in die Wohnung!« soll sie zu Günther Stern, ihrem ersten Mann, nach ihrem ersten Treffen mit dem deutschen Philosophen geäußert haben. Vgl. Young-Bruehl: Hannah Arendt. Paris 1999, S. 101. Immerhin gebührt ihr das Verdienst, die problematischen Aspekte des Verhältnisses zwischen Adorno und Benjamin angesprochen zu haben. Problematische Aspekte, die Rainer Rochlitz dagegen am liebsten ignorieren würde, indem er sie nur auf »Episoden einer Kritik [beschränkt] mit der der beste

Schüler Benjamins seinen Meister auffordere, auf der Höhe seiner Versprechen zu bleiben«. Vgl. Rainer Rochlitz: Le meilleur disciple de Walter Benjamin. In: Critique. Nr. 593 (1996), S. 834. Selbst wenn die Freundschaft und Bewunderung, die Adorno für Benjamin hegte, unumstritten sind, wäre es doch übertrieben zu behaupten, er begreife sich als seinen »Schüler«.

20 Benjamin / Scholem: Briefwechsel, a.a.O. (Anm. 17), S. 55.

21 Ebenda, S. 38.

22 Ebenda, S. 55-56.

23 Ebenda, S. 59.

24 Walter Benjamin: Gesammelte Schriften. Band VI, S. 227. Zit. n. Brodersen, a.a.O. (Anm. 16), S. 204.

25 Benjamin / Scholem: Briefwechsel, a.a.O. (Anm. 17), S. 119. Vgl. auch Ingrid Scheuermann: Un Allemand en France. L'exil de Walter Benjamin 1933-1940. In: Ingrid und Konrad Scheuermann (Hrsg.): Pour Walter Benjamin. AsKI, Inter Nationes. Bonn 1994, S. 248-264.

26 Benjamin / Scholem: Briefwechsel, a.a.O. (Anm. 17), S. 316.

27 Über die Schicksalsschläge dieser Bibliothek vgl. das Vorwort von Jennifer Allen zu Walter Benjamin: Je déballe ma bibliothèque. Paris 2000.

28 Susan Buck-Morss: The Origin of Negative Dialectics. Theodor W. Adorno, Walter Benjamin and the Frankfurt Institute. New York 1977, S. 137.

29 Adorno / Benjamin: Briefwechsel, a.a.O. (Anm. 13), S. 53.

30 Theodor W. Adorno: Zusammenfassung des Werkes von Herbert Müntzel. »Die Fahne der Verfolgten. Ein Zyklus für Männerchor nach dem gleichnamigen Gedichtband von Baldur von Schirach.« In: Die Musik. Juni 1934, S. 712. Zit. n. Rolf Wiggershaus: Die Frankfurter Schule. Geschichte. Theoretische Entwicklung. Politische Bedeutung. München 1986, S. 180.

31 Adorno / Benjamin: Briefwechsel, a.a.O. (Anm. 13), S. 242-244. Das fragliche Buch ist: Jacques Offenbach und das Paris seiner Zeit. Frankfurt/M. 1976.

32 Adorno / Benjamin: Briefwechsel, a.a.O. (Anm. 13), S. 198.

33 Arendt, a.a.O. (Anm. 19).

34 Walter Benjamin: Versuche über Brecht. Hrsg. von Rolf Tiedemann. Frankfurt/M. 1978.

35 Adorno / Benjamin: Briefwechsel, a.a.O. (Anm. 13), S. 329.

36 Z.B. Walter Benjamin: Correspondance, a.a.O. (Anm. 14), S. 224 (Brief an Fritz Lieb vom 9. Juli 1937).

37 Ebenda, S. 320 (Brief an Gretel Adorno vom 17. Januar 1940).

38 Benjamin: Über den Begriff der Geschichte, a.a.O. (Anm. 2), S. 253 (These 6). Über die Identifizierung des »Antichrist« mit den herrschenden Klassen vgl. Rolf Tiedemann: Dialektik im Stillstand. Versuche zum Spätwerk Walter Benjamins. Frankfurt/M. 1983, S. 113.

39 Adorno / Horkheimer: Dialektik der Aufklärung, a.a.O. (Anm. 2), S. 3.

40 Ebenda, S. 217. Vgl. auch Theodor W. Adorno: Types and Syndromes. In: Theodor W. Adorno / E. Frenkel-Brunswik / D.J. Levinson / R. Nevitt Sanford: The Authoritarian Personality. New York 1950, S. 747. Vgl. Enzo Traverso: Auschwitz denken. Die Intellektuellen und die Shoah. Hamburger Edition 2000, S. 204-214.

41 Benjamin: Correspondance, a.a.O. (Anm. 14), S. 318 (Brief an Horkheimer vom 15. Dezember 1939). Man muss daran erinnern, dass Scholem mit diesem Urteil über Horkheimers Text keinesfalls übereinstimmte. Vgl. Walter Benjamin: Histoire d'une amitié. Paris 1981, S. 245-247.

42 Walter Benjamin: Zentralpark. In: Charles Baudelaire. Frankfurt/M. 1974 (Fragment Nr. 40). Über Benjamin als politischen Denker vgl. auch Daniel Bensaid: Walter Benjamin. Sentinelle messianique. Paris 1990.

43 Theodor W. Adorno: Aldous Huxley und die Utopie. In: Zur Dialektik des Engagements. Frankfurt/M. 1973, S. 154.

44 Theodor W. Adorno: Minima Moralia. Frankfurt/M. 1951, S. 32f.

45 Vgl. Enzo Traverso: Sous le signe de l'exterritorialité: Kracauer et la modernité juive. In: Nia Perivolaropoulou / Ph. Despoix / J. Umlauf (Hrsg.): Culture de masse et modernité. Siegfried Kracauer sociologue, critique, écrivain. Paris 2001, S. 212-232.

46 Vgl. Georg Simmel: Exkurs über den Fremden. In: Soziologie. Untersuchungen über die Formen der Vergesellschaftung. Gesamtausgabe Bd. II. Hrsg. v. Otthein Rammstedt. Frankfurt a. M. 1992, S. 767.

47 Zitiert nach der Einleitung von Jay, a.a.O. (Anm. 16).

48 Wiggershaus: Die Frankfurter Schule, a.a.O. (Anm. 30), S. 237. Und Martin Jay: Dialektische Phantasie. Die Geschichte der Frankfurter Schule und des Instituts für Sozialforschung 1923-1950. Frankfurt/M. 1976. Kapitel VI.

49 Adorno / Benjamin: Briefwechsel, a.a.O. (Anm. 13), S. 76.

50 Martin Jay: The Ungrateful Dead. In: Salmagundi. Nr. 123 (1999), S. 25.

51 Vgl. vor allem Martin Jay: Adorno in America. In: Permanent Exiles. Essays on the Intellectual Migration from Germany to America. New York 1986, S. 120-137.

52 Benjamin / Scholem: Briefwechsel, a.a.O. (Anm. 17), S. 95.

53 Arendt, a.a.O. (Anm. 19), S. 210.

54 Walter Benjamin: Eduard Fuchs, der Sammler und der Historiker. In: Angelus Novus. Frankfurt/M. 1977, S. 37.

55 Adrienne Monnier: Benjamin. In: Rue de l'Odéon. Paris 1960, S. 171-184.

56 Adorno / Benjamin: Briefwechsel, a.a.O. (Anm. 13), S. 277.

57 Zitiert in Denis Hollier (Hrsg.): Le Collège de sociologie 1937-1939. Paris 1995, S. 504.

58 Ebenda, S. 884. Hans Mayer, der Benjamin in Berlin kennen gelernt hatte und an einigen Aktivitäten des Collège de sociologie teilgenommen hatte, hat sich erstaunlicherweise zu dieser Kontroverse nicht verhalten. Vgl. Hans Mayer: Walter Benjamin. Réflexions sur un contemporain. Paris 1995, S. 67-69.

59 Adorno / Benjamin: Briefwechsel, a.a.O. (Anm. 13), S. 355-357.

60 Walter Benjamin: Der Surrealismus. In: Angelus Novus, a.a.O. (Anm. 54), S. 212.

61 Ebenda.

62 Michael Löwy: Walter Benjamin et le surréalisme. Histoire d'un enchantement révolutionnaire. In: L'Étoile du matin. Paris 2000, S. 40-42. »Gothischer Marxismus« ist der Titel des ersten Kapitels von Margaret Cohen: Profane Illuminations. Walter Benjamin and the Paris of Surrealist Revolution. Berkeley 1993. Cohen legt auf sehr verlockende Art und Weise nahe, dass der Marxismus Benjamins mit den orthodoxen Lehrbüchern des historischen Materialismus ungefähr so vergleichbar wäre, wie der *Guide noir du Paris mystérieux* (Der schwarze Führer des mysteriösen Paris) mit den *Guides bleus* (vergleichbar mit den deutschen Reiseführern *Baedeker*). Gleichwohl hat sie die Tendenz, den »gothischen Marxismus« als einen durch das »Irrationale« geprägten Marxismus zu interpretieren. Vgl. auch Jean-Marc Lachaud: Walter Benjamin et le surréalisme. In: Ders. (Hrsg.): Présence(s) de Walter Benjamin. Bordeaux 1994, S. 83-96.

63 Walter Benjamin: Paris, die Hauptstadt des XIX. Jahrhunderts. In: Das Passagen-Werk. Hrsg. v. Rolf Tiedemann. 2 Bände. Frankfurt/M. 1982, S. 59.

64 Benjamin: Das Passagen-Werk, a.a.O. (Anm. 63), S. 829.

65 Benjamin: Charles Baudelaire, a.a.O. (Anm. 42), S. 239.

66 Walter Benjamin: Der Erzähler. Gedanken zum Werk von Nicolas Leskov. In: Gesammelte Schriften. Band III, a.a.O. (Anm. 8), S. 116.

67 Adorno: Über Walter Benjamin, a.a.O. (Anm. 4), S. 175. Adorno / Benjamin: Briefwechsel, a.a.O. (Anm. 13), S. 417.

68 Adorno / Benjamin: Briefwechsel, a.a.O. (Anm. 13), S. 142.

69 Adorno / Benjamin: Briefwechsel, a.a.O. (Anm. 13), S. 366 und 368. Vgl. Wolin, a.a.O. (Anm. 3), S. 173-179.

70 Vgl. Lunn, a.a.O. (Anm. 3), S. 163-165.

71 Theodor W. Adorno: Rückblickend auf den Surrealismus. In: Noten zur Literatur. Frankfurt/M. 1958, S. 153-160.

72 Adorno: Über Walter Benjamin, a.a.O. (Anm. 4), S. 27.

73 Ebenda, S. 19.
74 Ebenda, S. 123.
75 Adorno / Benjamin: Briefwechsel, a.a.O. (Anm. 13), S. 168.
76 Walter Benjamin: Das Kunstwerk im Zeitalter seiner technischen Reproduzierbarkeit. In: Illuminationen, a.a.O. (Anm. 2), S. 143.
77 Adorno / Benjamin: Briefwechsel, a.a.O. (Anm. 13), S. 172.
78 Siegfried Kracauer: Das Ornament der Masse. In: Der verbotene Blick. Beobachtungen, Analysen, Kritiken. Leipzig 1992, S. 172-185.
79 Adorno: Über Walter Benjamin, a.a.O. (Anm. 4), S. 64.
80 Adorno / Benjamin: Briefwechsel, a.a.O. (Anm. 13), S. 175.
81 Max Horkheimer: Die Revolte der Natur. In: Gesammelte Schriften. Band 6. Zur Kritik der instrumentellen Vernunft und Notizen 1949-1969. Frankfurt/M. 1996, S. 105-135.
82 Theodor W. Adorno: Über Jazz. In: Musikalische Schriften IV. Frankfurt/M., S. 74-108. Vgl. auch die spätere Studie: Zeitlose Mode. Zum Jazz. In: Prismen. Kulturkritik und Gesellschaft. Frankfurt/M. 1955, S. 145.
83 Theodor W. Adorno: Über den Fetischcharakter in der Musik und die Regression des Hörens. In: Gesammelte Schriften. Band 14. Frankfurt/Main 1975, S. 14-50, hier S. 32.
84 Ebenda, S. 35.
85 Theodor W. Adorno: Philosophie der neuen Musik. Tübingen 1958.
86 Adorno / Benjamin: Briefwechsel, a.a.O. (Anm. 13), S. 209.
87 Benjamin: Das Kunstwerk im Zeitalter seiner technischen Reproduzierbarkeit. In: Illuminationen, a.a.O. (Anm. 2), S. 168. Wenn der Faschismus den Massen eine »mimetische Repräsentation« darbot, so sollte der Kommunismus ein Instrument ihrer politischen Aktion werden. Vgl. Esther Leslie: Walter Benjamin. Overpowering Conformism. London 2000, S. 162-167.
88 Adorno / Benjamin: Briefwechsel, a.a.O. (Anm. 13), S. 190.
89 Ebenda, S. 435.
90 Ebenda, S. 324.
91 Ebenda.
92 Adorno: Über Walter Benjamin, a.a.O. (Anm. 4), S. 16.
93 Bertolt Brecht: Journal de travail. Paris 1976, S. 15. Gershom Scholem: Benjamin et son ange. Paris 1995, S. 53.
94 Michael Löwy: Avertissement d'incendie. Une lecture des thèses »Sur le concept d'histoire«. Paris 2001, S. 179.
95 Adorno / Horkheimer: Dialektik der Aufklärung, a.a.O. (Anm. 2), S. 189. »Der Engel mit dem feurigen Schwert, der die Menschen aus dem Paradies auf die Bahn des technischen Fortschritts trieb, ist selbst das Sinnbild solchen Fortschritts.«

96 Benjamin: Über den Begriff der Geschichte, a.a.O. (Anm. 2), S. 261 (These 18 B).

97 Walter Benjamin: Sens unique. In: Les Lettres Nouvelles/Maurice Nadeau. Paris 1978, S. 206. Und auch die vorbereitenden Notizen zu den »Geschichtsphilosophischen Thesen«. In: Gesammelte Schriften. Band I, 3, S. 1232.

98 Benjamin: Paris, die Hauptstadt des XIX. Jahrhunderts, a.a.O. (Anm. 63), S. 46f.

99 Ich übernehme diese Definition von Miguel Abensour: Walter Benjamin entre mélancolie et révolution. Passages-Blanqui. In: H. Wismann (Hrsg.): Walter Benjamin et Paris. Paris 1986, S. 247.

100 Benjamin: Über den Begriff der Geschichte, a.a.O. (Anm. 2), S. 88 (These 12).

101 Adorno / Benjamin: Briefwechsel, a.a.O. (Anm. 13), S. 112.

102 Walter Benjamin: Der Autor als Produzent. In: Versuche über Brecht, a.a.O. (Anm. 34).

103 Christoph Hering: Die Rekonstruktion der Revolution. Walter Benjamins messianischer Materialismus in den Thesen »Über den Begriff der Geschichte«. Frankfurt/M. 1983, S. 180.

104 Herbert Marcuse: Revolution und Kritik der Gewalt. In: P. Buthaupt (Hrsg.): Materialien zu Benjamins Thesen. »Über den Begriff der Geschichte«. Frankfurt/M. 1975, S. 23-27. Vgl. auch den Briefwechsel zwischen Adorno und Marcuse in: New Left Review Nr. 233 (1999), mit einer hervorragenden Einleitung von Esther Leslie, S. 118-136. Auf Adorno, der die Habermas'sche Bezeichnung der Studentenbewegung als »linken Faschismus« verteidigte, antwortete Marcuse, dass ihre »Sache« durch die Studenten besser vertreten sei als durch die Polizei. Marcuse betrachtete den Begriff des »linken Faschismus« als »begrifflichen Widerspruch«. Doch Adornos Haltung war die gleiche geblieben. Diesmal waren es die Umstände, die ihn zwangen, eine politische Position einzunehmen, die seine feindliche Haltung gegenüber einer radikalen Kapitalismuskritik deutlich machte.

105 Adorno / Benjamin: Briefwechsel, a.a.O. (Anm. 13), S. 445.

Jörg Später

Die Kritik des »anderen Deutschland«

Otto Lehmann-Rußbüldt, Karl Retzlaw und Hans Jaeger im Londoner Exil

Wenn zwei Emigranten sich in London trafen, galt die erste Frage nicht dem Wetter oder der Gesundheit. Sie hieß: Wie stehen Sie zu Vansittart? Otto Lehmann-Rußbüldt war erstaunt über diesen Umstand, über den »Entrüstungssturm« aus »jeder Richtung« im Londoner Exil. Die Emigranten, die ansonsten in jeder Frage ein Dutzend verschiedener Meinungen hätten, hielten in der Ablehnung und Verkennung Lord Vansittarts wie Pech und Schwefel zusammen. Dabei ließen sie außer Acht, dass der Weltfeind Nummer Eins nicht Hitler, »sondern der deutsche Militarismus, sein Geist und seine Materie« sei. Wozu aber ein »Meer von Tinte« über alle möglichen Dinge verschreiben, die Vansittart gar nicht behauptet habe, fragte er die Flüchtlingsgemeinde, wenn es doch eine einfache Möglichkeit gebe, Vansittart zu widerlegen. *Die einzige mögliche Widerlegung Vansittarts* – so hieß die Schrift, aus der hier zitiert wurde und die nie einen Publikationsort gefunden hat[1] – sei die Tat, »Eure Tat«. Die Emigranten dagegen befürchteten den Untergang, die Vernichtung Deutschlands und sähen nicht, »dass das Deutschland Kants und Goethes« – also das vielfach beschworene »andere Deutschland« – »schon in Groß-Preußen aus Blut und Eisen untergegangen war und (...) Wilhelm II. ihm den Rest gegeben hat.«

Was war eigentlich geschehen? Der ehemalige Chefdiplomat des Foreign Office, Lord Robert Vansittart, sorgte während des Zweiten Weltkrieges in Großbritannien mit markanten Thesen über die Deutschen und ihre Geschichte für eine emotional aufgeladene Debatte über den Charakter des Feindes und die zu errichtende Nachkriegsordnung in Europa. In seiner eine halbe Million Mal verkauften Broschüre *Black Record* zeichnete er das Bild eines von Neid, Selbstmitleid und Grausamkeit gekennzeichneten kriegerischen deutschen Volkes. Insbesondere wies er die

Vorstellung eines »anderen Deutschlands« zurück: So startete er eine Kampagne, die beweisen sollte, dass die deutsche Sozialdemokratie, die deutschen Kirchen und die deutschen Kulturschaffenden kein Widerpart zur militaristischen und nationalistischen politischen Kultur seien, sondern Teil des »deutschen Problems«. Vansittarts Anklage der deutschen Nation, ihrer Taten, ihrer Geschichte und ihrer geistigen Besitzstände sowie seine These, der Nationalsozialismus sei in erster Linie »deutsch«, entfachte in Großbritannien eine höchst emotionale und hitzige Diskussion über den Charakter der Deutschen, aber auch über die vermeintlich extreme Deutschfeindlichkeit des ehemaligen Staatssekretärs. Die deutsche Frage und ihre Lösung standen im Zentrum des öffentlichen Räsonnements, aber auch hysterischen Fabulierens, in dessen Verlauf der Name Vansittart über den Begriff des Vansittartismus zu einer Metapher für einen Rassismus gegen die Deutschen wurde.[2]

Mit seiner Anklage der deutschen Nation, insbesondere der Kritik an der These vom »anderen Deutschland«, brachte Vansittart auch das deutsche Exil in London in Aufruhr. Vor allem innerhalb der sozialdemokratischen Community - etwas mehr als hundert Männer und Frauen - sorgte *Black Record* für große Aufregung. Die meisten der Sozialdemokraten waren über Prag und Paris nach Großbritannien geflohen, der Parteivorstand kam auf Einladung der Labour Party. Der Vorstand um Hans Vogel und Erich Ollenhauer hoffte, als »natürlicher Verbündeter« der Alliierten gegen Nazi-Deutschland behandelt zu werden. Den Krieg betrachtete man als »internationalen Bürgerkrieg« und nicht als ein Krieg zwischen Nationen, das deutsche Volk entsprechend als »Opfer der Nazi-Diktatur«. Umso empörter reagierten die meisten Sozialdemokraten, als Vansittart den Deutschen insgesamt den Prozess machte. Gleichwohl meldete sich auch innerhalb der Sozialdemokratie eine Gruppe zu Wort, die forderte, man müsse den Ort des Exils nutzen, um umzudenken und die deutsche Geschichte, insbesondere die der Sozialdemokratie, neu zu vermessen und zu reflektieren. Ihr Befund war: »Es gibt ein deutsches Problem«. Diese Aussage meinte, dass die Sozialisten die geistige Verfassung der deutschen Nation in den Mittelpunkt stellen und lernen sollten, die deutsche Frage mit den Augen ihrer europäischen Nachbarn zu betrachten. Doch die Adaption von Vansittarts Perspektive stieß auf schroffe Ablehnung und offene Feindseligkeit. Wie in der britischen Öffentlichkeit machte sich die »Vansittartitis« breit - nur entstand in der Exilszene ein noch giftigeres Klima von Verdächtigungen, Gerüchten und Intrigen. Gerade in der Debatte um den deutschen Nationalismus und den

Vansittartismus - neben der Frage des Umgangs mit den Kommunisten die große Auseinandersetzung der sozialistischen Linken im britischen Exil - offenbarte sich eine besondere Reizbarkeit. Der Ort des Exils erwies sich als ein pathologischer, ein Raum, in dem politische Identitätskämpfe ausgetragen und alte Rechnungen beglichen, in dem Freundschaften aufgekündigt und Feindschaften gepflegt und in dem Verletzungen, Misstrauen und Hass gediehen - ohne dass man diesen Raum verlassen konnte. Der Streit um Vansittart führte zum Bruch zwischen dem Parteivorstand der emigrierten SPD und jener Gruppe von sechs Dissidenten um Walter Loeb, zu der mit Curt Geyer ein Vorstandsmitglied und Vordenker der Partei gehörte. Geyer definierte den Nationalsozialismus nicht als Faschismus, sondern als Ausdruck eines spezifisch deutschen Nationalismus, und ihn interessierten weniger die sozioökonomischen Verhältnisse, die dem Nationalsozialismus zugrunde lagen, als die geistige Verfassung einer seit 1914 sich auf Abwegen befindenden Nation. Vor allem in jener »Erblast von 1914« - der volksgemeinschaftliche Massenkonsens und der institutionelle Burgfrieden - sahen Geyer und seine Mitstreiter den »Fluch der bösen Tat« (Carl Herz) wirken: einerseits das Modell der nationalistisch-aggressiven Integration, auf das die Nationalsozialisten aufbauen konnten, andererseits das historische Versagen der SPD, das sich nun im Zweiten Weltkrieg zu wiederholen schien. Die Gruppe verlangte politisch die bedingungslose Unterordnung der Sozialdemokraten unter die Kriegsziele der westlichen Alliierten, und sie forderte ein deutliches Bekenntnis sowohl zur einseitigen Abrüstung, als auch zur materiellen Wiedergutmachung für die Schäden und das Leid, das Nazideutschland über Europa gebracht habe. Neben einem Garantiefrieden wollte sie aber auch eine geistige Erneuerung der Sozialdemokratie. Sie griff die nach ihrem Erachten unkritische Haltung der Sozialdemokratie gegenüber dem deutschen Volk an, bemängelte die Indifferenz gegenüber dem Nationalismus als wirkungsmächtigste Kraft der deutschen Geschichte und warf der SPD schlussendlich vor, selbst eine nationalistische Partei zu sein.
Dieser auch von gewichtigen Teilen der Labour Party geteilte Vorwurf empörte die auf Einladung der britischen Schwesterpartei nach London gekommenen Sozialdemokraten. Aus ihrer Perspektive kam es einem Skandal gleich, dass sie nicht als »natürliche Verbündete« der Alliierten behandelt wurden, waren es doch die Sozialdemokraten gewesen, die vor dem NS-Regime hatten fliehen müssen. Während sie von Anfang an verkündet hätten, Hitler bedeute Krieg, habe der Westen eine Politik des Appeasement betrieben. In den Augen der Sozialdemokraten war der

Krieg ein internationaler Bürgerkrieg zwischen Demokratie und Diktatur, dessen Front durch alle Nationen hindurch ging. Das Vordringen des Vansittartismus in die Labour Party und in die Sozialistische Arbeiter-Internationale betrachteten sie als den Sieg von Nationalismus, Hass und reaktionärem Denken, die Gruppe der Abweichler als Verräter. Mit den wachsenden Angriffen auf die Partei und ihre Geschichte verhärtete sich die Abwehrhaltung der Londoner Sozialdemokraten. Der Parteivorstand blieb in den Fragen von Abrüstung und Wiedergutmachung uneindeutig, bekämpfte bis 1943 die Forderung nach militärischer Besatzung Deutschlands und agitierte nach der Konferenz von Casablanca gegen die Formel der »Bedingungslosen Kapitulation«. Auch bestritt man, dass es überhaupt so etwas wie »ein deutsches Problem« gäbe. Die Forderung nach geistiger Erneuerung der Sozialdemokratie verwarf man als unbegründet. Die Gruppe der Dissidenten bildete nach dem Zerwürfnis mit der SPD-Führung in der Verlagsgesellschaft *Fight for Freedom* (FFF) einen eigenen Diskussions- und Forschungszirkel. Loebs Forschungsgruppe - im Exil bald als »Loeber Party« bekannt - erarbeitete historische Fallstudien, welche die These von der Kontinuität eines aggressiven deutschen Nationalismus, Militarismus, Imperialismus und einer antidemokratischen politischen Kultur als Kern historischer Entwicklung belegen sollten. Methodisch versuchte die Gruppe, gesellschaftliche Strukturen des Kaiserreichs und der Weimarer Republik mit diesen nationalistischen Ideen zu vermitteln und materialistische Gesellschaftstheorie historisch, das heißt mit aus der Erfahrung geschöpften Inhalten, zu konkretisieren, getreu nach Kants Motto, dass Anschauungen ohne Begriffe blind und Begriffe ohne Anschauungen leer sind. In der Schriftenreihe wurden die von Nationalismus und Machtsstreben korrumpierte Geschichte des deutschen Liberalismus und politischen Katholizismus nachgezeichnet, die Besonderheiten deutscher Außenpolitik herausgearbeitet und die Sonderform des Kapitalismus in Deutschland analysiert. Fast paradigmatisch für alle Studien war eine Schrift von Carl Herz mit dem Titel *The Straight Line*.[3] Herz verfolgte eine unheilvolle Melange von expansiver Ökonomie, militaristischem und bürokratischem Obrigkeitsstaat, deutschen Vorstellungen von Sozialismus und völkischem Pangermanismus durch die Geschichte Preußens und Deutschlands, die in einem spezifischen radikalen militaristischen Nationalismus, eben den Nationalsozialismus, gemündet sei. Hier deutete sich also eine Frühform der Sonderweg-Historie an, die eine Disharmonie zwischen einem expansiven ökonomischen System und einer militaristischen, noch halb-feudalen politischen Kultur und die geradlinige Ausrichtung der historischen Entwicklung auf 1933 behauptete und dabei den westlichen Normalweg idealisierte. Grundlegend für diese Interpretation deutscher Geschichte war die Überlegung, die kapitalistische Industrialisierung und der Nationalstaat hätten sich in Deutschland zu spät und zu schnell durchgesetzt, die »geistige Verfassung« der deutschen Nation sei über diese Entwicklung aus der Bahn geraten und Deutschland habe sich vom Westen und seiner auf griechischer Antike, Christentum und Aufklärung fußenden politischen Kultur abgesondert.

Der Ort des Exils war also nicht nur ein Raum, in dem die politischen Flüchtlinge fremd gegenüber der »normalen« Öffentlichkeit blieben und in dem ihre angespannten Lebensverhältnisse, ihre angezweifelten politischen Identitäten und gepflegten Feindschaften zu neurotischen Ausbrüchen drängten. Das Exil konnte auch ein Ort sein, der produktiver geistiger Arbeit zu Gute kommen konnte, ein analytisch-produktiver Raum, in dem Intellektuelle, zum Müßiggang verurteilt, die deutsche Geschichte im Allgemeinen und die sozialdemokratische im Besonderen neu vermaßen, neue Fragen aufwarfen und - dort, wo man sich gegenüber den Einflüssen der englischen Diskussion nicht verhärtete - sich von alten Denkgewohnheiten verabschiedeten. Hilfreich dafür war eine gewisse kritische Distanz zu den großen Parteien der Weimarer Republik und zu dem Konformitätsdruck, den diese in ihrem Willen, die eigene Identität zu verteidigen, gerade im Exil ausübten.

Staatenlos im Nirgendwo: Otto Lehmann-Rußbüldt

Während die Vertreter der einstigen großen Weimarer Parteien sich in der Ablehnung Vansittarts einig wussten, suchten die hier vorgestellten Intellektuellen gerade wegen Vansittarts kritischer Sicht auf das »andere Deutschland« die Nähe zu dem vermeintlichen Deutschenhasser - so zum Beispiel der Eingangs zitierte Otto Lehmann-Rußbüldt. Er hatte zusammen mit Eduard Bernstein, Hans Delbrück, Albert Einstein, Kurt Eisner und Ernst Reuter 1914 den Bund Neues Vaterland ins Leben gerufen, aus dem 1922 die Deutsche Liga für Menschenrechte hervorgegangen war. Er gehörte zum radikalen Flügel der pazifistischen Bewegung, der im Streit um die Kriegsschuld und den Versailler Vertrag sich gegen einen übergreifenden abstrakten Pazifismus aussprach und statt dessen die größenwahnsinnige preußisch-deutsche Macht- und Eroberungspolitik anprangerte.[4] Unmittelbar nach dem Reichstagsbrand wurde er am

28. Februar 1933 verhaftet, kam nach zehn Tagen wieder frei und konnte von zwei Jesuiten des Friedensbundes Deutscher Katholiken über die Grenze nach Holland geschmuggelt werden.[5] Im Herbst 1933 kam er nach Großbritannien, wo er sich für NS-Verfolgte engagierte und seine Arbeit gegen die deutsche Wiederaufrüstung fortsetzte. 1929 hatte Lehmann-Rußbüldt mit *Die blutige Internationale der Rüstunsgindustrie* bereits einen aufsehenerregenden Erfolg gehabt: die Schrift erlebte fünf Auflagen und wurde in zehn Sprachen übersetzt. 1935 erschien beim renommierten Verlag Allen and Unwin *Germany's Air Force* mit einer Einführung des bekannten Journalisten H. Wickham Steed, ein kleines Büchlein, mit dem er vor den Fortschritten der deutschen Aufrüstung warnte und die deutsche Luftwaffe als »Public Enemy No.1« für Europa bezeichnete. Die »pazifistische Kämpfergestalt«,[6] die sich selbst im »politischen Niemandsland der Heimatlosen, Staatenlosen, Portemonnaielosen und Grenzenlosen« verortete, geriet in Exilkreisen schnell in Verruf, ein Informant Vansittarts zu sein.[7] Zu dem streitbaren Publizisten hatte Lehmann-Rußbüldt allerdings erst Ende 1941 schriftlichen Kontakt aufgenommen, vor allem weil er eine geistige Nähe vermutete, die über die rein politische hinausging. Lehmann-Rußbüldt fragte Vansittart, ob dieser seine Schrift *Interviews im Jenseits* übersetzen wolle.[8] »Informant« wurde Lehmann-Rußbüldt also erst, nachdem der Vorwurf bereits erhoben worden war. Nach dieser ersten Kontaktaufnahme entwickelte sich ein reger gedanklicher Austausch zwischen dem »philosophischen Anarchisten« und dem »Realisten«.[9] Der Emigrant beriet den Lord, wie die Proteste hoher Geistlicher in Deutschland gegen Übergriffe der Nazis an kirchlichen Institutionen einzuschätzen seien - nämlich als rein innenpolitische Angelegenheit, die kein Aufbegehren der Kirche gegen den im Gegenteil vorbehaltlos unterstützen Krieg impliziere.[10] Und er warnte ihn vor den politischen Zielen des im Juli 1943 von Stalin ins Leben gerufenen Nationalkomitees Freies Deutschland: »Wer mit den preußischen Generälen geht, fällt immer hinein, mag die Sache gelingen oder scheitern.« In Preußen werde immer gegen links geschossen, gerade dorthin, wo die so genannten Zivilisten des Manifestes ständen.[11]
Vor allem in der Frage der Funktion von Propaganda stimmte Lehmann-Rußbüldt mit Vansittart überein. Von einer Angebotspolitik an das deutsche Volk hielt er nicht viel, denn: »Warum laufen jetzt diejenigen Deutschen nicht einfach zu den Russen über, die als Sozialisten, Kommunisten und entschiedene Demokraten 1933 noch über 13 Millionen Stimmen gegen Hitler abgaben? (...) Die waffenfähigen Männer von ehe-

maligem Reichsbanner und Rot-Front haben früher oft vertröstet: ›Wenn wir nur erst die Waffen in der Hand haben!‹ Jetzt sind die Waffen in ihren Händen, jetzt laufen ihre Generäle sogar in Unterhosen vor den Russen davon, aber die deutschen Hitlergegner laufen mit ihnen anstatt entgegengesetzt. Wenn der Massenimpuls zu einer Meuterei erst dann erwacht, wenn es kein Kunststück mehr ist, dann ist es zu spät, so wie es 1918 zu spät war.«[12] Die ausbleibende Meuterei der verheizten Soldaten erklärte Lehmann-Rußbüldt in einem Artikel vom Oktober 1942, der die sukzessiv sich ausweitenden Kriegsverbrechen von Reichswehr und Wehrmacht in beiden Weltkriegen behandelte und in dem Vansittart folgende Stelle unterstrichen hatte: »The German people are to be so deeply implicated in the Nazi crimes that there is no escape for them, since even a passive attitude to some extent constitutes complicity.«[13] Einschüchterung in einem Kampf um Sein oder Nichtsein – das war Lehmann-Rußbüldts Ratschlag. Er befürwortete die Forderung nach bedingungsloser Kapitulation »des deutschen Volkes in Waffen«,[14] lange bevor sie im Januar 1943 von Roosevelt und Churchill in Casablanca zur offiziellen Politik erklärt wurde, denn: »Mit Deutschen müsst Ihr nur per Befehl sprechen, dann werden sie ganz manierlich.«[15] Doch statt darüber nachzudenken, »wie man Deutschland kaputt schlägt, dass die Fetzen fliegen«, diskutierten derweil die deutschen Emigranten haarspalterisch darüber, ob man den Deutschen nicht zu viel Unrecht antue.[16]

Die selben Strategien, den Erfordernissen des Tages aus dem Weg zu gehen, beobachtete Lehmann-Rußbüldt in der Schuldfrage, wo diejenigen am meisten über Schuld redeten, die sie verleugnen wollten: »Ob ein ganzes Volk anzuklagen sei, ist (...) ›zur Zeit‹ ein akademischer Streit. Es ist ein ›Problem‹, wie das berühmte der Scholastiker über die Freiheit des menschlichen Willens: dass ein Esel zwischen zwei gleichgroßen Bündeln Heu verhungern müsse, weil er sich nicht entscheiden kann, welches Bündel er zuerst essen solle. (...) solche ›Probleme‹ (sind) deshalb nicht lösbar, weil schon die Fragestellung meistens ein Mittel ist, um von ernsthaften Problemen abzulenken. Aber die deutschen Emigranten versuchen es jeden Tag aufs Neue, das akademische Problem Burkes zu lösen. Sie sollen lieber Churchill zu Hilfe kommen und es den Alliierten in die Ohren schreien, dass Naži-Tyrannei und preußischer Militarismus dasselbe ist.«[17]

Statt akademische Debatten wollte Lehmann-Rußbüldt konkrete Aktionen. So regte er im März 1943 an, dass die deutsche politische Emigration sich den Aufruf des polnischen Schriftstellers Czarnomski »How to stop the German Murderers« in der *Sunday Dispatch* zu eigen machen solle. Den zehn Millionen deutschen Soldaten solle mitgeteilt werden, dass sie zur Zwangsarbeit außerhalb Deutschlands herangezogen würden, falls sie nicht zum Feind überliefen.[18] Lehmann-Rußbüldt war einer der wenigen Intellektuellen, denen der Massenmord in Osteuropa, insbesondere das Schicksal der Juden, nahe ging. »Should and Could the Jews Return to Germany?«, fragte er in einem Aufsatz vom Februar 1945.[19] Den Versuch, die Juden zu töten, hätten schon viele unternommen, »but no previous persecution has ever been accompanied with such huge numbers of victims or with such ›German thoroughness‹ of psychological and deadly technique«. Der Antisemitismus sei ein unmissverständliches Symptom einer degenerierten Nation, der seine Wurzeln im aggressiven Militarismus habe. Denn die »Lehre von 1918« - »this irrefutable logic of madness« - sei für die Militaristen gewesen: »We have lost the war through the fault of the Jews, Marxists and pacifists. Consequently, if we want to win the next war, we must begin by neutralising the Jews, Marxists and pacifists thoroughly and completely.« Im Krieg habe sich dann der Geist des totalen Sieges, von dem die deutsche Armee wie die Naziorganisationen durchdrungen gewesen seien, gegen die Verteidigungslosen gewandt. Über die Frage der Rückkehr der überlebenden Juden war Lehmann-Rußbüldt gespalten. Eine gerechte und demokratische Ordnung in Europa sei ohne die Restitution der Rechte und des Eigentums der Juden nicht möglich. Ein neues humanitäres Deutschland müsse den Juden selbstverständlich neben der materiellen Kompensation eine bedingungslose Einladung zur Niederlassung und zur Staatsbürgerschaft aussprechen. Auf der einen Seite der Medaille stand also: Ohne Rückkehr der Juden keine Heilung für Demokratie und humanitäres Deutschtum. Andererseits machte sich Lehmann-Rußbüldt über das Fortleben des Antisemitismus keine Illusionen. Die Rückkehrfrage sah er nicht nur als politische, sondern eine, die jeder Jude für sich sorgfältig abwägen müsse: »Intuition, wisdom and above all self-esteem and dignity, must forbid the Jews to consider the possibility of return before they are certain that ›another Germany‹ will really be in existence.«[20]

Eine solche Sensibilität für die besondere Situation der Juden und eine solche Aufmerksamkeit für die Antisemitenfrage war ungewöhnlich. Vielleicht benötigte man den Abstand zu Parteiapparaten und anderen Institutionen, vielleicht musste man sich staatenlos im Niemandsland befinden, um die Vernichtung der Juden nicht als eine Kriegstragödie unter anderen zu begreifen.[21] Für den parteiungebundenen, nichtmarxistischen Radikaldemokraten, der persönliche Bekanntschaften und Freundschaften quer durch alle Lager pflegte, traf dies beides zu. Lehmann-Rußbüldt war Zeit seines Lebens ein Einzelgänger, er hatte seine eigenen Gedanken, ging seine eigenen Wege, kurz: er war der Typ, der in keinen Verein eintrat, den er nicht selbst gegründet hatte.[22]

Lehmann-Rußbüldt war keineswegs ein Deutschenfeind. Im Gegenteil: Ihm ging es um die »Wiedergeburt des Deutschtums«. Dafür allerdings musste »Deutschland« in seinen Augen verschwinden. Das Deutschtum sah er durch Goethe, Herder, Kant, Beethoven und den Freiherr vom Stein verkörpert, Persönlichkeiten, die sich um den Menschen und sein Wohlergehen gesorgt, den Staat als ein Mittel und nicht als das Ziel betrachtet und Harmonie statt Feindschaft zu den anderen Völkern gepredigt hätten; kurz, im Deutschtum - wie er in seiner Schrift *Neues Deutschtum* (1939) darlegte[23] - sei der Deutsche ein Weltbürger, ein Humanist. Wie der geistesverwandte Friedrich Wilhelm Foerster sah Lehmann-Rußbüldt in Bismarck das Gegenprinzip personifiziert. Preußen, das war der Feind Europas und letztlich auch Deutschlands. Den Militarismus - »eine Gesinnung, die Konflikte zwischen Personen oder Nationen grundsätzlich nach dem so genannten ›Recht des Stärkeren‹ entscheiden und nicht anerkennen will, dass Gerechtigkeit nach einem anderen Maßstab festgestellt werden muss«[24] - sah Lehmann-Rußbüldt folgerichtig als konstitutionellen Defekt des verpreußten Deutschtums, den Nationalsozialismus als geradlinige Fortsetzung des Kriegsgeistes. Nur eine Abkehr vom Militarismus, nur ein Ende der Eroberungspolitik, nur ein geistiger Wandel könne das humanitäre Deutschtum vor dem Untergang retten. Lehmann-Rußbüldt verlangte ein Bekenntnis: erstens, »dass der Krieg von 1914 nur der erste misslungene Versuch war, was jetzt der Nationalsozialismus unter seinem Führer Hitler aufs Neue versucht« und zweitens, »dass bei dem jetzigen Völkergemisch in Europa die Wiederherstellung Deutschlands in irgendeiner Form der Vergangenheit nicht in Frage kommen kann«.[25] Ohne Reue kein Bekenntnis, ohne Bekenntnis kein geistiger Wandel, ohne Wandel keine Zukunft - das war auch die Gedankenkette Lord Vansittarts. Das »andere Deutschland« war untergegangen und musste erst wieder geschaffen werden. Diejenigen, die nun, während des Krieges, von einem »anderen Deutschland« schwärmten, waren in beider Augen Phantasten, Obskurantisten oder Nationalisten.

Spartakus redivivus: Karl Retzlaw

Auch Karl Retzlaw war ein unabhängiger Typ, wenngleich er, der Choleriker, nicht wie Lehmann-Rußbüldt die Freundschaften, sondern eher die Feindschaften quer durch alle Lager pflegte. »Retzlaw war ein Zelot, ein Fanatiker, ein Mann, der zwar Toleranz predigte, aber sie selbst nicht gewährte«, beschrieb ihn sein Freund Hans Jaeger. Er überwarf sich mit Kommunisten und Sozialdemokraten und hasste den »Bindestrich-Sozialismus«, so dass er in keine Versammlung mehr gehen konnte, außer in den Klub der Konstruktivisten. Aber auch hier rief das enfant terrible öfters Sturmszenen hervor. »Nur eine unermüdliche Geduld und der gute Wille bei Retzlaw, der bei allen seinen Fehlern im Grunde das Beste wollte, führten uns über diese Klippen hinweg«, erinnerte sich Jaeger.[26]
Karl Retzlaw, mit bürgerlichem Namen Karl Gröhl, gehörte im Ersten Weltkrieg dem Spartakusbund an. Doch bereits damals wurde sein Glaube an das deutsche Volk erschüttert. Die Wahrheit war, so schrieb er in seinem Lebensbericht, »dass eine einzige frische amerikanische Division stärker war als alle Propaganda«.[27] Das Argument »bei der Masse bleiben« verblasste für ihn in jenen Tagen auch deshalb, weil es als Legitimation der Burgfriedenspolitik der SPD diente.[28] Schien für ihn auch eine Revolution unmöglich, so war das Nichtmitmachen dennoch eine Pflicht, denn – so hieß es in einem der Spartakusbriefe – »den deutschen Militarismus überwinden, heißt jetzt nichts anderes, als den Kadavergehorsam der organisierten Arbeiter gegenüber Legien und Co. überwinden. Hier in diesem völlig kritiklosen, geistlosen, mechanischen Gehorsam einer Hammelherde, steckt einer der wesentlichen Wurzeln des Militarismus.«[29]
Mit genau dieser Einstellung beurteilte er auch die Möglichkeiten des Widerstandes in Deutschland im Zweiten Weltkrieg.
Anlässlich der Flucht von Rudolf Hess nach England schrieb er Robert Vansittart: »Die Flucht ins Ausland ist nur wenigen möglich, aber die Flucht vor dem Regime zu passiver Resistenz und Sabotage ist allen möglich.«[30] Später berichtete er von dem Fall eines jungen Mannes, der längere Zeit in Deutschland herumreiste und Postschecks fälschte. Warum können das nicht die Widerständler, fragte er. Die deutschen Emigranten und Flüchtlinge, die erzählten, in Deutschland könne infolge der Wachsamkeit der Gestapo nichts gemacht werden, seien Lügner, Defätisten und Feiglinge.[31] Das Problem sei ein anderes: »Wenn doch diese Untertanen nicht so eifrige, gehorsame Untertanen wären, wenn sie nur weniger eilig, weniger fleißig, weniger tapfer, weniger grausam, weniger

willig zu jedem Verbrechen, weniger diensteifrig vor den Behörden, weniger sorgsam in den Fabriken, weniger denunziantisch wären, dann wäre der Krieg aus.«[32] Passive Resistenz sei für alle möglich, Sabotage für viele - zumindest »hatten wir doch (im Ersten Weltkrieg) schon alles organisiert und schon alles mal gemacht«. Jeder Arbeiter könne mehr sabotieren, als je kontrollierbar sei.[33]

Doch wer verhinderte in Retzlaws Augen Resistenz, Sabotage und Widerstand? »Die Tragödie in Deutschland ist doch, dass die konspirative Arbeit dort vor den Sozialdemokraten ebenso geheim gehalten werden muss wie vor der Gestapo.« Polizeispitzel seien sie schon im Ersten Weltkrieg gewesen: Der Spartakusbund habe damals von den Sozialdemokraten mehr Schwierigkeiten zu erwarten gehabt als von der Polizei. »Ein Huhn wird sich eher zum Adlerflug erheben, ehe so ein deutscher Speckbonze ein Revolutionär wird!« Für Retzlaw war die Noske-Mentalität der SPD der entscheidender Türöffner für Hitler gewesen und für mehr: »Die deutsche Sozialdemokratie hat die deutschen Arbeiter zu Beitragszahlern und Duckmäusern gemacht, sie hat jedes Gefühl für Revolution und Auflehnung durch Ebert-Noske-Severing so radikal ausgebrannt, dass die deutschen Arbeiter genau so morden an den Fronten wie die Nazis auch.«[34]

Nach Großbritannien war Retzlaw im März 1940 mit Hilfe des britischen Geheimdienstes gekommen.[35] Hier gründete er den Bund Deutscher Revolutionärer Sozialisten. Retzlaw fand zwar keine Bündnispartner, aber immerhin einen interessierten Robert Vansittart, dem er wie vielen im November 1941 einen Programmentwurf zusandte, der nicht nur »eine humane, freiheitliche, antimilitaristische, politisch verantwortungsbewusste Mentalität im deutschen Volk« anzustreben versprach, sondern auch eine föderalistische Basis für die neue deutsche Gemeinschaft forderte. Retzlaw gewann, obwohl er Sozialist war, Vansittarts Respekt, weil ihm das Schicksal der unterdrückten Polen, Tschechen, Holländer mehr am Herzen lag als das der Deutschen, die doch, wie er meinte, nicht so leiden werden, wie heute die unterdrückten Völker leiden müssten.[36] Und so wurde Karl Retzlaw ebenso wie Lehmann-Rußbüldt ein »informeller Mitarbeiter« Lord Vansittarts. Retzlaw versorgte ihn mit Material, das Vansittart in Artikeln verarbeitete.[37] Vor allem informierte er ihn jedoch über die Aktivitäten des »anderen Deutschland« - zum Beispiel über die Ausstellung »Allies Inside Germany«.

Diese wurde im Juli 1942 vom Freien Deutschen Kulturbund in Großbritannien mit großem Publikumserfolg präsentiert. Diese Ausstellung, schrieb er Vansittart, sei eine bewusste, grobe Irreführung der englischen

Öffentlichkeit. Hier sei mit Ausnahme der Londoner *Zeitung* nur Propaganda-Literatur ausgestellt, die vor 1938 verbreitet worden war, zum Teil aus dem Spanischen Bürgerkrieg, zum Teil aus dem Pariser Exil. Die Ausstellung wolle eine günstige Stimmung für Deutschland schaffen, »auf die sich später alle Raubmörder, die heute in den überfallenen Ländern wüten, berufen können.«[38] Retzlaw berichtete Vansittart über ihre beachtliche Wirkung. So habe die *News Chronicle* gelernt: »The resistance movement is growing daily, Socialists, Communists and Catholics, who once worked separately against the Nazis, have now joined forces. Over 200.000 of them are actively engaged within the Reich, printing and distributing illegal news sheet which are reaching at least 4.000.000 readers every month.«[39] Retzlaw kommentierte weiter einen Artikel des sozialistischen Intellektuellen Henry N. Brailsford, der als einen der Macher der Ausstellung »my friend Colonel Hans Kahle« genannt hatte, »who commanded 3.080 Germans on the other side in Spain, of whom 1.080 were killed«. Retzlaw wollte gerne wissen, »wieviel von den 1.080 gefallenen Deutschen bei inneren Streitigkeiten umkamen und wieviel Brailfords Freund ›Oberst‹ Kahle auf dem Gewissen habe«. Es habe nämlich, erzählte er Vansittart, viele begeisterte Kämpfer gegeben, die nicht »Parade-schritt vor Kahle üben und auch nicht an die Unfehlbarkeit der Kommunisten und ihres Thälmanns« geglaubt hätten. Diese Leute seien wahlweise Trotzkisten, Anarchisten oder Juden genannt worden: »Das sind die Leute, die immer und überall an allem Schuld sind.« Dieser Kahle trete nun hier in London »im Geiste Thälmanns für ein freies Großdeutschland« auf, das heiße mit »Nazibegriffen und im Namen eines Geistes, der für die Bekämpfung von Versailles und Youngplan« stehe.[40] Die Kommunisten waren Retzlaw genauso verhasst wie die Sozialdemokraten, zumal er ihnen selbst lange Jahre angehört hatte. An der KPD störte ihn nicht nur deren autoritäre Strukturen, sondern ihr »großdeutscher Nationalismus«. Da die Kommunisten als Todfeinde der Nazis zum »anderen Deutschland« gerechnet wurden, wurde Walter Loeb, der Direktor der *Fight for Freedom*-Verlagsgesellschaft, auf Retzlaw aufmerksam und lud ihn im Herbst 1942 ein, eine Broschüre für FFF beizusteuern. Retzlaw zögerte, weil er allzu viel Negatives über die sowjetische Politik schreiben müsste, was er eigentlich angesichts der Kriegssituation nicht wolle. Denn es habe nach dem Tode Luxemburgs und dem Ausscheiden Paul Levis im Grunde keine deutsche kommunistische Partei mehr gegeben. Andererseits habe es durchaus eine tiefe Verwurzelung des Militarismus und des Nationalismus in der deutschen Arbeiterschaft gegeben, ganz gleich, welcher Partei die Arbeiter angehörten: »Ich bin im Laufe der Jahre 1912-1933 in tausenden Arbeiterwohnungen, bei Funktionären und Mitgliedern der Sozialdemokraten und der Kommunisten gewesen. In hunderten Wohnungen sah ich Bilder von Bebel, Liebknecht, Lenin - neben Bildern ›Aus meiner Militärzeit‹: Kompanie-Aufnahmen mit dem eingesetzten eigenen Bild und dem Kaiserbild - nach dem Weltkriege!«[41] Retzlaw entschied sich, doch zu schreiben. *German Communists* erschien im Februar 1944, zu einem Zeitpunkt, als die Ehrenburg-Linie gerade Teile der Londoner Kommunisten erfasst hatte. Während Stalin Hitler und das deutsche Volk nicht als Einheit betrachtete, vertrat Ilja Ehrenburg offensiv eine Haltung, die angesichts der brutalen Gewalt, Bestialität und Arroganz der deutschen Besatzungsmacht in Europa den Hass gegen die Deutschen und das Deutsche, und nicht etwa nur gegen den Faschismus, als vernünftige Reaktion guthieß. Die Parteikommunisten hatten den Kampf gegen Vansittart allerdings nicht eingestellt, sondern verfuhren arbeitsteilig - wohl, um sich im Sinne Stalins alle Optionen offen zu halten, nachdem es zu Spannungen mit den westlichen Alliierten um die zweite Front und die Polenfrage gekommen war.[42] Retzlaw begann seine Darstellung des deutschen Kommunismus mit dem Ersten Weltkrieg, als sich zwei Wege des Antiimperialismus herausbildeten: der marxistische, antikapitalistische und internationalistische der Rosa Luxemburg und der ins Nationalistische gewendete antiwestliche des Paul Lensch. Dessen Konzeption habe sich nach der Niederlage Deutschlands und infolge der Unterordnung unter die Politik Moskaus in der Weimarer Zeit durchgesetzt: Ablehnung des Versailler Vertrages, Rapallo, Ruhrbesetzung, Schlageter-Kurs, Young-Plan, bis die machtbesessene und korrupte Partei schließlich versucht habe, den Nationalismus der Nationalsozialisten zu übertreffen. Somit seien die deutschen Kommunisten nicht nur genauso kompromittiert wie die Sozialdemokraten, sondern auch noch mitschuldig an Hitlers Sieg.[43]

Vom Volkssozialisten zum Antivolksimperialisten: Hans Jaeger

Der politische Lebensweg Hans Jaegers war einer mit vielen Kurven und Wendungen. Jaeger, Jahrgang 1899, trat nach dem Kriegsdienst im Dezember 1918 zunächst dem Spartakusbund bei, dann der KPD. Nach seinem Studium der Geschichte, Germanistik, Philosophie und Volkswirtschaft und Redaktionstätigkeiten in Nachrichtenagenturen übernahm er 1925 die Leitung des Marx-Engels-Verlags, zunächst im Frankfurter

Institut für Sozialforschung, dann in Berlin. Innerhalb der KPD engagierte er sich im AgitProp-Bereich und hatte Kontakt zu nationalrevolutionären Kreisen. Nach der nationalsozialistischen Machtübernahme war Jaeger zur Fahndung ausgeschrieben und flüchtete im März 1933 nach Prag. Ab den dreißiger Jahren wies Jaeger immer wieder auf den bevorstehenden Einbruch des Nationalsozialismus in die Arbeiterklasse hin und glaubte, diesen durch die Integration nationaler und ständischer Elemente in eine neue deutsche Arbeiterbewegung bekämpfen zu können. Diese später von ihm entschieden abgelehnte Überzeugung führte Jaeger zeitweilig in die Nähe eines »Nationalen Sozialismus« und weg von den Kommunisten. 1933 erfolgte sein Parteiaustritt und -ausschluss. Kurz darauf gründete Jaeger mit dem ehemaligen sozialdemokratischen Reichstagsabgeordneten Arthur Arzt und dem Journalisten und Schriftsteller Max Cahén die »Volkssozialistische Bewegung«, um mit anderen nationalrevolutionären Kräften eine Volksbewegung gegen Hitler auf einer neuen, nicht mehr klassengebundenen Grundlage zu organisieren.[44] Bevor aber das Volk bewegt wurde, zerstritten sich die drei. Der Kreis um Jaeger führte den Namen weiter, betonte aber immer mehr demokratisch-sozialistische Elemente und entfernte sich vom nationalen Sozialismus, brach die Verbindung mit den Nationalisten Wenzel Jaksch und Otto Strasser ab und achtete auf seine Unabhängigkeit. In London, wohin Jaeger nach der Besetzung Prags via Polen und Dänemark im April 1939 gelangte, umfasste seine Gruppe – die »Deutsche Volkssozialistische Bewegung« – immerhin 40 Mitglieder. Im September 1942 gründete Jaeger dazu als »volkssozialistische Frontorganisation« (Röder) den »Klub Konstruktivisten«, der sich in der Tradition Karl Liebknechts, Kurt Eisners, Gustav Landauers, Carl von Ossietzkys und Erich Mühsams präsentierte, so dass die Volkssozialisten als durchaus gewichtige Gruppe im Exil gelten konnten, obwohl sie nicht in die Union deutscher sozialistischer Organisationen aufgenommen worden waren.[45]
Dass die Volkssozialisten von der SPD zurückgewiesen wurden, lag kaum an ihren gesellschaftspolitischen Vorstellungen. Eher war die enge Beziehung zur polnischen Exilregierung ein Grund für die Distanz, sicher aber die Frontstellung, die die Volkssozialisten gegen Nationalismus und »Volksimperialismus« – ein Imperialismus der alle sozialen Klassen und Schichten integriere – in London nach und nach bezogen. Der mühelos vollzogene Wandel von der Belebung nationaler Traditionen der Arbeiterbewegung zum Antinationalismus beziehungsweise vom Volkssozialismus zum Anti-Volksimperialismus war sicherlich drastisch, hatte aber zumin-

dest eine gewisse Logik. Die Kontinuität im Jaegerschen Denken lag in der Ablehnung eines abstrakten Marxismus und in der Ablösung der Klasse zugunsten des »Volkes« als zentrale politische Kategorie. Mögen in den dreißiger Jahren diesem Volks-Begriff noch völkische Konnotationen angehangen sein, wurde er in London im Sinne von Staats-Volk verwendet, bezeichnete also alle Angehörigen eines Staates unabhängig von ihrer Klassenzugehörigkeit. Die Entdeckung des Volksimperialismus bedeutete für den Volkssozialisten keinen Bruch. Denn wenn das Problem das Volk war, wenn also der Nationalsozialismus in allen Bevölkerungsschichten verankert war, so sehr auch graduelle Unterschiede vorliegen mochten, so musste auch die Lösung aus dem Volk kommen beziehungsweise bei der Umerziehung des ganzen Volkes ansetzen. Gerade weil der Volksimperialismus hegemonial geworden war, musste man Volkssozialist sein oder werden. Gleichzeitig führte sein »Revisionismus« Jaeger nicht in die Versuchung, von einem »kapitalistischen Krieg« zu sprechen. Die Konsequenz einer solchen Zuordnung wäre nach Jaeger die Verneinung einer spezifischen »deutschen Frage«[46] und - obwohl von den meisten orthodoxen Sozialisten nicht vollzogen - ein revolutionärer Defätismus gewesen. »Ich erinnere mich an das Pfui eines deutschen Trotzkisten, als er von der Burgfriedensparole der Labour Party hörte«, berichtete Jaeger in seinen Memoiren. »Ich hörte von einem SAP-Mann in Frankreich, der erklärte, der Marxismus gebiete, den Feind im eigenen Lande, also in Frankreich zu suchen. Und ich konnte nicht umhin zu sagen, dass es ein Glück sei, wenn die Arbeiter jetzt nicht der marxistischen Parole, der Arbeiter habe kein Vaterland und müsse den Feind im eigenen Land suchen, folgten. Denn dann würde Hitler siegen.«[47] Weil er den Marxismus der alten Arbeiterbewegung ablehnte, konnte er den Nationalismus als eine »selbständige Kraft« erkennen: »Der Marxismus konnte diese Kriegsursache aus dem deutschen Nationalismus, konnte diese Massenbewegung, deren Nationalismus unter sozialen Vorzeichen (...) entstand, konnte diesen Volksimperialismus nicht voraussehen.«[48]
Zumindest durfte man den Volksimperialismus in Jaegers Augen nicht wegreden, so wie es weite Teile des Exils praktizierten - die Linken sogar mehr als die Bürgerlichen, die erleichtert waren, noch andere Schuldige als sie selbst präsentiert zu bekommen. Den Prüfstein dafür, inwiefern dieses Exil für einen geistigen Neuanfang bereit war, sah Jaeger in der Haltung zur Abrüstung und zur Wiedergutmachung.[49] Wer also wie der Sozialdemokrat Victor Schiff eine »Blitz reconciliation« forderte, war von vornherein nicht als Gegner von Nationalismus und Militarismus anzuer-

kennen.[50] Insgesamt vermissten die Volkssozialisten »mehr Takt« im Umgang mit den Opfern Nazi-Deutschlands.[51] In der Debatte über den Nationalismus bemerkte Jaeger eine »besondere Reizbarkeit«, weil den meisten Emigranten »die seelische Situation, den Krieg auf der anderen Seite zu erleben, über die Kraft ging«.[52] Die Abwehrreaktionen der Deutschen, so Jaeger, gründete auf einem beleidigten Nationalgefühl, das blind gemacht habe für die Realitäten und ihre Hintergründe. Die Angst der Linken vor einem neuen Versailler Vertrag sei hinzugekommen, die sich allmählich in einen Verfolgungswahn gesteigert habe, in »eine hysterische Angst, dass man durch ungünstige außenpolitische Verhältnisse wieder um die innenpolitische Chance gebracht« werde. Aber in dieser Weise hätte sich die Exillinke »zum Sklaven des Nationalismus« gemacht.[53] Ihre Propaganda sei deshalb im Grunde darauf hinausgelaufen, »um mildernde Unstände für Deutschland zu plädieren, Deutschland damit einen besseren Frieden zu sichern und sich auf diese Weise eines Tages in Deutschland gegen den Vorwurf ungenügender ›nationaler Haltung‹ zu schützen«.[54] Nicht zuletzt sei die Debatte mit einer Intoleranz ausgetragen worden, »die leider in deutschen Dingen so häufig ist«.[55]

Betrachteten sich Hans Jaeger und die Volkssozialisten zwar als politische Gegner der Stampfers und Schiffs, so waren sie damit noch nicht die Genossen der Loebs und Geyers. Sie waren wie Lehmann-Rußbüldt und Retzlaw Sympathisanten und sahen sich selbst als »dritte Front«. Sie stimmten FFF in der Analyse der Sozialdemokratie, des marxistischen Lagers, der Linken, in der Betonung der nationalistischen Tendenzen im deutschen Volk, in der Beurteilung der Opposition und in der Forderung nach Wachsamkeit zu. Dennoch missfielen den Volkssozialisten einige Elemente der FFF-Politik und -Argumentationsweise. Erstens gehe die proalliierte Einstellung von FFF so weit, alles hinzunehmen. Zweitens sei die Gruppe »überheblich wie masochistisch wie resigniert, pessimistisch, negativ und destruktiv«.[56] Sie sei drittens »typisch sozialdemokratisch«, nämlich undynamisch, uneinheitlich und auf die Labour Party fixiert. Auch eine Ähnlichkeit mit den Kommunisten unterstellte Jaeger: »Sie nuancieren nicht. Die Kommunisten taten das in der sozialen Sphäre und sprachen von ›Sozialfaschismus‹, (...) und die Loeb-Leute sprechen von Nationalismus«, wo man von Mangel an Kritik und politischer Reife sprechen sollte.[57]

Was war nun der Nationalsozialismus für die Volksozialisten? Wie sah das Verhältnis von Faschismus, Nationalismus, Sozialismus in dieser neuen Gesellschaftsformation aus? Jaeger analysierte den Nationalsozialismus in erster Linie als radikalen Nationalismus: »Der Nationalismus ist der Oberbegriff. Der Nationalsozialismus ist nur eine, seine letzte, seine teuflischste, sadistischste, grausamste Ausdrucksform.«[58] Aber er formulierte präziser: »Nazis und Faschisten haben den Nationalismus sozial untermauert.«[59] Die Frage, die dieser Aussage unausgesprochen zu Grunde lag, war, wie es der Nationalsozialismus geschafft hatte, das »Teufelswerk« zu vollbringen, eine gesamte Gesellschaft mit ihren Klassenspaltungen in seinen Staat zu integrieren und eine Art »Volksimperialismus« zu entfesseln.[60] Der Faschismus-Begriff konnte die soziale Kohäsion nur mit Terror erklären, eine Analyse, welche die Volkssozialisten nicht überzeugte. Die Integrationsleistung bestand für Jaeger darin, dass der Nationalismus die Bürger für den Sozialismus und der Sozialismus die Arbeiter für den Nationalismus entschädigt habe. Ein sozial motivierter Nationalismus – »das war die neue Kombination aus nationalistisch und sozialistisch, anstatt aus nationalistisch und kapitalistisch beziehungsweise internationalistisch und sozialistisch«. Jaeger entwickelte eine Herrschaftsanalyse, die das Neuartige des Nationalsozialismus betonte. Die neue Qualität galt aber nur für die inneren Verhältnisse des Reiches. In der außenpolitischen Perspektive sah er dagegen wie alle Vansittartisten die Kontinuitäten zu Weimar und Kaiserreich stärker ausgeprägt als das qualitativ Neue: »Die Zielsetzungen der früheren Regime waren die gleichen. Sie wurden nur im Kaiserreich mit unzulänglichen Methoden, mit einem nicht bis zu den letzten Konsequenzen dressierten Volk, mit Halbheiten, mit undynamischen Menschen, mit einem Rest von Hemmungen verfolgt.«[61] Nun aber war die Disziplin durch Hingabe, Überzeugung und Fanatismus ersetzt und dort, wo diese fehlten, mit der Loyalität von Mitgefangenen und Mitgehangenen des volksimperialistischen Projekts.

Eine ungewöhnliche Perspektive wählte Jaeger in der Beschreibung des »deutschen Problems«. Hier wartete er mit einem Cocktail an Faktoren auf, die allesamt völlig untypisch für linke Analysen waren. Jaeger zählte vier Momente auf, die er jeweils für sich alleine als ziemlich unerheblich betrachtete, deren Zusammenwirken aber »das Problem unserer Tage« konstituiere: Erstens liege Deutschland im Herzen Europas, zweitens habe Deutschland eine riesige Einwohnerzahl; dazu komme drittens die große deutsche Organisationsfähigkeit und viertens das psychische Moment der deutschen Unrast und Unzufriedenheit.[62] Imperialismus und Faschismus könne es überall geben, aber nur in Deutschland sei durch das Zusammenkommen des geographischen, bevölkerungspolitischen, technischen und völkerpsychologischen Faktors ein Problem entstanden, vor dem

höchste Wachsamkeit geboten sei. Vor allem der psychologische Faktor beschäftigte Jaeger. Er übernahm den in dieser Zeit häufig bemühten Zusammenhang von Minderwertigkeitskomplex und Überwertigkeitskomplex gegenüber den slawischen Völkern, kleinen Nationen und Nichteuropäern.[63] Er arbeitete sich an deutschen Selbstbildern des armen, immer betrogenen Volkes ab, die zu einem regelrechten Verfolgungswahn geführt hätten. Er bedauerte die Indifferenz gegenüber der Freiheit und den Untertanengeist, der alles hinnehme und alles ausführe.
Wie bei den anderen deutschen Sympathisanten Lord Vansittarts war bei Jaeger die Ethik das Movens zum Dissens mit der sozialdemokratischen Community. In der Debatte um die Schuldfrage an Nationalsozialismus und Krieg ließen die Volkssozialisten die These, der Terror sei schuld, dass es in Deutschland zu keinem Widerstand gegen das Regime komme, nicht gelten: Man könne zwar Menschen durch Terror zwingen zu arbeiten und auch zu kämpfen, »aber man kann sie niemals zwingen, gut zu arbeiten und gut zu kämpfen«.[64] Der innenpolitische Terror der Nationalsozialisten beweise keineswegs, dass der Widerstand enorm groß sei, sondern nur, dass die Nazis allein regieren wollten. »Die Schuld des deutschen Volkes liegt in der Solidarität der Anständigen mit den Mördern, der Friedlichen mit den Verbrechern, die sofort einsetzt, wenn es sich um die so genannten deutschen Belange handelt.«[65] Diesen Schutz nicht zu gewähren, die nationale Gemeinschaft mit den Rechtsbrechern aufzukündigen, sah Jaeger als eine wesentliche Aufgabe des Exils an, ja als Ausdruck einer patriotischen Haltung: »Indem wir an unserem Land Kritik üben, dienen wir unserem Land am besten.«[66] Wer jetzt die Verantwortlichkeit für die nationalsozialistischen Verbrechen ablehne, unterstütze diejenigen, die die Deutschen in einem Status der politischen Unreife halten wollten, und fördere damit einen neuen Nationalismus. Jaeger bewegte sich zwischen Patriotismus und Kollektivscham einerseits und dem Willen andererseits, gegen den nationalen Strom zu schwimmen und für die Zerschlagung Nazideutschlands auch die notwendigen Mittel nicht zu scheuen. Ja, er war der Überzeugung, das beides zusammengehörte, sollte eine radikale geistige Erneuerung glücken: Um deutscher Patriot zu sein, musste man antideutsch im Sinne Lord Vansittarts sein.

Otto Lehmann-Rußbüldt, Karl Retzlaw und Hans Jaeger waren drei Intellektuelle, die einen gewissen Abstand zu den Weimarer politischen Parteien hielten, die in London ein Refugium gefunden hatten, nicht zuletzt, weil sie diese Parteien für den Aufstieg der Nationalsozialisten mitverantwortlich machten. Schon diese kritische Sicht auf die Vorgeschichte des Nationalsozialismus machte sie für Lord Vansittarts Ansichten über den fest verwurzelten Nationalismus in der politischen Kultur Deutschlands empfänglich. Lehmann-Rußbüldt stand für eine Tradition der nichtmarxistischen Linken, die eine moralische Erneuerung nach dem Ersten Weltkrieg vergeblich eingefordert hatte; Retzlaw, der sich noch immer in den Fußstapfen Luxemburgs, Liebknechts und Levis bewegte, für die Tradition des Spartakusbundes; und Hans Jaeger für eine Konzentration auf das Volk als Bezugspunkt politischen Denkens und Handelns, die sich zunächst in der Hoffnung auf eine Volksrevolution gegen Hitler im Volkssozialismus und während des Krieges - nachdem offensichtlich war, dass eine solche Erhebung Wunschdenken war - in der These vom Volksimperialismus äußerte. Lehmann-Rußbüldt, Retzlaw und Jaeger verdeutlichten, dass Sympathie mit Vansittarts Sache kein Gesetz kannte. Schon die deutschen Mitglieder von *Fight for Freedom* hielt kein gemeinsames gesellschaftspolitisches oder erkenntnistheoretisches Band zusammen. Es war der Wille, Deutschland militärisch vollständig zu besiegen und geistig zu erneuern; es war die Annahme, für eine Erneuerung der geistigen Verfassung der deutschen Nation bedürfe es auch einer Selbstkritik des vermeintlich anderen, besseren Deutschlands; es war die Empörung über die tatsächlichen oder vermeintlichen Ausweichmanöver im deutschen Exil gegen diese Selbstkritik; und es war ein rigoros vorgetragener moralischer Impetus, dass die Sicherheit und das Wohlergehen der Opfer Deutschlands vor dessen zukünftigen Interessen zu stehen hätten, die sie ins Lager der Vansittartisten getrieben hatte. Die Kritik der Rede vom »anderen Deutschland« war in den Augen der Sympathisanten Vansittarts der erste Schritt, um einen als verhängnisvoll gedeuteten deutschen Sonderweg zu verlassen. Sie war eine der von Lehmann-Rußbüldt geforderten »Taten«, damit »das deutsche Volk« - wie es Carl Herz ausgedrückt hatte - »in den politischen Weltzusammenhang, aus dem es durch eine unheilvolle Entwicklung hinausgelangt ist, wieder eingefügt werden« kann.[67] Die geforderte »innere Angleichung an den Westen« bedurfte einer Distanzierung von der nationalen Loyalität, zu der auch das Bekenntnis zum »anderen Deutschland« gezählt wurde, und die Suche nach einem neuen geistigen, moralischen und politischen Standpunkt. Ein solcher Versuch war zwar vielleicht nicht hinreichend, um das »deutsche Problem« zu lösen, aber dennoch unerlässlich, um es überhaupt in den Blick zu bekommen.

Anmerkungen

1 Churchill College (CC), VNST II, 1/19: »Die einzige mögliche Widerlegung Vansittarts«, Lehmann-Rußbüldt, 12.1.1942.

2 Vgl. zur Debatte, ihrer Genealogie und ihre Bedeutung mein gerade erschienenes Buch Vansittart. Britische Debatten über Deutsche und Nazis, 1902-1945. Göttingen 2003.

3 Carl Herz: The Straight Line. From soldier King to Soldier Dictator. London 1942. Vgl. auch Fritz K. Bieligk: Stresemann. German Liberal's Foreign Policy, London 1943; Curt Geyer: Hitler's New Order - Kaiser's Old Order. London 1942; Bernhard Menne: The Case of Dr. Bruening. London 1942; ders.: German Industry on the Warpath. London 1942.

4 Vgl. Helmut Donat: Die radikalpazifistische Richtung in der Deutschen Friedensgesellschaft (1918 - 1933). In: Karl Holl / Wolfram Wette (Hg.): Pazifismus in der Weimarer Republik. Beiträge zur historischen Friedensforschung. Paderborn 1981, S. 27-46, hier: S. 29 f.

5 Vgl. Furness: The Moral Imperative of Exile: Otto Lehmann-Russbueldt's Mediation for Victims of Nazi Persecution. In: William Abbey (Hg.): Between Two Languages. German-Speaking Exiles in Great Britain 1933-45. Stuttgart 1995, S. 59-76, hier S. 59.

6 So Hans Wehberg in einer Würdigung zum 75. Geburtstag in: Die Friedenswarte, Nr. 6, 1947, S. 365-368, hier: 365 (Exil-Archiv der Deutschen Bibliothek (EA/DB), EB 75/177, A.IV.12).

7 Archiv der deutschen sozialen Demokratie (AdsD), IJB-ISK, Korresp. B, 41, Lehmann-Rußbüldt an Eichler, 13.9.1941.

8 Vansittart zeigte sich über das Manuskript entzückt, verwies ihn aber an E. W. Dickes, den Übersetzer des Rauschning-Buches *Gespräche mit Hitler* (1940) (engl.: The Beast from the Abyss. London 1941; vgl. CC, VNST II, 1/19: Vansittart an Lehmann-Rußbüldt, 3.1.1942). Das Buch erschien letztendlich nicht in Englisch, sondern nach dem Krieg in Deutschland: Interviews im Jenseits. Plaudereien, Satiren und Visionen eines Weltbürgers. Hamburg 1948.

9 EA/DB, EB 75/177, A.I.2: Lehmann-Rußbüldt an Sternfeld, 20.9.1943.

10 CC, VNST II, 1/19: Lehmann-Rußbüldt an Vansittart, 2.12.1941. Vansittart lieferte sich mit dem Bischof von Chichester, George Bell, über diese Frage eine Debatte in der *Times* (vgl. Später, Vansittart, S. 204-209).

11 Labour History Archive (LHA), JMS/INT/GER/9: Rundbriefe 8 und 9 vom August und September 1943. Gut sechs Wochen nach Lehmann-Rußbüldts Rundbriefen warnte auch Lord Vansittart in der *Sunday Dispatch* vom 3. und 10.10.1943 vor dem »Spiel mit dem Feuer«.

12 Ebd.

13 CC, VNST II, 1/19: Manuskript »German Measures of ›Proved Efficiency‹«, Oktober 1942.

14 Archiv der sozialen Demokratie, Bonn (AdsD), IJB-ISK, Korresp. B, 41: Zirkularschreiben Nr. 3, 25.8.1941.

15 AdsD, IJB-ISK, Korresp. B, 41: Lehmann-Rußbüldt an Eichler, 23.9.1941.

16 AdsD, IJB-ISK, Korresp. B, 41: Zirkularschreiben Nr. 4, 12.9.1941.

17 International Institute for Social History (IISH), NL Herz, B.VIII.3.I.b.336.: Lehmann-Rußbüldt, Otto, Rundbrief Nr. 11 (November 1943).

18 EA/DB, EB 80/169: »Erklärung« und »An die deutschen Emigrantenfreunde in England«, 28.3.1943.

19 EA/DB, EB 75/177, E. III. Das Buch, aus dem dieser Aufsatz stammte, konnte ich nicht ermitteln.

20 Ebd., S. 135, 136, 138 und 151.

21 Vgl. Enzo Traverso: Auschwitz denken. Die Intellektuellen und die Shoa. Hamburg 2000 (1997).

22 So lockerte sich auch der zunächst enge Kontakt mit Vansittart mit der Zeit. Dafür war das sich trübende Verhältnis zu Walter Loeb verantwortlich. Lehmann-Rußbüldt zeigte sich enttäuscht darüber, wie viel Gewicht Vansittart Loebs Rat gegenüber dem seinen beimaß und dass Vansittart sich nicht genügend für deutsche Antinazis eingesetzt habe, die in amerikanischen Gefangenenlagern dem Terror von Nazis ausgesetzt seien (vgl. EA/DB, EB 80/160: Lehmann-Rußbüldt an Retzlaw, 15.8. 1944). Mit wachsender Distanz wurde er kritischer. Im August 1944 schrieb er über Vansittart: »Er war sicher wie wenige damals voran. Aber er blieb stehen. Und so ist er jetzt im Hintertreffen« (vgl. ebd.). Sachlich liege er meistens richtig, aber seine Form sei falsch: »Wenn ein Richter ein sehr hartes Urteil fällt, so ist es Sache seiner Kunst, es so auszudrücken, dass selbst der Betroffene ein Gefühl der Richtigkeit des Urteils hat.« Man dürfe nie vergessen, dass Verbrechen, Unsoziales, Inhumanes ein »Produkt aus Milieu und Individuum« seien, ferner, dass das Milieu »der Stärkere ist« (Ebd.: Lehmann-Rußbüldt an Retzlaw, 9.4.1944). Im Herbst 1944 verteidigte er Lord Vansittart zwar gegen seinen antivansittartistischen Freund Wilhelm Sternfeld, verortete sich aber selbst »jenseits von Vansittartismus und Antivansittartismus« (EA/DB, EB 75/177, A.I.2.: Lehmann-Rußbüldt an Sternfeld, 6.9.1944). Im Februar 1945 schließlich bekannte er Retzlaw: »Früher schrieb er [Vansittart] mir aufmerksam. Jetzt nicht mehr« (EA/DB, EB 80/160: Lehmann-Rußbüldt an Retzlaw vom 6.2.1945).

23 Das Buch erschien in der Edition Nouvelles Internationales des ISK.

24 Otto Lehmann-Rußbüldt: Neues Deutschtum. Paris 1939, S. 15 f.

25 Ebd., S. 63.

26 Institut für Zeitgeschichte (IfZ), ED 210, Bd 1: »Memoiren eines Emigranten«, S. 329-331.

27 Karl Retzlaw: Spartakus. Aufstieg und Niedergang. Erinnerungen eines Parteiarbeiters. Frankfurt a.M. 1974, S. 42 und 76.

28 Ebd., S. 53.

29 Ebd., S. 58.

30 EA/DB, EB 80/160: Retzlaw an Vansittart, 16.5.1941.

31 Ebd.: Retzlaw an Vansittart, 14.3.1944.

32 Ebd.: Retzlaw an Gerson, 18.4.1943.

33 Ebd.

34 Ebd. In einem anderen Brief an Lehmann-Rußbüldt schrieb er: »Ein Sprichwort sagt ›Wer den Löwen weckt, den frisst er zuerst‹. So ist es mit der Klasse. Man weckte sie, dann tat man nichts, dann bekam sie der Gegner in die Hand. Man darf doch nie vergessen, dass nur in Ländern, in denen eine sozialdemokratische Partei war, der Faschismus gesiegt hat.« (Ebd.: Retzlaw an Lehmann-Rußbüldt, 7.2.1942).

35 In der Weimarer Zeit hatte Retzlaw immer am Rande der Legalität gelebt. Ironischerweise war er kurzzeitig Polizeipräsident in München und Kommissar für das Polizeiwesen der Räterepublik. 1926 wurde er erneut verhaftet, nachdem er fünf Jahre zuvor bei einem Befreiungsversuch beteiligt gewesen war. Nach Hitlers Machtübernahme ging er zunächst nach Saarbrücken, brach dort mit der KPD, der er die ganzen Jahre über angehört hatte und entzweite sich schließlich von den Trotzkisten, nachdem diese im Saarland die Bewaffnung der Arbeiter gefordert hatten - was in den Augen Retzlaws einer Bewaffnung der Nazis gleichgekommen wäre (IfZ, ED 210, Bd. 10: VS 24, November 1942, »Das Programm des BDRS«). Nach der Eingliederung des Saarlandes in das Reich flüchtete er über Straßburg nach Paris.

36 EA/DB, EB 80/160: Retzlaw an Sykes, 27.11.1942.

37 Zum Beispiel über Heinrich Himmler (Vansittarts Himmler-Artikel, *Himmler the Ferret*, erschien in der *Evening News*, 25.5.1945) oder die »Hundertschaft zur besonderen Verwendung« Severings und Grzesinskis, die der SS vorausgegangen sein soll (EA/DB, EB 80/160: Retzlaw an Vansittart, 27.7.1944, und Vansittart an Retzlaw, 19.7.1944 und 27.4.1945).

38 CC, VNST II, Bd. 20: Retzlaw an Vansittart, 22.7.1942.

39 Zit. n. ebd., *News Chronicle*, 11.7.1942.

40 Ebd. Retzlaw fügte noch hinzu, dass es tatsächlich eine, wenn auch schwache Untergrundarbeit gegen die Nazis und gegen den Krieg gebe. Im Unterschied zu den »deutschen Wichtigmachern in England oder in den USA« befürworteten diese Kreise jedoch »harte und rücksichtslose Schläge gegen Deutschland«.

41 EA/DB, EB 80/160: Retzlaw an Loeb, 9.12.1942.

42 Der Kulturbund setzte seine nationale Linie fort, welche die Widerstandsbewegung in Deutschland aufbauschte. Ein unglaublich dreistes Beispiel ist ein Flugblatt des »Allies inside Germany Council« und der »Free German League of Culture in Great Britain« vom Juli 1943, das über ein Zehn-Punkte-Programm einer illegalen deutschen Friedensbewegung berichtete, das auf einer geheimen Konferenz im Rheinland aufgestellt worden sein sollte (vgl. LHA, LP/JSM/INT/GER/8: »The German People at the Crossroads. The Ten-Point Programme of the illegal German Peace Movement«, Juli 1943). Im Zuge des Ehrenburg-Kurses formierte sich ein antideutscher Flügel in der KPD um Wilhelm Koenen, Siegbert Kahn und Karl Becker. Das Spiel mit verteilten Rollen funktionierte wie folgt: Der Kulturbund war national, die Kommunisten beschimpften die Deutschen und dazwischen war die Freie Deutsche Bewegung, die zwar viel von dem bevorstehenden Aufstand in Deutschland sprach, aber die Anerkennung der Oder-Neiße-Grenze zwischen Deutschland und Polen forderte. Zum Vansittartismus in der KP-Gruppe und ihres Organs *Freie Tribüne* vgl. Lieselotte Maas, »Unerschüttert bleibt mein Vertrauen in den guten Kern des deutschen Volkes«. Der Kommunist Paul Merker und die Exil-Diskussion um Deutschlands Schuld, Verantwortung und Zukunft. In: Thomas Koebner u.a. (Hg.): Deutschland nach Hitler. Zukunftspläne im Exil und aus der Besatzungszeit 1939-1949. Opladen 1987, S. 181-183.

43 Spartakus: German Communists. London 1944, S. 78.

44 Vgl. Werner Röder: Die deutschen sozialistischen Exilgruppen in Großbritannien. Ein Beitrag zur Geschichte des Widerstandes gegen den Nationalsozialismus: Hannover 1968, S. 65.

45 Ebd., S. 67.

46 IfZ, ED 210, Bd. 12: »Unpopuläre Gedanken. Ein Wort an Alt-Sozialisten und Neo-Nationalisten«, hg. von den Deutschen Volkssozialisten, Juli 1942.

47 Ebd., Bd. 1: »Memoiren eines Emigranten«, S. 257.

48 IfZ, ED 210, Bd. 12: »Die Massenbasis des Hitlerregimes«, Juli 1942.

49 Ebd., Bd. 10: VS 8 (1942), »Zur Diskussion über die deutsche Frage«.

50 Ebd.: VS 56 (Oktober 1943), »Verschiedenes«.

51 Ebd.: VS 16 (August 1942), »Mehr Takt«.

52 Ebd., Bd. 1: »Memoiren«, S. 337.

53 Ebd.: S. 340 f.

54 Ebd., Bd. 11: VS 63 (Juni 1944), »Deutsche Propaganda unter den Alliierten«.

55 Ebd., Bd. 1: »Memoiren eines Emigranten«, S. 343.

56 Ebd., Bd. 10: VS 19/43 (Mai), »Unser Verhältnis zu Loeb«.

57 Ebd.: VS 21 (Oktober 1942), »Zur SPD-Antwort auf Gollancz-Wonderland«.

58 Ebd.: VS 4/43, »Das Verhältnis von nationalsozialistisch und deutsch«.

59 Ebd., Bd. 31: »Begriffsanalyse Faschismus - Nazismus« , S. 7.

60 IfZ, ED 210, Bd. 10: VS 23 (Oktober 1942), »Betrachtungen über die innerdeutsche Opposition und die Möglichkeit einer deutschen Revolution".

61 Ebd.: VS 4/43, S. 2.

62 Ebd., Bd. 10: VS 1/43 (Januar 1943), «Das Problem unserer Tage».

63 So unter anderem auch von Vansittart in seinem Buch Lessons of my Life. New York 1943, S. 164.

64 IfZ, ED 210, Bd. 10: VS 42/43 (August 1943), »Der Terror ist es ›schuld‹«, S. 1.

65 Ebd., Bd. 10: VS 28a/43 (Juni 1943), »Referat Bernhard Menne über Reeducation«.

66 Ebd.: VS 64 (Juni 1944).

67 IISH, NL Herz, A.I.56: Herz an Loeb, 10.2.1942.

Udo Wolter

Exil der »materiellen Interessen«

Versuch über Kapitalismus, Imperialismus und Subjekt in Joseph Conrads *Nostromo*

> Der wahre Frieden der Welt wird ein Zufluchtsort weit weniger wie eine belagerte Festung sein, als vielmehr, so wollen wir hoffen, nach der Art eines unantastbaren Tempels. Er wird auf weniger verderblichem Grund gebaut sein als dem der materiellen Interessen. Aber es muss eingestanden werden, dass die architektonische Ansicht der universellen Stadt bislang unvorstellbar bleibt - dass der ganze Boden für ihre Errichtung noch nicht aus dem Dschungel gelichtet wurde.
>
> Joseph Conrad, 1905

Einleitung

Der vor 80 Jahren verstorbene Schriftsteller Joseph Conrad ist vor allem durch seinen Roman *Herz der Finsternis* bekannt. Er gilt als einer der entschiedensten zeitgenössischen Kritiker des europäischen Imperialismus, steht aber auch für den rassistischen Blick auf die vom Kolonialismus unterworfenen »Anderen«. Diese ambivalente Wahrnehmung durchzieht die Rezeption von Conrads gesamtem Werk. Der kürzlich verstorbene Literaturwissenschaftler und Vordenker des »Postkolonialismus« Edward Said hat Conrad als einen »Vorläufer westlicher Wahrnehmungen der Dritten Welt« und als einen von jenen »Theoretikern des Imperialismus wie Hannah Arendt« bezeichnet, der »sowohl imperialistisch als auch antiimperialistisch« gewesen sei.[1] Said bezog sich dabei auf den Roman *Nostromo*, an dem ich im Folgenden nicht nur Conrads Wahrnehmung des Imperialismus, sondern auch der literarischen Reflektion des Verhältnisses von Kapitalismus und Subjekt nachspüren möchte.

Neben inferiorisierenden Zuschreibungen bei der Darstellung der Kolonisierten sind Conrad auch misogyne und antisemitische Tendenzen bescheinigt worden, denen jedoch jeweils auch ganz entgegengesetzte Einschätzungen gegenüber stehen.[2] Rassistische oder andere reaktionäre Aspekte bei Conrad sind sicher nicht damit abzutun, er sei eben ein Kind seiner Zeit gewesen. Durch die Mehrdeutigkeit von Conrads Erzählungen hindurch lässt sich jedoch ein »negativer Erkenntnisakt«[3] nachvollziehen: Aus der Binnenperspektive des kolonialen Imperialismus treibt er die Dialektik zwischen westlichen Idealen und den Realitäten kolonialer Plünderung und vernichtender Gewalt über die Grenzen seines eigenen Horizonts hinaus.

Es entspricht einer von tiefer Skepsis und Ironie geprägten Grundhaltung, dass Conrad seine Figuren oft durch moralische Ambivalenz gekennzeichnet hat. Die Reisen in seinen Romanen und Novellen führen immer auch in die Abgründe und Untiefen des modernen Subjekts. In *Herz der Finsternis* gerät der fiktive Erzähler Marlow in den Bann des sinistren Elfenbeinhändlers Mr. Kurtz, der die Zwieschlächtigkeit von Zivilisation und ihrer barbarischen Negation durch die Gräuel des Kolonialismus symbolisiert.[4] Ähnliches trifft auch auf weniger düstere Conrad-Figuren zu, die oft als etwas sympathischere und mildere Verwandte des Mr. Kurtz erscheinen. Der Protagonist in *Lord Jim* ist auf steter Flucht vor dem seinen Ruf überschattenden Schandfleck, als Schiffsoffizier versagt zu haben. Diese Fluchtlinie verweist zugleich darauf, dass jede Zuflucht in die Eindeutigkeit eines übersteigerten, abstrakten Selbstideals vergeblich ist. Solche Ambivalenzen werden uns auch in *Nostromo* begegnen.

Conrad wird bei aller Anerkennung im literarischen Kanon auch oft als Autor von Abenteuer- und Seefahrergeschichten wahrgenommen, der mit einem Bein im Bereich der aufkommenden Kulturindustrie stehe und dessen Formwille selbst in einem als Meisterwerk eingestuften Buch wie *Nostromo* schon mal in die Bereiche zweitrangiger Romantik entgleise.[5] Gleichzeitig gilt Conrad als Wegbereiter der Hochmoderne, der in weitem Vorgriff die klassischen Formen von Realismus und Romantik gebrochen hat. Jameson hat den literarischen Ort Conrads »irgendwo zwischen Proust und Robert Louis Stevenson« lokalisiert. Die Verwandtschaft mit Proust zeige sich, wenn wir seine stilistische Praxis »als literarisch-textliches Äquivalent der impressionistischen Malerei verstehen.«[6] Jamesons Einordnung trifft sicher auf die immer wiederkehrenden, sehr genauen Beschreibungen sinnlicher Wahrnehmungen vor allem von Naturerscheinungen zu, die oft auf allegorische Weise mit den handelnden Akteuren verbunden werden. Entscheidend an Conrads Symbolik scheint mir jedoch zu sein, dass sie auf die mit Rationalisierung und Abstraktion einhergehende Verdinglichung der modernen kapitalistischen Welt, also auf Gesellschaftliches verweist. So spricht gerade aus seinen Naturbeschreibungen eine radikale Desillusionierung des Subjekts der modernen Metaphysik: »Immer sind es Momente von großer Pracht, Kälte oder untröstlicher Melancholie, in denen hinter einem Menschen oder hinter dem ihn repräsentierenden Gegenstand die Folie eines desinteressierten Universums erscheint (...). Es sind die negativ romantischen Konfrontationen mit einer kahlen Unendlichkeit, denen keiner der bedeutenderen Protagonisten Joseph Conrads entkommt«, schreibt Brigitte Kronauer über diesen »gefährlichen Blick in einen Abgrund, in dem die Haltegriffe der Gesellschaft, mit Geboten (...) und Tabus (...), Idealen und Moral keinen Platz haben.«[7] Sie unterscheidet diesen Nihilismus zu Recht von dem Nietzsches, da diese Infragestellungen und Verluste bei Conrad »mit Schaudern, als irreparable Verwundung registriert« werden. Melancholie und Resignation vertreiben bei Conrad den Gedanken einer triumphalen Selbstermächtigung des Menschen.

Zu diesen gebrochen romantischen Qualitäten des nach eigener Aussage »imperfekten Ästheten« und »keineswegs besseren Philosophen« (PR, S. 7) Conrad gehört die in seinen Werken bekundete Aufmerksamkeit für das Hören und eine bestimmte Musikalität seines Schreibens.[8] Sowohl in Aussagen über seinen Roman *Nostromo* als auch darin selbst bezieht Conrad sich auf Musikalisches: »In der durchsichtigen Luft der großen Höhe wirkte alles sehr nahe, in reglose Klarheit getaucht wie in eine gewichtslose Flüssigkeit; und der Chefingenieur hatte, gespannt auf das erste Geräusch der erwarteten Diligencia horchend, (...) die sich verändernden Farbtöne der gewaltigen Bergwand betrachtet und dabei gedacht, man könne in diesem Augenblick, ähnlich wie in einem erlesenen Musikstück, die zartesten Abstufungen des Ausdrucks und eine überwältigende Wirkung vereint finden« (N, S. 52).

Die melancholische Gebrochenheit und Ambivalenz, mit der Conrad die sinnlich erfahrene Schönheit der Natur und zugleich die Desillusionierung angesichts ihrer durch Rationalisierung bewirkten Sinnentleerung beschwört, erinnert zuweilen an die Musik seines Zeitgenossen Gustav Mahler. So lässt sich auch auf Conrad beziehen, was Adorno über dessen letzte Symphonien schreibt: »Aber die sich selber ferngerückte Erde ist ohne die Hoffnung, die einst die Sterne verhießen. (...) Der Augenblick der Entzückung vor solcher Schönheit vermisst sich, dem Verfallensein an die entzauberte Natur standzuhalten. Daß keine Metaphysik möglich sei, wird zur letzten.«[9]

Exil und Politik in Conrads Leben und Werk

Conrad hat keine »engagierte Literatur« in dem Sinne geschrieben, wie sie von Adorno zugunsten von Schriftstellern wie Proust verworfen wurde. Doch in einer Reihe von Romanen hat er sich explizit mit den politischen Verhältnissen, Umwälzungen und revolutionären Bestrebungen seiner Zeit befasst. Die pejorative Darstellung revolutionärer Gruppen und ihres Personals vor allem in den Romanen *Der Geheimagent* und *Under Western Eyes* hat allerdings dazu beigetragen, dass Conrad von Linken oft als reaktionärer Konterrevolutionär wahrgenommen wurde und wird.[10] Conrads Skepsis gegenüber emanzipatorischer Gesellschaftsveränderung durch revolutionäres Handeln steht in enger Beziehung zu seiner hohen Wertschätzung für individuelles Verantwortungsbewusstsein, an dem er seine Figuren aber angesichts der realen Einrichtung der Welt immer wieder scheitern lässt. Über den revolutionären Geist schreibt Conrad, er mache es sich »bequem darin, daß er uns, was Ideen anbelangt, von allen Skrupeln befreit. Sein harter, absoluter Optimismus ist für mein Denken abstoßend durch die Drohung von Intoleranz und Fanatismus, die er enthält« (PR, S. 7, Übers. U.W.).[11]
Trotz seines Nihilismus ist in Conrads Geschichten daher auch immer ein tiefer Humanismus zu spüren. Von einer »unvoreingenommene(n) Meinung von der Menschheit in allen Abstufungen von Glanz und Elend« ausgehend die »Rechte der Benachteiligten dieser Welt« zu berücksichtigen, »und zwar nicht auf mystischer Grundlage, sondern auf der Grundlage schlichter Menschlichkeit« (ÜMS, S. 18), reklamierte er als Teil seines polnischen Vermächtnisses.
Erfahrungen des Exils und einer ruhelosen, diasporischen Existenz beeinflussten Conrads Weltsicht und erklären seine Aktualität in der postkolonialen und postmodernen Kulturtheorie. Er wurde 1857 als Józef Theodor Konrad Korzeniowski im damals unter russischem Gouvernement stehenden Polen geboren. Sein Vater Apollo Korzeniowski war ein Literat und engagierter polnischer Nationalist, der die Befreiung von der zaristischen Autokratie mit sozialrevolutionären Forderungen wie Abschaffung der Leibeigenschaft, Bodenreform und Demokratie verband.

Als im Jahr 1861 in Warschau nationale Befreiungsaufstände ausbrachen, wurde Apollo Korzeniowski als einer der geistigen Rädelsführer verhaftet und die ganze Familie nach einem Militärprozess ins sibirische Exil nach Wolodka verbannt. Die Reise in diese Verbannung gehört zu den prägendsten Kindheitserfahrungen Conrads. Die Eltern durften, gesundheitlich ruiniert, nach einem Gnadenerlass aus Sibirien zurückkehren und starben im Abstand weniger Jahre, mit zwölf Jahren war Conrad Vollwaise.

Es hat sicher viel mit diesen schmerzlichen Erfahrungen von Verlust, Exil und ständiger Abhängigkeit von der Gnade der repressiven zaristischen Bürokratie zu tun, dass der junge Conrad in dem damals über keinen Seezugang verfügenden Polen den eher ungewöhnlichen Wunsch entwikkelte, dieser engen Welt durch den Beruf des Seefahrers zu entfliehen. Ebenso früh stand auch sein Entschluss fest, zur Seeflotte Großbritanniens zu gehen, da dieses Land in seinen Augen die zivilisatorisch fortgeschrittenste Nation darstellte. Bevor er jedoch 1886 britischer Staatsbürger wurde und kurz darauf seine Karriere zur See tatsächlich mit einem britischen Kapitänspatent erfolgreich abschließen konnte, führte Conrads Weg nach Marseille. Bei seinen ersten Fahrten auf französischen Schiffen kam er auch in die Karibik und nach Südamerika. Die in einem weiten, windgeschützten Golf gelegene kolumbianische Hafenstadt Cartagena gilt als Vorbild für die Stadt Sulaco in der fiktiven Republik Costaguana, dem Schauplatz seines Romans *Nostromo*.

Auch in seinem späteren »englischen« Leben als Schriftsteller verblieb in Conrad, dessen gesprochenes Englisch bis zum Schluss einen starken Akzent gehabt haben soll, ein »Restgefühl exilierter Marginalität« (Said). Seine Umgebung bestätigte ihm dies immer wieder, indem etwa Freunde und Kollegen sein Äußeres und Benehmen als »orientalisch« wahrnahmen oder er gelegentlich als Jude bezeichnet wurde.[12] Conrads komplexes Verhältnis zu seiner polnischen Herkunft schlug sich auf vielfältige und durchaus mehrdeutige Weise in seinem Werk nieder. Völkisch-romantischen Nationalismus wie das literarische »Slawonentum« verneinte er für Polen, das er als Ganzes »im Exil«, als isolierten Außenposten des Westens und seiner demokratischen Entwicklungen (NLL, S. 112) sah.[13] In einer 1916 verfassten Denkschrift über das »polnische Problem« entwarf er sogar die Idee eines anglo-französischen Protektorats als »ideale Form von moralischer und materieller Unterstützung« für sein Herkunftsland (NLL, S. 118).

Von polnischen Nationalisten wurde Conrad vorgeworfen, seine Heimat und die patriotische Tradition seines Vaters aufgegeben zu haben, weil er auch in seinem schriftstellerischen »zweiten« Leben in England blieb und auf Englisch schrieb. In der Folge seiner diasporischen Existenz war Conrad Zeit seines Lebens fasziniert von der Idee der Desertion, wie Edward Said einmal bemerkt hat. Das gilt für eine Figur wie Lord Jim ebenso wie für Razumov in *Under Western Eyes*, aber auch für Nostromo.[14] Daniel Schwarz argumentiert überzeugend, dass sich in *Nostromo* eine sublimierte Selbstrechtfertigung Conrads findet, in der sich das Schuldgefühl, als polnischer Emigrant nicht nationalistisch aktiv gewesen zu sein, mit einem unterbewussten Ressentiment gegen seinen Vater überkreuzt, dessen politischer Aktivismus der Familie Verbannung und Exil gebracht und Conrad letztlich zum Waisen gemacht hatte.[15] Dennoch hegte er Bewunderung für aufklärerisch gesonnene polnische Aristokraten, die gewissermaßen aus ihrer Klasse desertierten und sich dem von bäuerlichen und städtischen Klassen mit ihren demokratischen Forderungen getragenen nationalen Aufstand gegen die russische Despotie anschlossen. In seiner Novelle *Prinz Roman* setzte Conrad dieser ihm aus seiner Familie und deren Umgebung vertrauten Figur ein literarisches Denkmal.[16]
Der politische Essay *Autocracy and War* (NLL, S. 71-98) zeigt, wie sehr Conrads entschiedenes »Westlertum« dem Hass auf die zaristische Despotie und dem Versuch geschuldet ist, der Melancholie des Exils zu entkommen. Das autokratische Russland bezeichnet er dort als »bodenlose(n) Abgrund, der sich zwischen Ost und West auftut«, während das deutsche Reich ihm als kommender Erbe der russischen Despotie und beutegieriger Künder einer neuen »Weltpolitik« (er benutzt das deutsche Wort im Original) gilt. Über dessen »Kriegslaune« schreibt er prophetisch »there is worse to come« und hält am Ende fest: »Deutschlands Haltung beweist, dass kein Friede durch die Ausweitung materieller Interessen gefunden werden kann« (NLL, S. 97). *Autocracy and War* liest sich heute vor allem als düstere Vorahnung des kommenden Weltkrieges, die aus einer tiefen Skepsis gegenüber dem liberalen Vertrauen in den Fortschritt und in die zivilisatorische Kraft der »materiellen Interessen« resultiert.[17] Als die erste Katastrophe des 20. Jahrhunderts dann hereingebrochen war, notierte Conrad angesichts der ungeheuer gesteigerten Gewalt der im Ersten Weltkrieg eingesetzten technischen Destruktionsmittel: »Fortschritt – eindrucksvoll enthüllt durch diesen Krieg. (...) Die Menschheit (...) ist

zum berauschten Sklaven ihres eigenen verabscheuungswürdigen Einfallsreichtums geworden « (NLL, S. 139, Übers. U.W.).
Trotz seiner konservativen Vorstellungen unterhielt Conrad Freundschaften zu vielen sozialistischen Intellektuellen. Mit Cunnninghame Graham, einem schottisch-spanischen Aristokraten und Sozialisten, der u.a. mit Friedrich Engels zusammenarbeitete und einer der ersten sozialistischen Abgeordneten im britischen Unterhaus war, verband Conrad eine lange Freundschaft, die sich auch in *Nostromo* niederschlug: Graham hatte mehrere Jahre in Südamerika verbracht und dort an einigen Revolutionen teilgenommen. Die persönliche Beratung Grahams und die Lektüre seiner Bücher halfen Conrad, die Ereignisse und Schauplätze in seinem fiktiven Südamerika zu gestalten, das er ja selbst nur von den flüchtigen Kontakten seiner ersten Seereisen kannte.[18] Conrad schrieb an ihn, den glühenden linken Aktivisten, einen seiner düstersten Briefe, in welchem er sein Verständnis vom Gang der menschlichen Geschichte zu einer desillusionierenden, radikal antimetaphysischen Parabel verdichtete: »Sagen wir, wir haben es mit einer Maschine zu tun. Sie hat sich (ich bin streng wissenschaftlich) selbst entwickelt, aus einem Chaos von Schrott oder Eisen, und siehe da - sie strickt! Ich bin entsetzt über die schreckliche Arbeit und stehe entgeistert da. Ich finde, sie sollte eigentlich stikken - aber sie fährt fort zu stricken. (...) Mit keinerlei Schmiermittel kann man mittels einer Strickmaschine Stickereien herstellen. Und am meisten setzt einem der Gedanke zu, dass das schändliche Ding sich selbst gemacht hat: sich selbst gemacht ohne Denkvermögen, ohne Gewissen, ohne Voraussicht, ohne Augen, ohne Herz. Es ist ein tragischer Zufall - aber er hat sich ereignet. Man kann nicht eingreifen. Der letzte Tropfen Bitternis liegt in dem Argwohn, dass man das Ding nicht einmal zertrümmern kann. (...) Es strickt uns in- und auswendig. Es hat Zeit, Raum, Schmerz, Tod, Verderbtheit, Verzweiflung und sämtliche Illusionen gestrickt - und nichts zählt. Ich will jedoch zugeben, dass es zu Zeiten erheiternd ist, dem gnadenlosen Vorgang zuzusehen.«[19]
In dieses Bild ist sicher der im späten 19. Jahrhundert durch neue wissenschaftliche Dispositive, etwa die Darwinsche Evolutionstheorie, ausgelöste Schock für das sich im Mittelpunkt der Welt wähnende humanistische Subjekt eingegangen. Die Überzeugung von der Sinnlosigkeit kollektiver Eingriffsversuche in die Geschichte scheint für viele den Punkt zu markieren, an dem Conrad ins politisch Reaktionäre kippt. Am Material des Romans *Nostromo* lässt sich jedoch das Muster, nach welchem die Maschine »uns in- und auswendig strickt«, auch als das der materiellen Inter-

essen und damit des Kapitalverhältnisses entziffern, das die Akteure der Geschichte in den Bann einer subjektlosen Herrschaft schlägt. Conrads Mehrdeutigkeit hinsichtlich der politischen (Herrschafts-)Verhältnisse verweist in dieser Perspektive auch auf jene »Wahlverwandtschaft von Konservativismus und Revolution«, welche Adorno bereits bei Marx als »ultima ratio« gegen den »Rückfall in die Barbarei« zu erkennen geglaubt hat.[20]

Nostromo: Politik, Revolution und Exil in Südamerika

Der 1904 erschienene Roman *Nostromo* gilt als komplexestes und politischstes Werk von Conrad. Er entfaltet ein großangelegtes Historienpanorama am fiktiven Gegenstand der Republik Costaguana und ihrer am Golfo Placido, dem stillen Golf gelegenen Westprovinz Sulaco. Diese wird durch eine ertragreiche Silbermine zum Objekt in- und ausländischer Begehrlichkeiten und trennt sich schließlich in einer separatistischen Revolution vom Rest des Landes. Die Sezession verhindert zugleich als eine Art Gegenrevolution die Machtübernahme durch eine von populistischen Putschisten geführte Aufstandsbewegung.

Das fiktive Costaguana entspricht mit seiner Geschichte ständig wechselnder Diktaturen und Bürgerkriege zunächst einem klischeehaften Bild von Südamerika, von dem Decoud im Roman mit einem Simon Bolivar zugeschriebenen Zitat sagt, es sei »nicht zu regieren. Wer für seine Befreiung tätig war, hat das Meer gepflügt« (N, S. 192).

Die Bevölkerung des Landes wird als gemischt geschildert: Mestizen und Indios stellen als großteils bäuerliche Unterklasse sowohl die Arbeitskräfte der Mine als auch das zwangsrekrutierte Fußvolk der sich bekriegenden Armeen. Die Oberschicht besteht aus spanischstämmigen, landaristokratischen »Blancos«, die sich selbst als alteingesessen betrachten. Neben einigen Mulatten gibt es schließlich eine wachsende Gruppe von Briten und Italienern, die im Zusammenhang mit der Entwicklung des Hafens und dem Eisenbahnbau ins Land geströmt sind und als Ausländer betrachtet werden. Vor allem durch die Italiener kommt auch ein Element der Diaspora und des Exils ins Spiel, das nach dem Scheitern der europäischen Volksrevolutionen in der Tradition von 1848 in die Küstenprovinz Sulaco gespült wurde. Repräsentiert wird es vor allem durch die Familie des alten Giorgio Viola, einem Weggefährten Garibaldis, dessen Bild wie eine Ikone oder ein Ché-Guevara-Poster über dem Gastraum von

Violas Herberge wacht. Conrad offenbart mit dieser als »Idealisten der alten humanistischen Revolutionen« charakterisierten Figur eine in seinem Werk einmalig weitgehende Sympathie für diesen Revolutionstyp. Sein Altersleben in Sulaco betrachtet der streng republikanische »Königs- und Ministerhasser« Viola als von der Melancholie einer verlorenen Sache überschattetes Exil.[21] »Ins Exil zu gehen und in die Heimat zurückzukehren« sind »beides Markierungspunkte im politischen Spiel«, bemerkt Decoud über die Wechselfälle der costaguanischen Politik (217). Conrad lässt ihn damit wohl eigene Erfahrungen aussprechen.

Die Titelfigur Nostromo ist ebenfalls ein in Sulaco gestrandeter Italiener, ein ehemaliger Seemann, den die Violas wie einen Adoptivsohn aufgenommen haben. Der Vormann der Schauerleute am Hafen, der »Capataz de Carcadores«, wie er genannt wird, ist ein stolzer Prachtkerl und Gewaltmensch; ein »Mann des Volkes«, der im Dienst seiner Herren, der adligen Blancos und reichen Europäer in Sulaco, über seine Carcadores herrscht. Für seinen Boss Kapitän Mitchell, den Leiter der örtlichen Niederlassung der englischen Schiffsgesellschaft O.S.N. Company, die den Hafen von Sulaco betreibt, ist er »einer jener unbezahlbaren Untergebenen, die zu besitzen ein begründeter Anlaß zur Prahlerei ist.« Mitchell setzt ihn auch als »eine Art Universalfaktotum« ein (56), das er gerne an Verbündete in Sulaco »ausleiht«. Die Herr-Knecht-Dialektik dieser Figur wird noch unterstrichen durch Conrads ironisches Wortspiel mit ihrem Namen: Nostromo verweist in der Bedeutung »Schiffsmaat« auf seinen früheren Beruf und ist zugleich als auf seinen Chef Mitchell zurückzuführende Verballhornung des italienischen »Nostro Uomo« (»Unser Mann«), eine Anspielung auf seine Nützlichkeit für die Mächtigen.

Auch bei »einheimischen« Figuren wie Martin Decoud, dem Sohn einer rein creolischen, also alteingesessen spanischstämmigen Familie Sulacos, kommt ein diasporisches Moment ins Spiel. Er ist mit seiner Familie in Paris aufgewachsen und war »nur selten der Sonne von Costaguana ausgesetzt«, wie Conrad schreibt. So wurde aus ihm ein »französisierter« Boulevardbummler, der in der Pariser intellektuellen Bohème verkehrt und gelegentlich Zeitungsartikel über die politischen Vorgänge in seiner Heimat veröffentlicht. Dieses Leben hatte »in ihm einen (...) Kosmopolitismus entstehen lassen, der in Wahrheit nichts als unfruchtbare Gleichgültigkeit war, die sich als intellektuelle Überlegenheit gebärdete. (...) Er bildete sich ein, pariserisch bis in die Fingerspitzen zu sein. Er war jedoch nichts dergleichen und lief Gefahr, sein Leben lang ein farbloser

Dilettant zu bleiben. Er hatte die Gewohnheit, über alles zu spotten...« (160f.).
Die offensichtliche Abneigung in dieser Schilderung deutet die Distanz zu einer Figur an, die Conrad sonst verflixt nahegerückt wäre. Martin Decoud, der sich - ähnlich wie Conrad gegenüber Polen - der Festlegung auf eine »ererbte« nationale Identität durch seine »Französisierung« entzogen hat, wird nämlich auch von einem Appell aus seiner Heimat Sulaco erreicht, sich doch in den Dienst der patriotischen Sache zu stellen. Seine Romanfigur lässt Conrad diesem Ruf folgen - mit fatalen Konsequenzen, doch dazu später.

Imperialistische Modernisierung

Es geht also in *Nostromo*, wenn man so will mit hochaktuellen Bezügen, um einen von revolutionären Unruhen und politischem Umsturz begleiteten Modernisierungsschub in einem peripheren postkolonialen Land Südamerikas, das bisher von einem aus der Kolonialzeit ererbten Agrarkapitalismus mit halbfeudalen Herrschaftsverhältnissen gekennzeichnet war. Die sezessionistische Bewegung bricht mit Unterstützung von angloamerikanischem Kapital die dank der Silbermine reichste und am profitabelsten in die zeitgenössischen Weltmarktzusammenhänge integrierte Provinz aus dem Land. Ihr Erfolg wird durch das Auftauchen eines amerikanischen Kriegsschiffes im Hafen Sulacos besiegelt.
Diese Silbermine ist von ihrem Besitzer, dem englischstämmigen, aber über mehrere Generationen eingesessenen Costaganuero Charles Gould, mit Hilfe von amerikanischem Kapital nach längerer Stillegung zu einem prosperierenden Unternehmen entwickelt worden. Der amerikanische Millionär Holroyd, von dem dieses Kapital stammt, sagt über sein Engagement für die Mine von San Tomé in Sulaco: »Wir können dasitzen und abwarten. Natürlich werden wir eines Tages eingreifen. Zwangsläufig. Aber das eilt nicht. Sogar die Zeit selbst muß dem größten Land in Gottes ganzem Universum aufwarten. Wir werden über alles entscheiden: über die Industrie, den Handel, die Rechtsprechung, den Journalismus, die Kunst, die Politik, die Religion, von Kap Hoorn bis ganz hinauf zum Smith Sound und noch darüber hinaus, wenn am Nordpol irgendetwas zum Vorschein kommt, was zu holen es sich lohnt. Und dann werden wir genügend Muße haben, die entlegenen Inseln und Kontinente der Erde in die Hand zu nehmen. Wir werden die Geschäfte der Welt bestimmen,

ob es ihr nun gefällt oder nicht. Die Welt kann es nicht ändern - und wir wohl auch nicht, denke ich« (89).
Die Figur Holroyds, der ähnlich wie die christlichen Rechten im Umfeld der heutigen US-Regierung von einem protestantisch-christlichen Missionseifer besessen ist, lässt einen Kommentator wie Edward Said die »hellseherische Kraft« von *Nostromo* in der Vorhersage der US-Hegemonie sehen. »Ein Großteil der Rhetorik der ›Neuen Weltordnung‹ (...) könnte von Conrads Holroyd erfunden worden sein«, schreibt Said. Er lobt bei Conrad die Einsicht, »dass der Imperialismus ein System ist«, wirft ihm aber zugleich »residuale imperialistische Neigungen« vor, die sich mit dem Blickwinkel seiner Romanfigur Holroyd decken würden.[22] Dagegen wäre allererst zu klären, was Conrad unter imperialistischer Expansion verstanden hat. Sieht man sich Conrads Darstellung der imperialistischen Einflussnahmen genauer an, bemerkt man schnell, dass Holroyds amerikanisches Finanzkapital nur ein Faktor für den durch die Mine vermittelten Kapitalisierungsschub Sulacos ist. Ebenso groß ist die Bedeutung der von englischem Kapital betriebenen Eisenbahnlinie mit ihrem Präsidenten Sir John, »dieses großen costaguanischen Unternehmens, das Geld in die Taschen von Engländern, Franzosen, Amerikanern, Deutschen und Gott weiß wem noch bringen soll«, wie wiederum Decoud sarkastisch anmerkt (235). Conrad fokussiert die imperialistische Hegemonie keineswegs auf den Aufstieg der USA, wie Said das gerne hätte. Und sie wird auch weit weniger personalisiert, als der linke Antiimperialismus das meist zu tun pflegt. Charles Gould bemerkt zu seiner Frau im Hinblick auf einen möglichen Absprung Holroyds bei politischen Schwierigkeiten: »Er muß vielleicht nachgeben (...), aber die großen Eisen- und Silberinteressen werden bleiben, und sie werden eines Tages Costaguana ebenso unter ihren Einfluß bekommen wie die ganze übrige Welt« (94).
Die »großen Eisen- und Silberinteressen« gehen weit über kapitalistische Ausbeutung durch imperialistische Fremdherrschaft hinaus. Sie werden synonym gebraucht für die »materiellen Interessen«, die sich als Schlüsselbegriff durch das gesamte Textsystem des Romans ziehen und die »zahlreichen an den Marxismus erinnernden Aspekte des Plots«[23] bündeln. Von den verschiedenen Bedeutungsschichten, die Conrad in diesen Begriff legt, wird zunächst ihre materielle Seite sichtbar gemacht: das Silber steht als materielles Substrat ebenso wie Gold für das allgemeine Wertäquivalent des Geldes und die Zirkulationssphäre. Das Eisen lässt sich leicht als die Ende des 19. Jahrhunderts buchstäblich tragende Säule für

die Produktionsseite der industriekapitalistischen Akkumulation identifizieren. Die »Eisen- und Silberinteressen« stehen mithin auch für den sich im Verlauf des Romans vollziehenden Modernisierungsschub in Sulaco, das früher vom »einheimischen Handel mit Rindshäuten und Indigo« gelebt hat. Dass die »Eisen- und Silberinteressen« immer als Zwillingspaar durch den Text wandern, zeigt, dass Conrad die Kapitalsphären von Produktion und Zirkulation als untrennbaren Zusammenhang sieht und tendenziell antisemitischen Fixierungen auf die Zirkulation als Ort kapitalistischer Ausbeutung durch »Zinswucher« etc. eher fern steht - was bei den großen sozialkritischen Literaten seiner Zeit keineswegs selbstverständlich war. Darüber hinaus wird die kapitalistische Macht von ihren Akteuren getrennt - Holroyd »muss vielleicht nachgeben«, die »großen Eisen- und Silberinteressen werden bleiben« - und als unpersönlicher, abstrakt vermittelter Weltmarktzusammenhang dechiffrierbar. Mit den Worten des Skeptikers Dr. Monygham: »Es gibt keinen Frieden und keine Ruhe in der Entwicklung der materiellen Interessen. Sie haben ihr Gesetz und ihre Gerechtigkeit. Aber die beruht auf Zweckmäßigkeit und ist unmenschlich« (504).

Konstruktion der Erzählung und Dekonstruktion der Geschichte

Conrad wählt in Nostromo komplexe und für den Leser oft verwirrende Erzählstrategien. Die Abfolge der Ereignisse wird keineswegs als lineare Chronologie erzählt, sondern in ständig wechselnden Zeitsprüngen und Perspektivwechseln durch verschiedene berichtende Personen kaleidoskopartig zersplittert. Edward Said spricht treffend von »miteinander konkurrierenden Geschichten von Costaguana, (...) wobei jede implizit die anderen Versionen kritisiert.«[24] Auf Conrads Erzähltechnik trifft auch zu, was Adorno mit Blick auf Proust schreibt: wenn »der Kommentar derart mit der Handlung verflochten ist, dass die Unterscheidung zwischen beiden schwindet, so greift damit der Erzähler einen Grundbestand im Verhältnis zum Leser an: die ästhetische Distanz.« Im Gegensatz zum traditionellen Roman variiere diese nun »wie Kameraeinstellungen des Films: bald wird der Leser draußen gelassen, bald durch den Kommentar auf die Bühne, hinter die Kulissen, in den Maschinenraum geleitet.«[25] Indem Conrad außerdem den im realistischen bürgerlichen Roman des 19. Jahrhunderts vorherrschenden »geordneten Zeitstrom« aufbricht und die verwickelte Geschichte von *Nostromo* achronologisch erzählt, verleiht er seiner Beunruhigung über die Entwicklungen seiner Zeit durch eine innovatorische Erzählweise Ausdruck.[26]

»Fiktion ist Geschichte, menschliche Geschichte, oder sie ist nichts,« schrieb Conrad über den Schriftsteller als Historiker und behauptete, Fiktion sei »näher an der Wahrheit« als die »auf Dokumenten (...), auf Eindrücken aus zweiter Hand« basierende Geschichtswissenschaft (NLL, S. 19f.).[27] Indem er alle Ereignisse und Geschichten von ihren Ergebnissen her aufrollt und über häufige Zeitsprünge hinweg durch einen allwissenden Erzähler netzartig verknüpft, kritisiert Conrad die bürgerliche Vorstellung einer linearen Fortschrittsgeschichte, deren Subjekt durch die materiellen Interessen autorisiert wird. Innerhalb des Romans verkörpert Kapitän Mitchell die Rolle eines von borniertem Glauben an linearen Fortschritt durchdrungenen »formalhistorischen Zeugen« (Jameson). Conrad ironisiert diese durch Biederkeit und treuherzige Aufrichtigkeit gekennzeichnete Figur bis zur Lächerlichkeit, indem er ihn in »pompösem« Duktus Teile der Handlung berichten und dabei ständig vom »Beginn einer Epoche« schwadronieren oder emphatische Ausrufe wie »Es war Geschichte - Geschichte, Sir!« zum Besten geben lässt. Aus seiner ideologischen Beschränktheit vermag Mitchell persönlich in lebensbedrohlichen Situationen eine bemerkenswerte Standhaftigkeit zu gewinnen. So ist er zugleich Karikatur der konventionell positivistischen Geschichtsschreibung und Repräsentant der stabilisierenden Funktion dieser Ideologie, der »weithin sichtbar in seiner weißen Weste, mit hochrotem Gesicht in der Sonne den vereinigten und besorgten guten Willen sämtlicher materiellen Interessen der Zivilisation vertrat« (156).

Conrad ironisiert die konventionelle Philosophie von der »Wahrheit der Geschichte« auch am Schicksal des historischen Werkes »Geschichte von fünfzig Jahren Missherrschaft« aus der Feder des *Elder Statesman* Don José Avellanos[28], dem Freund und politischen Berater der Goulds. Von Conrad im Vorwort zum Roman als seine wichtigste und wahrhaftigste Quelle zur costaguanischen Geschichte bezeichnet, im Roman immer wieder erwähnt und von den ribeiristischen Blancos voll Ehrfurcht vor der darin enthaltenen zentralistischen politischen Doktrin zitiert, die aber gleichzeitig separatistisch verraten wird, bleibt sein Inhalt dem Leser letztlich doch verborgen. Die während der Revolution als Abrechnung mit den vergangenen Diktaturen begonnene Drucklegung endet schließlich damit, dass die Blätter des Werkes »die Plaza übersäten, in der Gosse schwammen, als Pfropfen für Trabucos abgefeuert wurden, die mit einer Handvoll Drucklettern geladen waren...« (239f.).

Fetischismus: das Silber der Mine und die »materiellen Interessen«

Das symbolische Zentrum von *Nostromo* ist das »Silber der Mine«.[29] Um das Silberbergwerk und sein Produkt drehen sich alle Interessenkonflikte der Personen und politischen Gruppen. Das Silber ist »das Symbol der überragenden Wichtigkeit der materiellen Interessen« (264). Es entwendet den Akteuren ihre eigene Geschichte und lässt sie wie verdinglichte Marionetten erscheinen, die von dem »gnadenlosen Vorgang« der metaphorischen »Strickmaschine« Conrads bewegt werden: »Das Ding ... strickt uns in- und auswendig«: man ist geneigt, an Marxens Metapher vom Kapital als »automatischem Subjekt« zu denken. »Es entzieht sich als echtes Symbol begrifflicher Vereinseitigung. Conrad betont immer wieder seine natürliche Unkorrumpierbarkeit,« schreibt Günter Walch in seinem Nachwort zum Roman über die Bedeutung des Silbers, um auf die moralische Indifferenz der durch die Mine und das Silber verkörperten materiellen Interessen hinzuweisen.[30] Denn Protagonisten wie Charles Gould geraten gerade aufgrund ihrer hohen, aber abstrakten gesellschaftlichen und moralischen Ideale unter den Bann des Silbers.

Die Symbolik des Silbers wird von Conrad atmosphärisch inszeniert, indem er allen wichtigen Figuren des Romans Silberattribute zuordnet: Nostromo trägt einen silbernen Ring und Silberknöpfe an der Uniform, reitet auf einer silbergrauen Stute mit silberbeschlagenem Zaumzeug und kommandiert seine Carcadores am Hafen mit einer Silberpfeife; der *Elder Statesman* Don José Avellanos hat silbergraues Haar; Ignatio, Diener der Goulds, trägt eine silberbetresste Jacke usw. Conrad selbst bezeichnet die dem Silber beigemessene Bedeutung als Fetischismus. Die indianischen Arbeiter der Mine verehren diese, »als wäre sie ein Fetisch, den sie mit eigenen Händen hergestellt hatten, denn sie waren unwissend und unterschieden sich in anderer Hinsicht nicht sonderlich von der übrigen Menschheit, die unendliches Vertrauen in ihre eigenen Schöpfungen setzt« (396).

Man könnte hier natürlich wegen der »unwissenden« Indianer wieder einen gewissen Rassismus seitens Conrads argwöhnen. Aber er betont, dass sie sich in ihrem fetischistischen Verhältnis zu ihren »eigenen Schöpfungen« gerade nicht vom Rest der Menschheit unterscheiden. Das zeigt auch ein Gespräch der Goulds über den protestantischen Missionseifer des amerikanischen Kapitalgebers Holroyd. Dieser hatte sich beim Besuch Sulacos über die katholische Idolatrie der »prunkvoll aufgeputzten

Heiligen in der Kathedrale« empört, was Emilia Gould zu der Bemerkung veranlasst: »›Mir schien jedoch, als betrachte er seinen eigenen Gott als eine Art einflußreichen Kompagnon, der seinen Anteil am Profit in Form von Kirchenstiftungen erhält. Das ist auch eine Art Götzenanbetung. (...) Ein armer Cholo (Mestize), der einen silbernen Arm oder ein silbernes Bein opfert, um seinem Gott für eine Heilung zu danken, ist genauso vernünftig und dabei rührender.‹
›Er steht an der Spitze riesiger Silber- und Eiseninteressen‹, erklärte Charles Gould.
›Ach, ja! Die Religion von Silber und Eisen‹« (82f.), antwortet ihm darauf Mrs. Gould.
Charles Gould ist die idealistische Ideologie des liberalen Glücksversprechens in Person. Während seiner Ausbildungsjahre in Europa wurde er von Ferne Zeuge, wie sein Vater unter dem Fluch der Mine zugrunde ging. Diesem war sie in verfallenem Zustand von einer der diktatorischen Regierungen Costaguanas als »Konzession auf alle Ewigkeit« mit dem einzigen Ziel aufgenötigt worden, ihn durch horrende Steuern auf zu erwartende Gewinne erpressen und ausquetschen zu können. Der Vater weigerte sich, die Mine wieder in Betrieb zu nehmen und beschwor seinen Sohn in zahllosen Briefen voller Klagen und Verwünschungen, nie nach Costaguana zurückzukehren und die Konzession anzutreten. Nach dem Tod seines gramgebeugten Vaters will der junge Charles diese Schmach jedoch durch eine erfolgreiche Wiederinbetriebnahme der Mine vergelten. Durch diese Rebellion wider das Gebot des Vaters gerät er selber unter den »Zauber der San-Tomé-Mine«. Er entwickelt »eine andere Art von Besessenheit, (...) in deren magischer Formel Hoffnung, Kraft und Selbstvertrauen zum Ausdruck kamen statt müder Verzweiflung und Empörung« (S. 71).
In seinem optimistischen Idealismus glaubt Charles Gould fest daran, dass ein Erfolg der Silbermine zugleich die notorisch korrupten, gewalttätigen und sozial ungerechten Verhältnisse in seiner südamerikanischen Heimat verbessern müsse: »Was hier fehlt, ist Gesetzlichkeit, Redlichkeit, Ordnung, Sicherheit. Jeder kann darüber schöne Reden halten, aber ich setze mein Vertrauen in materielle Interessen. Laß die materiellen Interessen erst einmal festen Fuß fassen, dann setzen sie auch zwangsläufig die Bedingungen durch, unter denen allein sie weiterbestehen können. So ist das Geldverdienen angesichts der Gesetzlosigkeit und der Unordnung hier gerechtfertigt. Es ist deshalb gerechtfertigt, weil die Sicherheit, die es

erfordert, mit einem unterdrückten Volk geteilt werden muß. Eine bessere Gerechtigkeit wird folgen« (S. 96).

Der Erfolg des Minenunternehmers Charles Gould scheint dieses liberalistische Credo zu bestätigen. Dass er seinen Aufstieg zum reichen Minenbesitzer und heimlichen »Rey de Sulaco«, wie er von den spanischstämmigen reichen Blanco-Familien bald genannt wird, mit Bestechungen in der fernen Hauptstadt Costaguanas befördern muss, stört sein Weltbild wenig. Er setzt sogar mit Hilfe einer diskreten Finanzspritze Holroyds die Machtergreifung des persönlich integren und reformwilligen »Präsident-Diktators« Ribeira von der Blanco-Partei durch. Dass dieser Ribeira eine Marionette in der Hand des internationalen Kapitals ist, unterstreicht Conrad durch den ebenso deutlichen wie aktuell anmutenden Hinweis, dass ihm die Machtübernahme vor allem deswegen gestattet wurde, weil er sich bereit zeigt, die nicht unbeträchtlichen Auslandsschulden Costaguanas zu bedienen.

Eine Kritik des bonapartistischen Populismus

Das ruft schließlich den putschistischen Aufstand unter der Führung von Ribeiras Kriegsminister Montero und dessen Bruder auf den Plan. Mit populistisch-nationalistischen Parolen wie »die nationale Ehre werde an Ausländer verkauft« (153) wird die Straße mobilisiert. In diesem Zusammenhang meint Jameson einen subtilen Rassismus bei Conrad entdecken zu können, der sich in einer ressentimentgeladenen Gegenüberstellung des ungewöhnlich sympathisierend gezeichneten Bildes eines europäischen sozialrevolutionären Populismus, repräsentiert durch Viola und sein Ideal Garibaldi, und der sehr negativen Charakterisierung des einheimischen Populismus der Monteros ausdrücke.[31] Dabei überliest Jameson aber einen entscheidenden Punkt von Conrads Charakterisierung dieses Populismus, obwohl er ihn sogar erwähnt: nämlich die Selbstdefinition der Montero-Politik als »Cäsarismus: die kaiserliche Herrschaft, die auf der unmittelbaren Volksabstimmung« basiert (402).[32] Was Jameson völlig ignoriert, ist das europäische Vorbild, welches die Montero-Brüder begeistert nachzuahmen trachten: der Staatsstreich Napoleons des III., welchen Marx in seinem *18. Brumaire des Louis Bonaparte* so glänzend untersucht hat. Das Führungspersonal des Monterismus charakterisiert Conrad ähnlich wie Marx dasjenige des zweiten Kaiserreichs als »Haufe von Kerlen, von deren bestem zu sagen ist, dass man nicht weiß, von

wannen er kommt.«[33] Vor allem der mit seinem Heer in Sulaco eingefallene kleinere Montero-Bruder eifert dem Vorbild des Duc de Morny nach, dem durch die Ausnutzung der Staatsmacht zur exzessiven Bereicherung berüchtigt gewordenen Halbbruder des Louis Bonaparte. Die monteristischen Agitatoren ergehen sich derweil in primitiven antiimperialistischen Parolen, die rasch in den Ruf zum Pogrom gegen alle Ausländer in Sulaco übergehen. Es ist erstaunlich, dass ausgerechnet einem so brillanten (postmodern-)marxistischen Interpreten wie Jameson diese kritische Spitze gegen populistischen Nationalismus in Conrads Roman zu entgehen scheint.
Als die dank Ribeiro gewonnene Stabilität und Prosperität in Sulaco durch die populistische »Revolution« der Montero-Brüder bedroht wird, zeigt sich, wie sehr sich Charles Gould in seine Silbermine als fixe Idee verbissen hat: Nicht nur, dass er auf einen separatistischen Bürgerkrieg zur Rettung seines »Imperiums in Imperio« (Don Avellanos) setzt, er will sie sogar notfalls als »letzte Trumpfkarte« mit einer riesigen Dynamitladung ohne Rücksicht auf Verluste zerstören und fantasiert davon, »halb Sulaco in die Luft zu sprengen, wenn ich es wollte« (210f.). Spätestens hier erweist sich auch Charles Gould mit seinem Idealismus, der die Mittel über die Zwecke stellt, als eine abgemilderte Variante der zerstörerischen Ambivalenz des größenwahnsinnigen Mr. Kurtz aus *Herz der Finsternis*.[34] Hinter dieser Verkehrung steht aber kein Charaktermangel Goulds, sondern seine unerbittliche Disziplinierung durch die Logik des Werts: »Das kapitalistische Ziel der Produktion aber ist absolut vorgegeben und es ist paradoxerweise nur ein Mittel: wenn auch eines, das außer sich selbst keinen Zweck hat.«[35]

»Weibliche Intelligenz« und Kapitalismuskritik

Emilia Gould, die meist als eine der wenigen interessanten Frauenfiguren in Conrads Werk bezeichnet wird, fungiert als weiblicher Widerpart zu Charles Goulds Interessen-Idealismus. Sie verfügt über einen von Herzenswärme, Selbstlosigkeit und Hingabe bestimmten Charakter, dem »auch der allergerechtfertigste Anflug von Materialismus« fehlt (86). Conrad bewegt sich durchaus innerhalb der bürgerlichen Abspaltung eines subordinierten Weiblichen als Anderes des männlichen Subjektideals. Emilia Goulds scharfe Intelligenz sei keineswegs als »männlich zu bezeichnen«, schreibt er, denn: »Eine Frau mit männlichem Verstand ist (...)

einfach nur eine Spielart unvollkommener Geschlechterdifferenzierung (...). Da Dona Emilias Verstand durchaus weiblich war, führte er sie dahin, die Eroberung Sulacos zu vollbringen, einfach indem er ihr den Weg für ihre Selbstlosigkeit und ihr Mitgefühl erhellte « (78f.).

Dieses Lob der weiblichen Geistestugenden der Mrs. Gould verbindet sich zunächst mit einem Idealbild bürgerlicher Eheverhältnisse: weibliche Selbstlosigkeit und Hingabe soll mit phallischer Tatkraft und Zweckrationalität zur Synthese des bürgerlichen Glücksversprechens gerinnen. Allerdings baut Conrad dieses Wunschbild nur auf, um es unter dem Druck der realitätsmächtigen Abstraktion der materiellen Interessen in Gestalt der Silbermine regelrecht zu zerbröseln und so am Beispiel der Goulds als ideologisches Konstrukt zu entlarven.

Charles Goulds völlige Identifikation mit der Mine führt zu zunehmender Verhärtung seiner Persönlichkeit und zu einer Entfremdung des Paares. Emilia Gould vereinsamt und erleidet den verdinglichenden Bannzauber des Silbers als sexuelle Frustration, da Charles Gould seine gesamten libidinösen Energien auf die Mine konzentriert – er schläft nicht nur ständig »auf dem Berg« in seinem Unternehmen statt im gemeinsamen Ehegemach, sondern auch metaphorisch mit der Mine statt mit seiner Frau. Daniel Schwarz interpretiert diesen Aspekt der Verschiebung des libidinösen Begehrens auf das tote Objekt des Silbers dahingehend, dass Charles Goulds sexuelle Substanz zu einem Silberstrom wird und Silberklumpen zeugt, die er seiner Frau als Ersatz für sexuelle Erfüllung zu Füssen legt.[36] Sexuelle Metaphorik spricht auch aus folgender Passage: »Seine Aufgabe, seine Neigung, seine Politik vereinten sich in dem einen Bestreben, den Silberstrom, den er ganz allein aus der wiedergeöffneten Wunde in der Bergflanke zum Fließen gebracht hatte, ungehemmt weiterfließen zu lassen« (156).

Goulds Verhärtung intensiviert sich proportional zum Erfolg der Mine und zum wachsenden Einfluss ihres »Senor Administrador«, der sich immer mehr in eine bloße »Verlängerung der unbelebten Welt« (Schwarz) verwandelt. Er wird wie der mit seinem Elfenbeinschatz sterbende Kurtz »zu einem sprechenden Gegenbild des Materiellen.«[37] Ein Prozess, der sich auch als zunehmende »Versteinerung« der Beziehung zu Emilia und letztlich des »Rey de Sulaco« selbst verstehen lässt. Ironisch symbolisiert wird das durch eine steinerne Reiterstatue des spanischen Königs und Gould-Namensvetters Carlos IV, die am Ende des Romans als Symbol der alten Kolonialzeit entfernt wird, als der Versteinerungsprozess beim ebenfalls stets zu Pferde reitenden Charles Gould vollendet ist – und

Sulaco fest in der Hand der »großen Silber- und Eiseninteressen« des internationalen Kapitals.[38]
Mrs. Gould verhält sich zu dieser Entwicklung keineswegs nur passiv. Ihre humanistischen Interventionen zugunsten der gesellschaftlich Schwachen haben aber bei den regelmäßig in ihrem Salon in der städtischen »Casa Gould« stattfindenden politischen Versammlungen gegenüber den materiellen Interessen kein großes Gewicht. David Simpson bezeichnet ihre von den materiellen Interessen abgetrennte Welt der Menschlichkeit mit einem musikalischen Vergleich als »unterworfenen Kontrapunkt, der zerstört werden wird, sobald er als Melodie hervortritt.«[39] Emilia Gould reflektiert diese Situation selbst: »Das Schicksal der San-Tomé-Mine lag ihr schwer auf der Seele. Schon seit langem hatte sie sie zu fürchten begonnen. Zuerst war diese Mine eine Idee gewesen. Voller böser Ahnungen hatte sie zugesehen, wie sie sich in einen Fetisch verwandelte, und jetzt war der Fetisch zu einer ungeheuren, erdrückenden Last geworden. Es war, als sei die Begeisterung ihrer jungen Jahre aus ihrem Herzen gewichen und habe sich in eine Mauer aus Silberbarren verwandelt, die böse Geister in stummer Arbeit zwischen ihr und ihrem Mann errichtet hatten. Er schien hinter einem Wall aus Edelmetall allein zu hausen und sie mit ihrer Schule, ihrem Krankenhaus, den leidenden Müttern und den gebrechlichen alten Männern, unbedeutenden Überresten ihrer ursprünglichen Begeisterung, draußen gelassen zu haben. ›Diese armen Menschen‹, flüsterte sie vor sich hin« (226f.).
Die Auswirkungen der materiellen Interessen auf die handelnden Subjekte und ihre gesellschaftlichen Beziehungen erscheinen so als fetischistischer Prozess der Verdinglichung. Dem Silber wachsen ähnlich wie im berühmten Warenfetischkapitel aus dem Marx'schen Kapital gleichsam okkulte Qualitäten zu.[40] Sicher lässt sich der von Conrad verwendete Fetischbegriff nicht einfach mit dem von Marx entwickelten gleichsetzen, doch auch in Nostromo scheint dieser Prozess eine verrückte Herrschaft der Dinge über die Menschen zu bewirken.
Mit erstaunlicher Präzision lässt Conrad seine Mrs. Gould auch aussprechen, was mit dem Glücksversprechen geschieht, das die »materiellen Interessen« einlösen sollen. Vielleicht ist Conrad in einer spätviktorianisch-romantischen und von keiner Geschlechterdekonstruktion angewehten Vorstellungswelt befangen, wenn er diese Sphäre individuellen Glücks als einen häuslichen »Ort der Liebe, Heirat und vermutlich sexuellen Erfahrung«[41] codiert, dessen Verlust Mrs. Gould in ihrer kinderlosen Einsamkeit beklagt. Aber Conrad lässt sie genau den Punkt

treffen, wenn sie über ihren »in seiner Hingabe an die große Silbermine« aufgegangenen Gatten sagt, er sei »unverbesserlich in seinem harten, entschlossenen Dienst an den materiellen Interessen, die für ihn mit seinem Glauben an den Sieg von Ordnung und Gerechtigkeit verknüpft waren. Der arme Junge!« (514).

Der »harte, entschlossene Dienst an den materiellen Interessen«, das ist es, was vom liberalen Glücksversprechen übrig bleibt und das bürgerliche Subjekt in Gestalt des Charles Gould als menschliches Wesen aus sich selbst und aus dem Ort möglicher Glückserfahrung auf den Berg seiner Silbermine vertreibt, in eine Art *Exil der materiellen Interessen*. Mrs. Gould dagegen wird in eine tiefe Melancholie getrieben: »Mit der undeutlichen Stimme eines Schläfers, der wehrlos einem erbarmungslosen Albdruck ausgeliefert ist, stammelte sie ziellos die Worte: ›Materielle Interessen‹« (515).

Die Bedeutung dieser Stelle hat Jameson kongenial erfasst, als er die Verstörung Mrs. Goulds als Leerstelle interpretiert, als »die Unmöglichkeit, sich vorzustellen, was mit ›materiellen Interessen‹ gemeint sein kann. Das gesamte Drama des Werts und der Abstraktion ist in diesem antithetischen Satzglied konzentriert, in dem der idealistische Sentimentalismus kapitalistischer Bewegungsdynamik plötzlich und brutal entmystifiziert wird.«[42]

Verloren im »Exil völligen Unglaubens«

Auch Figuren, die durch ihren Skeptizismus oder Zynismus Kontrapunkte zu Goulds Interessenidealismus bilden, verweisen auf einen semantischen Zusammenhang von Melancholie, Leere und metaphorischem Exil mit den materiellen Interessen. Da ist vor allem der »französisierte« Flaneur Martin Decoud. In seiner Pariser Diaspora hatte Decoud die politischen Vorgänge in seiner Heimat als »komische Oper« und »une farce macabre« verspottet. Es wirkt also von vornherein etwas angedreht, dass der agnostische Spötter Decoud sich auf ein nationalistisches politisches Abenteuer in Sulaco einlässt und zum journalistischen Chefpropagandisten der um die Mine gruppierten politischen Kräfte gegen die Monteros wird. Akzentuiert wird das durch die von Conrad sehr ambivalent herausgearbeitete Vermischung von Decouds politischem Engagement mit seiner Liebe zu Antonia Avellanos: zu seiner eigenen Beruhigung versichert er sich, »er sei kein Patriot, sondern ein Liebhaber.« Es wird eigentlich nie klar, ob die als äußerst emanzipiert und intelligent beschriebene Tochter des Don Jose Avellanos ihn wirklich liebt. Diese Unsicherheit wiederum treibt Martin Decoud immer tiefer in die politische Sache, so dass schließlich ausgerechnet er es ist, der den Plan der Separation Sulacos von Costaguana entwickelt.

Als Sulaco von der Einnahme durch monteristische Truppen bedroht ist, unternimmt er zusammen mit Nostromo die im Roman zentrale »heroische Expedition« (Jameson) auf die im »Golfo Placido« gelegenen Isabellen-Inseln, wo eine zuvor im Hafen gelagerte große Silberladung versteckt wird. Die nächtliche Fahrt wird durch die atmosphärisch äußerst dichte Beschreibung sinnlicher Wahrnehmungen in der Dunkelheit des nebelverhangenen Golfes symbolisch aufgeladen. Bereits beim Ablegen des Leichters hat Decoud »den Eindruck, in den Weltraum befördert zu werden« (264). Nachdem der Leichter beim Zusammenstoß mit einem Dampfer voller monteristischer Truppen beinahe versenkt wurde, bleibt Decoud allein mit dem geretteten Silber auf der großen Isabel inmitten des stillen Golfes zurück, während Nostromo in Sulaco weitere Heldentaten vollbringt. In seiner Einsamkeit wird Decoud ebenso von Zweifeln an seinen Überlebenschancen im Fall eines Scheiterns des Kampfes gegen die Monteristen wie an der Liebe Antonias heimgesucht. Er stellt sich vor, wie »Antonia, riesenhaft und liebreizend wie eine allegorische Statue, mit verächtlichem Blick auf seine Schwäche schaute.«[43]

Schließlich wird der intellektuelle Skeptiker und Spötter Martin Decoud von einem existenziellen Horror vacui befallen. »Eine Einsamkeit, die sich aus rein äußerlichen Lebensumständen ergibt, wird rasch zu einem Seelenzustand, in dem gespielte Ironie und Skeptizismus keinen Platz mehr haben. Sie bemächtigt sich des Gemüts und vertreibt das Denken in das Exil völligen Unglaubens. Nachdem er drei Tage auf den Anblick irgendeines menschlichen Gesichts gewartet hatte, ertappte sich Decoud beim Zweifel an seiner eigenen Individualität. Sie war mit dieser Welt aus Wolken und Wasser, aus Naturkräften und -formen zusammengeflossen. Allein nur unsere Tätigkeit gibt uns die Illusion, die uns aufrechterhält, daß wir im Gesamtplan der Dinge, in dem wir ein hilfloser Teil sind, ein unabhängiges Dasein führen« (491f.).

Es ist wiederum die Konfrontation mit einer unendlichen und sinnentleerten Natur, welche die nagenden Zweifel an der Sinnhaftigkeit (am Wert?) seines persönlichen und politischen Handelns ins Unermessliche steigen lässt und Decoud aus sich selbst in das »Exil völligen Unglaubens« vertreibt. In diesem seelischen Zustand »senkte sich eine unendliche

Melancholie fast greifbar auf ihn herab. (...) Er betrachtete das Universum als eine Folge unverständlicher Bilder« (492).
Man könnte auch sagen, als eine Folge der in Conrads metaphorischer Strickmaschine generierten Muster ohne Sinn. Die letzte Konsequenz aus dieser unentrinnbaren Melancholie ist schließlich der in Decoud übermächtig werdende Gedanke an Selbstmord. Conrad lässt ihn in einem von den Registern der Sinneswahrnehmung abgeleiteten Bild, aus der »Stille, die vor ihm lag, straff gespannt wie ein dunkles, dünnes Seil, an dem er hing«, gleichsam selbsttätig aufsteigen: Als Wunsch, »dieses Seil möge reißen«, und als Frage, »ob ich es wohl reißen hören würde, bevor ich falle« (493).
Decoud erinnert sich an das auf der Insel vergrabene Silber, an dem er persönlich nicht interessiert ist, aber in dessen fetischistischen Bannkreis er durch politische Vermittlung auch geraten ist: »Denn außerhalb seiner Person war allein nur der Zauber all des Silbers übriggeblieben mit aller Macht, die darin beschlossen lag«(ebd.).
Und so lässt Conrad seinen tragischen Zweifler Decoud sich die Taschen mit Silberbarren vollstopfen, mit dem von Nostromo für ihn zurückgelassenen Beiboot des Leichters ein Stück auf den Golf hinausrudern und sich erschießen: »der Liebhaber Antonia Avellanos rollte über Bord, ohne gehört zu haben, wie das Seil des Schweigens in der Einsamkeit des Golfes riß, dessen glitzernde Oberfläche der Fall seines Körpers kaum bewegte. (...) (So) verschwand der glänzende Don Martin Decoud, ohne eine Spur zu hinterlassen, beschwert durch die Silberbarren von San Tomé, von der ungeheuren Gleichgültigkeit der Dinge verschlungen« (495).
Der von Decoud als spurloses Verschwinden inszenierte Selbstmord wird zu einer düsteren und flackernden Allegorie, in der Conrad seine Desillusionierung über die Naturverfallenheit des Menschen angesichts eines leeren, unbeseelten Universums zusammenschießen lässt mit einer Kritik am Kapitalismus und dem auf ihn gegründeten Glauben an historischen Fortschritt. Indem er den fetischistischen »Zauber all des Silbers« auf dessen rein stoffliche Eigenschaft reduziert, die Decoud als Senkblei benutzt, um seinen eigenen Körper verschwinden zu lassen, entmystifiziert Conrad zugleich die reale Abstraktion des Werts als zweite Natur, die den handelnden Subjekten mit der gleichen Leere und »ungeheuren Gleichgültigkeit der Dinge« gegenübertritt wie die erste.
Auch Dr. Monygham, der sich ebenfalls nicht durch das Silber bereichern will, sondern als Skeptiker und Kritiker der materiellen Interessen auftritt, ist ein aus sich selbst Vertriebener. Monygham erscheint von

Anfang an als gebrochener und vereinsamter Außenseiter, der wegen seines hinkenden Ganges und grimmigen Sarkasmus von seiner gesellschaftlichen Umgebung als unheimlich und böse gestempelt wird. Erst spät im Roman wird enthüllt, dass seine körperliche Behinderung und seine Verbitterung Folgen der unter dem Schreckensregime des Diktators Bento erlittenen Folter sind. Unter den Qualen der Folter hat er politische Freunde verraten und die Überlebensschuld gegenüber diesen anschließend von der Diktatur ermordeten Freunden lastet als »unauslöschlicher Makel« auf ihm.

Monygham gelingt es im Lauf der Handlung, seine Selbstachtung und Menschlichkeit zumindest ein Stück weit wiederzugewinnen. Er entwikkelt eine verständnisinnige Beziehung zu Emilia Gould, die ihn ihrerseits aus seiner inneren Taubheit wiederbelebt. Aber auch Monygham bleibt ambivalent: Um die Mine und damit seine Beziehung zu Mrs. Gould vor den Monteristen zu retten, instrumentalisiert er Nostromo und ist aus diesem Grund möglicherweise sogar mitschuldig an der Folterung und Ermordung des jüdischen Häutehändlers Senor Hirsch durch den monteristischen Oberst Sotillo.

Exkurs: Senor Hirsch

Senor Hirsch ist ein jüdischer Händler von Rindshäuten, der durch eine Verkettung unglücklicher und teilweise geradezu grotesker Zufälle in die kriegerischen Ereignisse um das Silber der Mine gerät. Er gehört zu den bezüglich antisemitischer Tendenzen umstrittensten Figuren Conrads. Bereits bei seinem Eintritt in die Handlung wird Hirsch durch negative »jüdische« Stereotype charakterisiert. Der »kleine hakennasige Mann aus Esmeralda« (209) »entstellte (...) durch einen bangen, jammernden Ton die klangvolle spanische Sprache, die er rasch daherplapperte wie einen unterwürfigen Jargon« (206). Damit ist auch schon das wesentliche Charakteristikum dieser Figur angesprochen: Senor Hirsch hat Angst. Er ist um die Folgen der politischen Auseinandersetzungen für sein Geschäft besorgt und biedert sich - allerdings vergeblich - bei dem mächtigen Minenbesitzer Charles Gould an. Vor allem aber bangt er um sein eigen Leib und Leben. Hirsch wird als perfekter Unglücksrabe dargestellt, der durch seine Angst und Feigheit das Verderben auf sich zieht. Erst versteckt er sich vor den durch den Einfall der Monteristen in Sulaco ausbrechenden Schießereien ausgerechnet in dem bereits heimlich mit Silber beladenen Leichter, mit dem Nostromo und Decoud nachts zu den Isabellen auslaufen. Dann »rettet« er sich beim Zusammenstoß des Leichters mit dem Dampfer voller monteristischer Soldaten im nächtlichen Golf durch einen Griff nach dem vorbeischwingenden Anker des Dampfers, welcher ihn direkt in die Hände des monteristischen Schlächters Oberst Sotillo befördert.

So scheint die Inszenierung Hirschs als schwächlicher und ängstlicher jüdischer Händler, der durch seine Feigheit innerhalb des Roman-Plots zum idealen Opferlamm wird,[44] auf den ersten Blick einer antisemitischen Dramaturgie zu folgen. Aber dieser Befund wird relativiert, wenn wir diese Figur auf zentrale Topoi des modernen Antisemitismus abklopfen, die auch in der Literatur immer wieder dazu führen, Juden mit Geld und Zirkulationssphäre als abstrakter Seite des Kapitalverhältnisses zu assoziieren.[45] Die Profession des »unternehmenden Israeliten« (210) Hirsch ist zwar Händler, aber von Rindshäuten. Er repräsentiert das »alte«, noch nicht durch Goulds Silbermine modernisierte Sulaco. In Marxschen Termini ausgedrückt steht er als Handel treibender Kleinunternehmer eher für die einfache Reproduktion des Kapitals, während Gould als selbstbewusster Industriekapitän die erweiterte Reproduktion repräsentiert - und Hirsch mit seinem Hilfeersuchen entsprechend arrogant und kalt auflaufen lässt. Schließlich führt der geradezu buchstäbliche Zusammenprall mit dem Silber als Fetisch und Symbol der entfalteten Kapitalmacht zum grausamen Tod Hirschs.

Dabei tritt nun sein Peiniger Oberst Sotillo als klassischer Antisemit auf. Dieser weiß von dem Silberschatz und ist so von Gier getrieben, dass er dem naheliegenden Bericht des nach seiner »Rettung« völlig verängstigten Hirsch nicht glauben mag, sein Dampfer habe den Leichter samt Silber versenkt. Er steigert sich in die Wahnidee, das Silber müsse immer noch irgendwo in Sulaco versteckt sein und phantasiert sich eine Komplizenschaft Hirschs zusammen: »Der Jude (...) wusste, wo das Silber verborgen lag, und hatte in seiner jüdischen Schlauheit diese Geschichte erfunden« (330). Sotillo, dessen »Mangel an sittlichem Gefühl« sarkastisch als »vollständig und unschuldig« beschrieben wird, steigert seinen Irrsinn zu Raserei, als Dr. Monygham diesem Affen aus taktischen Gründen - und ohne die Konsequenzen für Hirsch zu ahnen - noch Zucker gibt. Er foltert Hirsch mit der Estrapade (Aufhängen an den hinter dem Rücken zusammengebundenen Armen) und brüllt schließlich mit einer Peitsche auf ihn einschlagend »Sprich, du jüdischer Teufelssohn! Das Silber! (...) Wo habt ihr ausländischen Gauner es versteckt?« (440).

Hirschs Ende ist zugleich eine rehabilitierende Geste Conrads gegenüber der zuvor aufgebauten Feigheit dieses Charakters: in der ausweglosen Lage gegenüber seinem Folterer bäumt sich Hirsch schließlich mit letzter Kraft auf, »und während Sotillo (...) darauf wartete, dass er sprach, grinste er plötzlich blitzhaft, zwang die verrenkten Schultern zusammen und spie dem Oberst heftig [violently] ins Gesicht« (445). Woraufhin Sotillo ihn im Affekt erschießt und völlig demoralisiert seine Truppen aus Sulaco abzieht.

Sotillo trägt alle Züge eines Prototyps des modernen Antisemiten und faschistischen Folterers, des »als Subjekt losgelassenen« Nicht-Subjekts.[46] Die zunächst als Charakterschwäche aufgebaute Angst des kleinen jüdischen Händlers Hirsch beim Kontakt mit den durch die Silbermine verursachten gesellschaftlichen Krisen erweist sich dagegen als nur allzu berechtigt. In einer solchen Lesart kann es tatsächlich der »politisch prophetischen Qualität« von Conrads Text zugerechnet werden, etwas von dem drohenden Vernichtungspotential des Antisemitismus in den Krisen kapitalistischer Modernisierung geahnt zu haben.[47]

Doch es bleibt ein zwiespältiger Eindruck von Conrads Zeichnung und Umgang mit dieser Figur. So werden im Gegensatz zu der sehr mitfühlenden Darstellung von Monyghams Folter die Qualen Hirschs vom anonymen Erzähler mit ostentativer Herzlosigkeit beschrieben. Der Anblick seines von Schmerzensschreien entstellten Gesichts mit »weit offenem Mund (...) schwarz, riesig, voller Zähne« wird sogar als »komisch« (443) bezeichnet. Ist das eine Reminiszenz an Traditionen wie das antisemitische Lachen in den Fastnachtsspielen der Neuzeit?[48] Oder die bewusst auf Schockierung des Lesepublikums zielende Ausstellung der Absurdität eines gottverlassenen und gegenüber den von den Sotillos dieser Welt an unschuldigen Opfern verübten Grausamkeiten indifferenten Universums? Conrad konnte wohl bei aller Humanität nicht der Versuchung widerstehen, seine LeserInnen ästhetisch dadurch auf Distanz zum »Opferlamm« Hirsch zu bringen, dass er auf eine Stereotypisierung gemäß den bei seinem zeitgenössischen Publikum zu erwartenden antisemitischen Ressentiments zurückgriff.[49]

An einem der dramatischen Höhepunkte des Romans erfährt die anfängliche Verachtung des mutigen Gewaltmenschen Nostromo für den Angsthasen Hirsch eine humane Wendung. Als er und Decoud ihn im Leichter entdeckt haben, will Nostromo ihn zunächst am liebsten beseitigen, da sie ein unkontrollierter Panikausbruch Hirschs in höchste Gefahr bringen könnte. Dass er es doch nicht tat, begründet er später Decoud gegenüber damit, dass dieser dem entkräfteten Hirsch einen Schluck Wasser gab und er ihm nach diesem Anblick nichts mehr antun konnte, »nicht nachdem ich gesehen hatte, wie sie ihm die Kanne an die Lippen hielten, als wäre er ihr Bruder« (287). Nostromo hat in Hirsch den leidenden Anderen erkannt und nimmt ihn nicht mehr nur als lästigen Feigling wahr. Später, am Ende eines langen und sehr abgründigen Dialogs mit Monygham im Schatten der von den beiden gefundenen und noch am Folterstrick baumelnden Leiche Hirschs, ruft er voll Mitleid mit dem grausig Ermordeten: »Du Mann der Angst! (...) Ich werde dich rächen - ich, Nostromo!« (456).

Figuren wie Nostromo und Decoud scheinen dann als Subjekte am meisten »bei sich« zu sein, wenn sie wie hier für Hirsch Empathie für den leidenden Mitmenschen zeigen, und sich selbst am fernsten, wenn sie unter dem Bann der materiellen Interessen nur noch instrumentell handeln. Dieser antithetische Zusammenhang zwischen humaner Empathie und dem Primat der Mittel über die Zwecke wird in der Dialogszene zwischen Monygham und Nostromo im Schatten des ermordeten Senor Hirsch mit buchstäblich unheimlicher Suggestivkraft entfaltet. So lässt Conrad genau in dem Moment, als es Monygham gelingt, den widerstrebenden Nostromo für seinen Plan zur Rettung der Mine einzuspannen, Hirschs Leiche an Präsenz und fast gespenstischer Lebendigkeit gewinnen: »Der tote Senor Hirsch war nun deutlicher sichtbar und schien sich ihnen genähert zu haben. Der Doktor senkte seine Stimme, als fürchte er, man könnte ihn hören, und erläuterte seinen Plan« (451).

Ein Titelheld am Rande und unterm Bann

Was geschieht nun mit dem Titelheld Nostromo, der eigentlich nicht im Zentrum des Romans steht? Auch darin bricht Conrad mit der Tradition des klassischen bürgerlichen Entwicklungsromans. Als »unser Mann« ist Nostromo Diener der Mächtigen und als »Mann des Volkes« ihr Mittler zur beherrschten Bevölkerung. Und er ist ein Mittler der abstrakten Fetischmacht des Silbers, über das er mit all seinen Silberknöpfen und -ringen ebenso seine Identität gewinnt[50] wie durch sein Image der Zuverlässigkeit und Unbestechlichkeit. Conrad benutzt ironisch die Mehrfachbedeutung des englischen Wortes *incorruptible*, wenn er Nostromo fasziniert vom »unverderblichen« Wert des Silbers reden und Decoud gleichzeitig über ihn denken lässt, »daß diesen Mann seine ungeheure Eitelkeit unbestechlich mache« (303).[51]

Nostromo bezieht seine Identität also rein äußerlich aus seinem guten Ruf sowie dem Prestige von Unbestechlichkeit und körperlicher Stärke. Der Kern hinter dieser Schale aber ist leer, genauso abstrakt und leer wie die materiellen Interessen, denen er dient. Nostromo erkennt in eben jenem Dialog vor dem toten Senor Hirsch bitter seine Instrumentalisierung durch die Mächtigen: »Sie halten uns und treiben uns wie die Hunde, die geboren werden, um für sie zu kämpfen und zu jagen« (414). Als er beschließt, sich gegen sie zu wenden und den Silberschatz zu stehlen, dessen Versteck auf der Isabel-Insel nur er nach Decouds Tod noch kennt, nimmt die Herr-Knecht-Dialektik dieser Figur eine fatale Wendung. Nostromo gerät nun selbst unmittelbar unter den fetischistischen Bann des Schatzes und wird zu seinem »treuen lebenslänglichen Sklaven« (495).

Er weiß, dass er »nur sehr langsam reich werden« darf (497), wenn er seinen Diebstahl nicht verraten will. Und so baut er sich, statt durch seine Beute ein Leben in Luxus und ohne Plackerei zu genießen, langsam eine bürgerliche Scheinexistenz als Handelskapitän an der Küste auf und holt nur nach und nach einzelne Silberbarren zum heimlichen Verkauf. Äußerlich erfolgreich und bewundert, wird sein Identitätsverlust aber immer tiefer und er verwandelt sich durch seine Fixierung auf den Schatz immer mehr zum Double von Charles Gould.[52] »Die Echtheit aller seiner Eigenschaften war dahin. Er spürte es selbst und verfluchte häufig das Silber (...) - alles war wie zuvor, nur war alles eine Vorspiegelung. Der Schatz aber war wirklich. Er klammerte sich im Geist immer hartnäckiger daran« (516).

Die bittere Ironie, dass seine erste selbständige Handlung, der Treuebruch gegenüber seinen Herren, Nostromo erst recht an das Silber gekettet hat, wird von Conrad noch dadurch auf die Spitze getrieben, dass er jetzt wieder seinen richtigen Namen trägt: Er ist nun Kapitän Giambattista Fidanza, das italienische Wort für »Vertrauen, Treue«. Es entbehrt auch nicht der Ironie und Doppeldeutigkeit, dass Nostromo als Kapitän Fidanza an die politischen Ideale seines Ziehvaters Viola anknüpft und die im modernisierten Sulaco aufkommenden sozialrevolutionären Bewegungen unterstützt. Doch wegen dem Schatten des Schatzes kann »der wohlhabende Genosse Fidanza, der allgemeines Vertrauen genießt und der das Wissen um seinen moralischen Verfall in seiner Brust verschließt« (13), dort keine wirkliche Führungsrolle übernehmen.

Das Ende Nostromos ist auf groteske und hochsymbolische Weise mit dem Schatten des Schatzes verbunden. Der alte Viola ist mit seinen Töchtern auf Vorschlag Nostromos als Wächter eines von Mitchells Schiffsgesellschaft erbauten Leuchtturms auf die Isabel gezogen - dieser Schachzug erlaubt Nostromo ganz offen häufige Besuche auf der Insel bei den Violas, die er zugleich mit dem heimlichen Abholen weiterer Silberbarren verbindet. Eine seiner beiden Töchter erhofft der eifersüchtig auf die »Familienehre« fixierte Viola für seinen Quasi-Adoptivsohn Nostromo. Viola denkt an die ältere Linda, Nostromo fühlt sich aber zur jüngeren und attraktiveren Giselle hingezogen, beide sind in den eitlen Prachtkerl verliebt. Als nun Nostromo um Giselles Hand anhalten will und Viola aber, bevor er deren Namen überhaupt aussprechen kann, nach Linda ruft, zeigt sich Nostromos vom Bann des Schatzes korrumpierte Persönlichkeit. »Das glänzende Gespenst des Schatzes stieg vor ihm auf und forderte seine Untertanentreue in einem Schweigen, das keinen Widerspruch zuließ. (...) Er fürchtete, man könnte ihm das Betreten der Insel verbieten« (523).
Und so traut sich der großartige Nostromo nicht, seine wahren Gefühle zu bekennen, lässt sich voll innerem Widerwillen offiziell mit Linda verloben und beginnt zugleich hinter deren Rücken seine Liebschaft mit Giselle, der er verspricht, sie zu entführen. Doch dazu kommt es nicht. Als Nostromo nachts weiteres Silber aus dem Versteck auf der Insel holen will, verwechselt ihn der sehschwache Viola mit einem von ihm abgelehnten und mit Inselverbot belegten anderen Freier Giselles und erschießt ihn. Violas Familienehre erweist sich als genauso tyrannisch und seelenlos wie die Abstraktion der materiellen Interessen, er wird gewissermaßen zur Nemesis des vormodernen Ehrbegriffes an dem armen Nostromo, der sich den materiellen Interessen ausgeliefert hat.

Resümee

Conrad gab individuellen humanistischen Werten wie Treue, Mitgefühl und Freundschaft - »Gedanken von einer Einfachheit, dass sie so alt sein müssen wie die Berge« (PR, S. 7) - als Potenzial zur Humanisierung der Welt den Vorzug gegenüber der kollektiven sozialen Aktion. Doch wenn in Conrads pessimistischem Strickmaschinen-Geschichtsbild keine Möglichkeit sozialer Revolution zu bestehen scheint, bedeutet das auch, dass ihm bei aller Kritik des auf die zivilisatorische Kraft der »materiellen

Interessen« gegründeten Fortschrittsoptimismus doch die kapitalistische als die beste aller möglichen Welten erschien? Jameson scheint dies anzunehmen, wenn er über das Bild des modernisierten Sulaco im letzten Teil von *Nostromo* schreibt: »Der Schluß (nehmen wir den Tod Nostromos aus) feiert die vervollkommnete Gesellschaft der neuen Republik.«[53] Emilia Goulds einsame Gedanken am Ende des Romans stehen jedoch dazu im Widerspruch: »Sie sah den Berg San Tomé, der das Campo, das ganze Land überschattete - gefürchtet, verhaßt, reich, seelenloser als jeder Tyrann, unbarmherziger und selbstherrlicher als die schlechteste Regierung, bereit, zahllose Leben zu zermalmen, wenn es um die Ausdehnung seiner Macht ging« (514).

Die Andeutungen über ausbrechende Arbeiterunruhen und ihre revolutionären Organisationen im Schlussteil des Romans lassen, auch wenn Conrad einen ihrer Anführer pejorativ als »blutdürstigen Kapitalistenhasser« bezeichnet, nicht nur eine zirkuläre Bewegung von Bürgerkriegen in der Geschichte Costaguanas zu.[54] Es vollzieht sich vielmehr ein Übergang von dem rebellierenden Mob des monteristischen Populismus zu neuen, organisierteren und politischeren Formen des Klassenkonflikts im modernisierten Sulaco. Das wird nicht zuletzt auch deutlich an der positiven Positionierung, welche die emanzipierte Antonia Avellanos und ihr Onkel, der Priester und katholische Würdenträger Corbelán zu diesen Klassenkämpfen einnehmen: während jener zum Schluss fast redet wie ein marxistischer Befreiungstheologe, deutet Antonia Avellanos die Vision einer mit Costaguanas künftiger Wiedervereinigung einhergehenden sozialen Revolution an. »Vielleicht treiben sie das Land mit dem neuen Ruf ›Den Reichtum für das Volk!‹ in den Aufstand« (503f.), kommentiert Dr. Monygham diese politische Entwicklung. Wenn es also in Conrads pessimistischem Strickmaschinen-Universum doch so etwas wie ein kleines Fenster der Hoffnung geben sollte, so trägt die darin undeutlich sichtbar werdende Gestalt sozialistische und weibliche Züge. Das lässt sich auch daran ablesen, dass Antonia Avellanos eine verwandelte Wiederkehr in der Gestalt der Sophia Antonowna (der Namenskern »anton« wandert vom Vor- in den Nachnamen) im Roman *Under Western Eyes* findet: als russische Revolutionärin, die sich bei aller zuvor in dieser Figur dargestellten revolutionären Härte am Ende des Romans als selbstkritische und humanistisch gereifte Persönlichkeit präsentiert.

Es gibt bei Conrad eine Verbindung der Weiblichkeit mit einer kapitalismuskritischen Haltung auf der Grundlage eines »moralischen Gefühls«, die in *Nostromo* vor allem Emilia Gould verkörpert. Eine reaktionäre

Verklärung der Familie als ursprüngliche Gemeinschaft im Sinne eines romantischen Antikapitalismus der Gegenaufklärung kann man Conrad, bei aller Befangenheit in konventionellen Vorstellungen von Geschlechterdifferenz, sicher nicht vorwerfen. Das bezeugt nicht zuletzt die Rolle der »Familienehre« bei Nostromos tragischem Ende. Bei Emilia Gould wird sowohl das Leiden an der Verhärtung des männlichen Subjekts in der Ehe herausgearbeitet als auch die Marginalisierung des Weiblichen in der Öffentlichkeitssphäre politischer Macht thematisiert. Die Geschlechterverhältnisse führen in Conrads Subjektkritik zu einer ähnlichen Aporie, wie sie in der feministischen Rezeption der Kritischen Theorie vor allem an Horkheimers Begriff des »Mütterlichen« herausgearbeitet wurde, der als Spur auf die Möglichkeit einer nicht auf zweckrationaler Verhärtung und Kälte beruhenden und zur Selbstzerstörung der Vernunft führenden Subjektivität verweisen soll.[55] Indem das weibliche Subjekt gerade durch seinen Ausschluss aus der ökonomischen und politischen Machtsphäre und durch die Festlegung auf eine fürsorgende häuslich-familiale Praxis als weniger verdinglicht und von der kalten Zweck-Mittel-Rationalität bestimmt dargestellt wird, ist zugleich die hierarchische Arbeitsteilung zwischen den Geschlechtern als Grundlage einer anderen, menschenfreundlicheren Subjektkonstitution mitgesetzt. Auf der anderen Seite der Geschlechterdifferenz befindet sich in *Nostromo* der von der kapitalistischen Vergesellschaftung hervorgebrachte »identische, zweckgerichtete, *männliche* Charakter des Menschen«[56] durch Fetischisierung und Verdinglichung in einem »Exil der materiellen Interessen«. Die weiblichen Figuren repräsentieren die schwache Hoffnung auf Rückkehr einer Subjektivität, welche eine freundlichere Einrichtung der Welt auf der Grundlage von Empathie und Mitmenschlichkeit ermöglichen könnte.

Insgesamt zeigt *Nostromo* eine zumindest ambivalente, wenn nicht pessimistische Haltung Conrads gegenüber der Möglichkeit emanzipatorischer Gesellschaftsveränderung. Simpson billigt ihm dennoch zu, dass er die Kriterien einer »sozialistischen Problemnovelle« gemäß einer Definition von Friedrich Engels erfülle, indem er durch eine fiktionale Repräsentation der gesellschaftlichen Bedingungen deren Kritik von innen heraus ermögliche, ohne deshalb notwendigerweise auch eine Lösung präsentieren zu müssen.[57] Der kritische Gehalt seiner Romane lässt sich auch nicht nach seinen expliziten politischen Haltungen beurteilen. Diskursanalytische oder dekonstruktive Verfahren mögen mühelos nachweisen, dass Conrad auch in *Nostromo* indigene Stimmen ausschließt, indem er die indianische Bevölkerung Costaguanas zwar voller Mitgefühl als Objekt von Ausbeutung und Unterdrückung zeigt, ihr aber politischen Subjektstatus verweigert.[58] Doch gerade durch seinen viel gescholtenen »Eurozentrismus« hindurch vermag Conrad darzustellen, wie Europa seine Geschichte den außereuropäischen Gesellschaften als Katastrophengeschichte aufgeherrscht hat und dass die Dialektik dieser Geschichte durch die abstrakte Macht der »materiellen Interessen« vermittelt ist.

Am eindrucksvollsten aber erscheint mir Conrads literarische Dramatisierung eines Prozesses der Verdinglichung und Fetischisierung, der die Subjekte aus sich selbst und ihrer eigenen Geschichte vertreibt. Gerade auf dieser Ebene zeigt sich Conrad als Kapitalismuskritiker seinen linken und antiimperialistischen Kritikern oft überlegen. Conrads pessimistische Absage an positive Geschichtsphilosophie kündigt an, was Adorno über den gut ein halbes Jahrhundert später schreibenden Beckett sagt: »Philosophischen Apologeten mag sein œuvre als anthropologischer Entwurf behagen. Aber es gilt höchst konkreten geschichtlichen Sachverhalten: der Abdankung des Subjekts.«[59]

Ich habe daher eine materialistische und subjektkritische Lesart von *Nostromo* stark gemacht und versucht, Material für meine These vorzustellen, dass in die von Conrad in *Nostromo* entfaltete Subjektkritik auch ein metaphorisch erweiterter Exilbegriff eingeht. In Bildern der Selbst-Vertreibung in einen von abgründiger Ambiguität und Melancholie gekennzeichneten Nicht-Ort geistigen Exils zeichnet sich eine Fluchtlinie in Conrads Romanen ab, die als negativer Erkenntnisakt sicher auch Conrads eigenem Grenzgängertum und den diasporischen Zügen seiner Existenz geschuldet ist. Das verbindet ihn mit den kritischen Theoretikern der Frankfurter Schule. Deren Exilerfahrung allerdings war untrennbar mit dem Grauen von Auschwitz verbunden und musste für das Subjekt weit radikalere Konsequenzen aus der »Selbstzerstörung der Vernunft« ziehen, während bei Conrad noch eine Rückkehr des Subjekts zu jenen »einfachen Gedanken« zwischenmenschlicher Humanität möglich scheint. Aber die »Wahlverwandtschaft«, die ich zwischen Conrad und Adorno und Horkheimer herzustellen versucht habe, will auch nicht auf biographische Gemeinsamkeiten hinaus. Bei der Beschäftigung mit Conrads œuvre frappiert vielmehr, wie sehr dieser die kapitalistische Gesellschaft und den Imperialismus seiner Zeit reflektierende Schriftsteller seine Kulturkritik und seinen Bruch mit dem Fortschrittsoptimismus bereits aus ähnlichem Unbehagen über die Möglichkeit des Versinkens in »eine neue Art von Barbarei« schöpfte wie die Jahrzehnte später schreibenden Urheber der Kritischen Theorie.

Literatur

Achebe, Chinua (1977): An Image of Africa: Racism in Conrad's »Heart of Darkness«. In: Massachusetts Review 18/1977.

Adorno, Theodor W. (1969): Marginalien zu Theorie und Praxis. In: Stichworte. Kritische Modelle 2, Frankfurt/M., S. 169-191.

Adorno, Theodor W. (1973): Zur Dialektik des Engagements, Frankfurt/M. (darin: Engagement, S. 7-30; Standort des Erzählers im zeitgenössischen Roman, S. 129-136).

Adorno, Theodor W. (1985): Minima Moralia. Frankfurt/M.

Adorno, Theodor W. (1986): Die musikalischen Monographien, Frankfurt/M. (darin: Mahler - Eine musikalische Physiognomik).

Bartlett, Andrew (1997): Senor Hirsch as sacrificial victim and the modernism of Conrads »Nostromo«. In: Contagion - Journal of violence, mimesis and culture 4/1997, S. 47-66.

Buch, Hans Christoph (2002): Der widerlichste Beutezug der Geschichte - Eine literarische Spurensuche zu Joseph Conrads Erzählung »Herz der Finsternis«. In: Literaturen, 6/2002, S. 31-35.

Conrad, Joseph (o.J.): A personal Record. Quelle: http://www.pinkmonkey.com/dl/library1/digi493.pdf (PR).

Conrad, Joseph (1962): Lord Jim. Frankfurt (LJ).

Conrad, Joseph (1982): Über mich selbst - Einige Erinnerungen, Vorbemerkung des Autors (von 1919). In: Das Joseph Conrad Buch. Frankfurt, S. 15-21 (ÜMS).

Conrad, Joseph (1983): Nostromo. Berlin (zit. als: N).

Conrad, Joseph (1985): Sieg. Leipzig.

Conrad, Joseph (1989): Die schönsten Erzählungen. Berlin.

Conrad, Joseph (2000): Under Western Eyes. Köln.

Conrad, Joseph (2001): Der Geheimagent - Eine einfache Geschichte. München.

Conrad, Joseph (2001): Notes on Life and Letters, Pennsylvania State University. Electronic Classics Series. Quelle: http://www.hn.psu.edu/faculty/jmanis/josephconrad.htm (NLL).

Conrad, Joseph (2001): Nostromo. A Tale of the Seaboard, Pennsylvania State University, Electronic Classics Series. Quelle: http://www.hn.psu.edu/faculty/jmanis/josephconrad.htm.

Horkheimer, Max / Adorno, Theodor W. (1988): Dialektik der Aufklärung. Frankfurt/M.

Jameson, Frederic (1988): Das politische Unbewußte. Literatur als Symbol sozialen Handelns. Hamburg.

Kreilkamp, Ivan (1997): A Voice Without a Body: The Phonographic Logic of Heart of Darkness. In: Victorian Studies 40/1997 (Nr. 2).

Kronauer, Brigitte (2002): Zweideutigkeit - Essays und Skizzen. Stuttgart (darin: Zwischen Fixstern und Finsternis - Zu Joseph Conrad, S. 95-116; Schützende Gebilde und verbotener Blick - Zu Joseph Conrads Lord Jim, S. 117-125).

Marx, Karl (1974): Das Kapital, Bd. 1, MEW Bd. 23. Berlin.

Marx, Karl (1988): Der achtzehnte Brumaire des Louis Bonaparte. In: MEW Bd. 8, Berlin.

Meyers, Jeffrey (1992): Conrad and the Jews. In: Conradiana 24/1992 (Nr. 1), S. 33-40.

Postone, Moishe (1995): Nationalsozialismus und Antisemitismus. In: Werz, Michael (Hg.): Antisemitismus und Gesellschaft. Frankfurt, S. 29-44.

Postone, Moishe (2003): Zeit, Arbeit und gesellschaftliche Herrschaft - Eine neue Interpretation der kritischen Theorie von Marx. Freiburg.

Reinicke, Helmut (1998): Kryptogramme der Macht - Philosophische Attacken. Freiburg.

Rumpf, Mechthild (1990): »Mystische Aura«. Die Bedeutung des »Mütterlichen« in Max Horkheimers Schriften; Diskussionspapier 4-90, Hamburger Institut für Sozialforschung.

Said, Edward W. (1994): Kultur und Imperialismus. Frankfurt.

Said, Edward W. (1997): Die Welt, der Text, der Kritiker. Frankfurt (darin: Conrad: Die Präsentation des Erzählens, S. 103-131).

Scheit, Gerhard (1999): Verborgener Staat, lebendiges Geld. Freiburg.

Schwarz, Daniel R. (1997): Conrad's Quarrel with Politics in *Nostromo*. In: College English 59/1997 (Nr. 5), S. 548-568.

Simpson, David (1982): Fetishism and Imagination. London.

Stone, Carole / Afzal-Khan, Fawzia (2000): Gender, Race and Narrative Structure: A Reappraisal of Joseph Conrad's »Heart of Darkness«. Quelle: http://chss.montclair.edu/english/furr/pursuits/afzalstone.html.

Walch, Günther (1983): Nachwort. In: Joseph Conrad: Nostromo. Berlin, S. 557-577.

Watts, Cedric (1990): Joseph Conrad: Nostromo. London, New York.

Wiggershaus, Renate (2000): Joseph Conrad. München.

Anmerkungen

1 Said 1994, S. 21f. Am schärfsten hat dies der Literatur-Nobelpreisträger Chinua Achebe formuliert, als er Conrad einen »abgrundtiefen Rassisten« nannte, ihm am Ende seiner Polemik aber auch zugestand, »das Böse der kolonialen Ausbeutung gesehen und verdammt« zu haben. Achebe 1977, vgl. Buch 2002.

2 Etwa Neubewertungen von Conrads Verhältnis zu »Rasse« wie zum »Weiblichen« in *Herz der Finsternis*, vgl. Stone/Afzal-Khan 2000; divergierende Bewertungen von Conrads Verhältnis zu Juden und Antisemitismus erwähnen Bartlett 1997, Meyers 1992.

3 Reinicke 1998, S. 143.

4 Durch diese Verstrickung von Erzählerfigur und dem Mann im »Herzen der Finsternis« wird die Reise den Kongo hinab auch »eine psychische ins innere Ausland, wie Freud das Unbewusste nannte«, merkt zurecht Renate Wiggershaus in ihrer Conrad-Biographie an, Wiggershaus 2000, S. 77.

5 Vgl. Jameson 1988, S. 205ff., Watts 1990, S. 87f.

6 Ebd., S. 221f., Conrad hat selbst seine modernistische Verbundenheit mit dem von der zeitgenössischen Kritik verrissenen, zwischen Impressionismus und Symbolismus angesiedelten Maler Whistler einbekannt, vgl. Watts, a.a.O., S. 51.

7 Kronauer 2002, S. 96f.

8 Vgl. Jameson, a.a.O., S. 234ff., sowie Kreilkamp 1997, der dem Einfluss der Erfindung des Grammophons auf die innovatorische Erzähltechnik Conrads nachspürt und dabei die besondere Sensibilität für das Audiale auf das Beispiel der entkörperlichten Stimme des Mr. Kurtz in *Heart of Darkness* fokussiert.

9 Adorno 1986, S. 297, Conrad selbst hat als musikalische Referenz allerdings eher Wagner angegeben, vgl. Watts, a.a.O.

10 Die Beschreibung der Anarchisten in *Der Geheimagent* als faule, verkommene Wirrköpfe und Bombenwerfer entspricht geradezu bildzeitungshaften Klischees von Terroristen, die russischen Revolutionäre in *Under Western Eyes* werden im Wesentlichen unsympathisch und genauso brutal, herrschsüchtig und korrupt dargestellt wie die Despotie, welche sie hervorgebracht hat. Jameson bezeichnet daher beide Romane auch als »machtvolle konterrevolutionäre Traktate«, die tief von der Dynamik des Ressentiments gekennzeichnet seien, a.a.O., S. 260.

11 »The revolutionary spirit is mighty convenient in this, that it frees one from all scruples as regards ideas. Its hard, absolute optimism is repulsive to my mind by the menace of fanaticism and intolerance it contains.«

12 Stone/Afzal-Khan, a.a.O., zu Gerüchten über einen jüdischen Hintergrund Conrads s. Meyers 1992,

vgl. auch Said 1994, S. 62.

13 Conrad betonte Polens »Übereinstimmung mit den liberalsten Strömungen europäischen Denkens, dem mit seiner (...) Achtung der Rechte des Individuums nichts fremder (ist), als was man unter Literaten Slawonentum nennt« (ÜMS, a.a.O.).

14 Edward Said, Beginnings: Intention and Method, New York 1975, S. 130, zit. nach Schwarz 1997, S. 563. Zahlreiche Novellen und Erzählungen Conrads behandeln diesen Komplex wie etwa die verstörende Tragödie eines in England buchstäblich gestrandeten Emigranten aus den Karpaten in *Amy Foster*, erst recht natürlich seine politischen Romane. *Under Western Eyes* etwa ist eine Geschichte von Selbstrechtfertigung, Treue und Verrat sowie existenzieller Einsamkeit des Protagonisten Razumov, die großteils unter russischen Emigranten im Genfer Exil spielt.

15 Schwarz, a.a.O., S. 550f.

16 In seinen persönlichen Erinnerungen berichtet Conrad über die gescheiterten napoleonischen Hoffnungen dieses Klassensegments anhand eines Großonkels, der sich 1812 dem Russlandfeldzug des »Weltgeistes zu Pferde« (Hegel) angeschlossen hatte und beim katastrophalen Rückzug des geschlagenen Heeres um des Überlebens willen einen Hund essen musste (PR, S. 28ff.).

17 In Erinnerung an die Londoner Weltausstellung heißt es darin: »Die Träume zuversichtlicher Menschenfreunde, die sich im Jahr fünfzig des letzten Jahrhunderts fast bis zur Ekstase steigerten beim bewegenden Anblick des Kristallpalastes - bis zum Bersten vollgestopft mit all dem vielfältigen Müll, den zu produzieren es das bizarre Schicksal der Menschheit zum Wohlergehen einiger weniger Arbeitgeber zu sein scheint - sie verschwanden so schnell wie sie sich erhoben hatten. (...) Eine prompte Ernüchterung überkam die unglaubliche Vernarrtheit, welche ihr Vertrauen auf die friedliche Natur des industriellen und kommerziellen Wettbewerbs gesetzt hatte« (NLL, S. 91, Übers. U.W.).

18 Vgl. Watts, a.a.O., S. 23ff.

19 Zit. nach Wiggershaus, a.a.O., S. 112f.

20 Adorno 1969, S. 179.

21 Vgl. Jameson, a.a.O., S. 265f. Der Bezug zu Conrads eigenem Leben wird u.a. daran deutlich, dass Viola Hochachtung vor den Engländern empfindet, weil der erste Brite, den er kennen lernte, für Garibaldi gekämpft hat - ein Ausdruck von Conrads Wunsch, die Engländer möchten sich der polnischen Sache annehmen?

22 Said 1994, S. 22f.

23 Watts, a.a.O., S. 69.

24 Said 1997, S. 109.

25 Adorno 1973, S. 134.

26 Walch 1983, S. 565, 567f.

27 »Fiction is history, human history, or it is nothing. But it is also more than that; it stands on firmer ground, being based on the reality of forms and the observation of social phenomena, whereas history is based on documents, and the reading of print and handwriting - on second-hand impression. Thus fiction is nearer truth.« Vgl. PR, S. 17: »And what is a novel if not a conviction of our fellow-men's existence strong enough to take upon itself a form of imagined life clearer than reality and whose accumulated verisimilitude of selected episodes puts to shame the pride of documentary history.«

28 Dieser adlige Politiker ist »das Leben und die Seele der Partei« der Ribeiristen: ein *Elder Statesman*, der früher Diplomat an verschiedenen europäischen Höfen war und unter Bento, dem grausamsten Diktator in der Geschichte Costaguanas als politischer Gefangener Furchtbares durchgemacht hat - man könnte das Bento-Regime durchaus als Paraphrase Conrads auf die russische Autokratie sehen und Don Jose Avellanos als eine Figur wie den Prinzen Roman aus Conrads einziger polnisch-»patriotischer« Novelle oder dessen reale Vorbilder aus Conrads Familie.

29 Conrad hat selbst das Silber als »Scharnier der moralischen und materiellen Ereignisse« bezeichnet und angedeutet, dass der Titel des ersten Teils besser seine Intentionen trifft als der von ihm eigentlich gar nicht vorgesehene »Nostromo«, nach Watts, a.a.O., S. 97.

30 A.a.O., S. 568.

31 Jameson, a.a.O., S. 262, 265f. Der Leser werde außerdem eingeladen, die »positiven Figuren unter den Einheimischen mit der aristokratischen (Blanco-)Partei und diejenige der bösartigen Monteros mit den Mestizen« zu identifizieren. Dem widerspricht jedoch, dass der auf der Blanco-Seite kämpfende General Barrios als Säufer dargestellt und im übrigen von *europäischen* Romanfiguren wie Martin Decoud mit rassistisch gefärbten Ausdrücken wie »prahlerischer Indio« belegt wird. Zudem gibt es auch positive widerständige Figuren unter den Einheimischen, wie den Räuber Hernandez mit seiner Bande: ein klassischer bäuerlicher Sozialrebell aus verlorener Ehre, der allerdings samt seiner Truppe von der Partei der materiellen Interessen in Sulaco einfach eingekauft wird.

32 Ebd., S. 262; in der deutschen Ausgabe von Jameson ist das Zitat aus dem engl. Original von Nostromo, »imperial rule« (S. 346) etwas unglücklich mit »imperialistische Herrschaft« übersetzt.

33 Marx 1988, S. 206, vgl. auch S. 231 für de Morny.

34 Vgl. Schwarz, a.a.O., S. 559: »The self-controlled and repressed Gould may at first glance seem Kurtz's opposite, but Gould's subordination of ends to means is a repressed and respectable version of Kurtz's reversion to savagery. Both are imperialists who espouse the highest ideals, but their

actions undermine the stability and morality of the indigenous culture that they expect to civilize. Yet Conrad is grimly sympathetic to Gould, while he regards Kurtz as a man who lacks ›restraint in the gratification of his various lusts‹.«

35 Postone 2003, S. 282.

36 Schwarz, a.a.O., S. 558. Vgl. auch Watts, a.a.O., S. 85.

37 Vgl. Said 1997, S. 130.

38 Vgl. Walch, a.a.O., S. 576, Watts, a.a.O., S. 80.

39 Simpson 1982, S. 101.

40 »Diese Dinge, Gold und Silber, wie sie aus den Eingeweiden der Erde herauskommen, sind zugleich die unmittelbare Inkarnation aller menschlichen Arbeit. Daher die Magie des Geldes. Das bloß atomistische Verhalten der Menschen in ihrem gesellschaftlichen Produktionsprozess und daher die von ihrer Kontrolle und ihrem bewußten individuellen Tun unabhängige, sachliche Gestalt ihrer eignen Produktionsverhältnisse erscheinen zunächst darin, dass ihre Arbeitsprodukte allgemein die Warenform annehmen« (Marx 1974, S. 107f.). Vgl. Simpson a.a.O., S. 100, Fn. 3, der dieselbe Passage aus dem *Kapital* als Kommentar auf die Reflektionen Mrs. Goulds zitiert.

41 Jameson, a.a.O., S. 268, vgl. dagegen Schwarz a.a.O., S. 564, S. 566f., der das Argument stark macht, dass Conrad nicht zuletzt aufgrund seiner eigenen Biographie Familienwerte und die Suche nach individuellen Bindungen den verdinglichenden Kräften der Abstraktion Geschichte und der entfremdenden Sphäre von Politik und Staat entgegensetzt.

42 Ebd., S. 269.

43 S. 492, im englischen Original »with scornful eyes« (S. 424) ist in der mir vorliegenden deutschen Ausgabe »mit spöttischem Blick« übersetzt, mir erscheint das auch in anderen deutschen Übersetzungen verwendete »verächtlich« angemessener, vgl. Jameson, a.a.O., S. 267.

44 Zur literarisch-dramatischen Funktion des »Opferlamms« vgl. Bartlett 1997.

45 Vgl. Scheit 1999, Postone 1995.

46 Vgl. Horkheimer/Adorno 1988, S. 180: »Die antisemitische Verhaltensweise wird in den Situationen ausgelöst, in denen verblendete, der Subjektivität beraubte Menschen als Subjekte losgelassen werden.«

47 Watts, a.a.O., S. 87.

48 Vgl. Scheit a.a.O., S. 62f.

49 So übereinstimmend Bartlett, a.a.O., S. 61ff., und Watts, a.a.O.

50 Simpson, a.a.O., S. 448.

51 Engl. S. 259f.

52 Schwarz, a.a.O., S. 561.

53 Jameson, a.a.O., S. 264.

54 Vgl. Watts, a.a.O., S. 82, 95 zu widersprüchlichen Interpretationen von Conrads Gebrauch zirkulärer Elemente bei der Darstellung der historischen Abläufe in Nostromo.

55 Vgl. Rumpf 1990; auch bei Adorno ist dieser Gedanke präsent, wenn er etwa im Zusammenhang mit dem im Faschismus diagnostizierten »Ende der (bürgerlichen) Familie« über die mit dieser falschen Aufhebung verbundene »Lähmung« der von ihm auch in der Familie verorteten »Gegenkräfte« schreibt: »im Bürger liquidiert sie zugleich die Utopie, die einmal von der Liebe der Mutter zehrte« (1985, S. 17). Zu Spuren einer »weiblich« konnotierten Fürsorgeethik und Elementen »weiblichen Schreibens« in Conrads »Herz der Finsternis« vgl. Stone/Afzal-Khan 2000.

56 Horkheimer/Adorno, a.a.O., S. 40.

57 Simpson, a.a.O., S. 114.

58 Vgl. dazu Said 1994, S. 21ff.

59 Adorno 1973, S. 24.

Encarnación Gutiérrez Rodríguez

Ort des Widerstands oder Überlebensstrategie?

Zur Paradoxie emanzipativer Politik von Subjekten in der Diaspora

> »The diaspora space is the site where the native is as much diasporian as the diasporian is the native.«
> Avtar Brah: The scent of memory: strangers, our own and Other, 2000

Es gehört zur Zeit zu den Imaginationen linker Theorie, Flucht und Migration, d.h. den Exodus von Menschen als die Praxis des ungezügelten und unkontrollierbaren Widerstands der Multitude zu interpretieren (vgl. Hardt / Negri 2000: 212 ff.). Mit dieser Betrachtungsweise wird die soziale und subjektive Dimension der Migration im Sinne der »Autonomie der Migration« betont (vgl. Mezzadra / Neilson 2003), so wie es die kritische und feministische Migrationsforschung seit den 70er Jahren getan hat. Die Aussage, dass die strukturellen Bedingungen von Migrationsregimen nicht allein die Praxisfelder der Akteure abbilden, die multipel sind und sich in einer rhizomatischen Dynamik von politischen, sozialen, kulturellen und religiösen Netzwerken, Kommunikationsstrukturen und Praktiken ausbilden, gehört zum Grundverständnis jeglicher migrantischer Selbstorganisierung in der Diaspora. Denn das Feld der Migration ist von einem immanenten Widerspruch zwischen dem Versprechen eines »guten Lebens« und dem Dasein eines »nackten Lebens« geprägt, auf deren Grundlage die strukturelle Notwendigkeit nach transgressiven und subversiven (Über-) Lebensstrategien erwächst. Je nach legalem Status sind Subalterne im Kontext von Flucht, Exil und Migration mit unterschiedlichen Mechanismen und Praktiken der Ausbeutung und der Diskriminierung konfrontiert, die nicht nur in restriktiven Polizeikontrollen, unmenschlichen Arbeitsbedingungen und rechtlicher Entmündigung Ausdruck finden. Neben diesen Mechanismen struktureller Gewalt stellt sich die Position der Subalternität durch die Vereinnahmung, Marginalisierung und Unsichtbarmachung subalterner Praktiken her. Ein dominanter gesellschaftlicher Konsens wird so hergestellt, der nicht allein von den politischen und kulturellen Eliten getragen wird, sondern auch von weiten Teilen der Zivilgesellschaft.[1]

Demnach haben die sozialen Kämpfe in der Diaspora und der Migration nicht nur die Aneignung von ökonomischen und sozialen Netzwerken zum Ziel. Ihr Widerstand setzt einen kontinuierlichen Akt der Wi(e)der-Sprache auf den Ebenen der Repräsentation, der Performativität und der Intelligibilität voraus.

Über Diaspora zu sprechen heißt demnach, Wissenstraditionen und Praktiken aufzuspüren, die in der offiziellen Theoriebildung nicht bemerkt, gesehen oder benannt werden. In diesem Sinne werden wir hier Diaspora in Anschluss an Paul Gilroy als »heuristisches Projekt« (1993) thematisieren. Dieses Projekt verfolgt die australisch-aborigene Schriftstellerin Doris Pilkington-Nugi Garimara[2] in ihrem Roman *Follow the rabbit-proof fence* (1996). Pilkington-Garimara erzählt die Flucht ihrer Mutter (Daisy) und ihrer Tanten (Molly und Gracie) - Mitglieder der Nyungar - in den 1930er Jahren aus dem *Moore River Native Settlement*[3]. Dieses Umerziehungsheim wurde speziell für Kinder eingerichtet, deren Mütter *aboriginal* und deren Väter weiße Wanderarbeiter waren. Die Väter arbeiteten beim Bau des Kaninchentrennzaunes *No. 1 Rabbit Proof Fence*, der vom Nordwesten bis zum Südwesten des australischen Kontinents reichte. Ein Zaun, der die zur Plage gewordenen Kaninchen vom Ackerland fern halten sollte, zugleich jedoch ein Ausdruck der kolonialen Partialisierung Australiens war.[4]

Auf der Oberfläche scheint der Roman an einem kulturdifferentiellen Diskurs von Herkunft, Ursprung und Ethnizität anzuknüpfen, indem er die Naturverbundenheit der Nyungar als deren Wesensmerkmal darstellt. Ein romantisierender, ahistorischer und dekontextualisierter Blick auf indigene Lebens- und Wissenspraktiken wird eingenommen, der auch in überzogener Form in der Verfilmung von Phillip Noyce (2002) im Auftrag von Miramax Eingang findet.[5] Erst bei der Demontierung dieses Blickes entdecken wir die unterschiedlichen Darstellungsschichten, die auf eine »contra-punctual-perspective« der Autorin verweisen, eine Perspektive, die von zwei Polen aus blickt, dem der hegemonialen und dem der subalternen Darstellungen. Pilkington-Garimara scheint auf der Grundlage eines »doppelten Bewusstseins« nach Paul Gilroy die Geschichte ihrer Vorfahren im Spannungsverhältnis von Tradition und Moderne zu rekonstruieren. Dieses Bewusstsein kreiert sich auf der Basis der paradoxen Situation einer »inside outsider«. Pilkington-Garimara erfährt durch die rassistische Segregationspolitik der australischen Gesellschaft einen Ausschluss, obwohl sie zugleich in ihr eingeschlossen ist. Sie wächst mit dem Wissen um die hegemoniale Logik und die subalternen Wissensproduktionen auf. Beide Logiken gestalten ihren Alltag und Umgang mit ihrer Umwelt. Aus dieser Position heraus nimmt sie die Funktion einer Übersetzerin ein, die um die Differenz eines anderen Wissens als das vorherrschende weiß. Eine Position, die dem Leben in der Diaspora immanent ist. Aus dieser Position heraus thematisiert Pilkington-Garimara Fragen nach der Zugehörigkeit und dem Ort des Seins.

Die Auseinandersetzung mit diesem Roman versetzt uns in die Zeit der industriellen Kolonisierung Australiens. Der Roman *Follow the rabbit-proof fence* konfrontiert uns mit zwei Aspekten: dem der Erinnerung oder der Phantasmagorie der Zugehörigkeit, die in der Fixierung eines Herkunftsortes - in dem Wunsch nach Immobilität - Ausdruck findet; und dem der Gegenwart, Effekt der Mobilität, in der sich die Spuren einer Ursprungsgenealogie verwischen.

Diaspora - Das Paradox der Mobilität und Immobilität

Über Diaspora zu sprechen heißt heute, über Translokalität zu sprechen. Im Rahmen transnationaler Migrationsstudien bildet der Bezug auf Diaspora ein zentrales Moment. Konkret verweist Diaspora auf die Verschiebung beziehungsweise Auflösung des Korrelats zwischen territorialem Nationalstaat und Nationalgemeinschaft. Die Korrespondenz zwischen nationalen Grenzen und der originär in diesen Grenzen lebenden Bevölkerung wird historisch und durch politische sowie geografische Ereignisse in Frage gestellt. Diaspora markiert den Bruch mit einer Identitätslogik, die sich in dem Kontinuum Nation-Volk-Ursprung als hermetisch homogen identisches Ganzes ereignet. Das Konzept der Diaspora umschreibt die Geschichte der Wanderungen, der Bewegungen, der Auflösung materieller Eingrenzungen und der Zerstreuung von sprachlichen, kulturellen und religiösen Gemeinschaften. Gemeinschaften, die trotz der geografischen Zerstreuung ein sentimentales und intellektuelles Band mittels Erinnerungen an ein gemeinsames Leid aufbauen. Es entsteht so eine »diasporische Gemeinschaft«, die das Phantasma des Ursprungs zum faktischen Herkunftsort deklariert. Eine Verortung, die sich parallel auf zwei Ebenen bewegt, der der Faktizität des Daseins und der Virtualität der Erinnerung. In der Diaspora entsteht so ein Ort der Zugehörigkeit, der durch eine »erzwungene« Mobilität produziert wird, der in seinem Kern jedoch eine »sentimentale Gemeinschaft« als Identitätsfigur - als Fetisch (vgl. Tate 2003) - hervorbringt. Eine Gemeinschaft, die als Fetisch das Begehren der Subjekte in der Diaspora transportiert. Demnach setzt das Leben in der Diaspora einen Ort des Ursprungs oder der Herkunft voraus, der auf einen Moment des Stillstands und der Fixierung, d. h. der Immobilität verweist. Zugleich befinden sich die Subjekte in der Diaspora jedoch in der Bewegung bzw. Mobilität und der Überlappung zugleich heterogener Raum- und Zeitbezüge. Die Diaspora wird somit zu einem Paradox, das zwei sich widersprechende Momente als parallele Zustände des Seins benennt, den der Bewegung, des Flusses (Migration, Flucht, Exil) und den des Stillstands (Ursprung).

Etymologisch ist Diaspora auf das Griechische »diasperien« zurückzuführen. Das Präfix »dia« steht für durchqueren und »sperien« für Streuung. Das Wort tauchte zuerst im 3. Jahrhundert v. Chr. in der griechischen Übersetzung des *Septuaginta* auf, einer hebräischen Schrift, in der die Vertreibung der hellenisch jüdischen Bevölkerung aus Palästina geschildert wird (Braziel / Mannur 2003). In diesem Zusammenhang konnotiert Diaspora die kollektive Vertreibung einer religiösen Gemeinschaft aus ihrem ehemaligen territorialen Gebiet und die daraus resultierende Zerstreuung in neue Länder und Staaten. Die kollektive Erinnerung an dieses historische Ereignis, durch das die »diasporische Gemeinschaft« als solche geschaffen wird, bildet den identitären Bezugspunkt der »zerstreuten« Gemeinschaft. In diesem semantischen Zusammenhang steht auch die Herausbildung einer »afrikanischen Diaspora«, die ihren Ausgangspunkt 1502 in dem von den spanischen Königen Elisabeth und Ferdinand eingeführten Sklavenhandel[6] von Afrika in die Karibik hat. Entlang der »Middle Passage«,[7] der Sklavenroute, die von Westafrika über die Karibik nach Amerika führte, bildeten sich unterschiedliche schwarz-westafrikanische Gemeinschaften in der Diaspora. Nach Beendung der Sklaverei Mitte des 19. Jahrhunderts setzte eine durch Rassismus und

Kolonialismus erzwungene Migration von Mitgliedern der schwarz-westafrikanischen Diaspora ein, die von Süd- nach Nordamerika oder nach Europa ging. Stuart Hall spricht in diesem Zusammenhang von einer »zweiten Diasporisierung« in der Migration oder im Exil (Hall 2003: 187).

Beide Beispiele, die jüdische und die schwarz-westafrikanische Diaspora, verweisen auf Spuren europäischer Geschichte, die des Antisemitismus, des Kolonialismus und der Sklaverei. In diesem Sinne deutet dieses Phänomen auf Momente struktureller Gewalt hin, die bis heute zu spüren sind und mittels aktueller Grenz- und Migrationsregime reaktiviert werden. Zugleich konnotiert der Verweis auf Diaspora die kollektive Erinnerungsarbeit und subjektive Erfahrung des Leids, der Verfolgung und der Stigmatisierung. Dem Leben in der Diaspora ist die archäologische Rekonstruktionsarbeit von Erinnerungen in der Brüchigkeit der Gegenwart immanent.

Im Fluss der Dialektik der Vergangenheit in der Gegenwart graben und erfinden auf performative Weise die Subjekte in der Diaspora die Stränge ihres Daseins. Mittels Erzählungen, Ritualen, Musik und anderen kreativen Tätigkeiten wird eine Sprache für eine Präsenz und historische Genealogie artikuliert, die im offiziellen Text der Repräsentationen nicht vorzufinden ist. In einigen Fällen transportieren diese Artikulationsformen mysogene, patriarchale, nationalchauvinistische und homophobe Inhalte. Auf institutioneller Ebene übersetzt sich dies in restriktive und reaktionäre Politiken, die sich gegen alle diejenigen richten, die den Normen und Wertmaßstäben der Gemeinschaft nicht entsprechen. Die Gemeinschaft in der Diaspora wird so zum Korsett. Die Artikulationen »diasporischer Gemeinschaften« hängen von aktuellen politischen Ereignissen, aber auch vom sozialen Kräfteverhältnis und von den Mitteln ab, mit denen sich die Akteure an ihre Geschichte erinnern. Die durch den Prozess der Diaspora eingeleitete Vielschichtigkeit von kollektiven Erfahrungen an unterschiedlichen Orten und durch multiple Praktiken wird auf eine gleichlautende Erzählung von Volk und Ort und auf eine national, ethnisch oder religiös homogene Identität reduziert. Diaspora wird in diesem Zusammenhang zu einem problematischen Kontext, der durch ein essentialistisches Verständnis von Ethnizität und Kultur getragen wird. Der mythologisierenden Betrachtung der Diaspora steht aber auch eine historisch und gesellschaftskritisch motivierte Haltung gegenüber, die die Entstehung einer Gemeinschaft in der Diaspora als Folge von Kolonialismus, Antisemitismus und Rassismus versteht.

Als zeit-räumliches Paradigma für die historische, geografische und politische Kontextualisierung von globalen gesellschaftlichen Entwicklungen konnotiert das Konzept der Diaspora ein rhizomatisches, »intergalaktisches« Verständnis von Örtlichkeit. Zusammenfassend können wir festhalten, dass beide Herangehensweisen, die mythologische und die historisch-gesellschaftskritische, die Frage der Verortung und der Identität in der Diaspora zum Gegenstand haben. Es gilt somit, den Begriff der Diaspora in seinen Ambivalenzen als Ort des Exils, der Vertreibung und des (Über-) Lebens - als Ort translokaler Praktiken - aber auch als Ort der subtilen Artikulation einer regressiven Ursprungsnostalgie aufzuspüren. Denn erst in der Diaspora scheinen Verortungsmöglichkeiten benennbar, die sich jenseits einer binären Logik des Eigenen und des Fremden bewegen. Diaspora fungiert so als Figur einer transversalen Bewegung, die »deterritorialisierte« oder »translokale« kollektive Existenzweisen thematisiert, die jedoch das Prinzip der Erinnerung nicht aufgibt. Eine Erinnerung, die ein soziales Gedächtnis der Erfahrung des Leids und der gelebten Stigmatisierung befördert. Für die Subjekte in der Diaspora begründet dieses simultane Dasein - entlang der Linien der Erinnerungen und des Gelebten - einen heuristischen Standpunkt.

Diaspora als heuristisches Projekt

Paul Gilroy diskutiert in seinem Werk *The Black Atlantic* (1993) das Konzept der Diaspora als heuristisches Projekt, das sich auf der Basis eines »doppelten Bewusstseins« (»double consciousness«) ausbildet. Das »doppelte Bewusstsein« verweist auf zwei Abstraktionsebenen im Projekt der Moderne, die von Intellektuellen in der Diaspora simultan eingenommen werden, die der Wurzeln (»roots«) und die der Wege (»routes«) (vgl. Gilroy 1993: 80). Dabei bezeichnen die Wurzeln die Spuren eines historischen und sozialen Gedächtnisses, während die Wege die unterschiedlichen temporalen und räumlichen Pfade benennen, in denen die Spuren einer Gemeinschaft oder eines Subjektes in der Diaspora in Bewegung gehalten und transformiert werden.
Die Thematisierung der Wechselbeziehung zwischen Wurzeln und Wegen einerseits und zwischen Tradition und Moderne andererseits ist konstitutiv für die Ausbildung eines »doppelten Bewusstseins« in der Diaspora. Dieses Bewusstsein erwächst aus der Konfrontation der hegemonialen Diskurse der Moderne mit der Erfahrung der Gewalt und des Leids als

Folge des Kolonialismus und der Sklaverei. Konkret arbeitet Gilroy die Figur des »doppelten Bewusstseins« am Beispiel des Standortes von Schwarzen Intellektuellen in der Moderne aus. Intellektuelle, die auf der einen Seite das Projekt der Aufklärung als Projekt der Freiheit, der Säkularisierung, der Solidarität und der Gerechtigkeit mitgetragen haben, auf der anderen Seite jedoch feststellen mussten, dass sie mit diesem Projekt nicht gemeint waren. Während die BürgerInnenrechte als Errungenschaft der Moderne zelebriert wurden, sahen sie sich weiterhin mit den Praktiken der Sklaverei und der Verknechtung konfrontiert. Sie waren als BürgerInnen nicht vorgesehen und blieben aus dem Konzept der Unversehrtheit der Würde eines Menschen ausgeschlossen. Als Intellektuelle waren sie aber aktiv an der Ausgestaltung der Aufklärung beteiligt. Es ist diese Situation, in der sich die paradoxe Position eines »Außenstehenden im Innern«, eines »insider outsiders« ausbildet. In dieser Position konfiguriert sich das »doppelte Bewusstsein« als ein Wissen um die Kehrseite der Moderne, aber auch als Perspektive, die jenseits des vorgegebenen Textes der Repräsentation schaut und die verschütteten Schichten anderer Existenz- und Denkweisen in ihm ausgräbt. Es sind Denklinien, die parallel zu einem modernen Emanzipationskonzept ausgegraben werden, und die zusammen zumindest zwei Blickwinkel ausmachen, von denen aus auf die Welt geschaut wird. Es ist ein Bewusstsein, das in der Konfrontation zwischen hegemonialem und subalternem Wissen entsteht. Unter diesem Vorzeichen diskutiert Gilroy am Beispiel der Schwarzen Intellektuellen DuBois, Douglass und Wright das Konzept des »doppelten Bewusstseins« von der Moderne als Ausdruck einer Aporie (vgl. Gilroy 1993: 80). Denn hinter dem Antlitz der Aufklärung, der Zelebrierung des »guten bürgerlichen Lebens«, birgt die europäische Moderne die Vernichtung und Verknechtung des Lebens. Tod und Leben bilden zwei Seiten des einen und gleichen Projektes der Moderne. Die Auseinandersetzung mit Tod, Vernichtung, Verlust, Exil und Trauer in der »afrikanischen Diaspora« hat eine spezifische theoretische Tradition hervorgebracht, die ein binäres Denken in Dichotomien verwirft. Das »doppelte Bewusstsein« ist Ausdruck eines Bewusstseins, das nicht im Rahmen einer identitären Anerkennungslogik im Sinne der Hegel'schen Aufhebung verfährt. Das »doppelte Bewusstsein« vereint Gegensätzliches in sich als aporetische Differenzen. So stellt der Bezug auf Tradition in der Moderne im Kontext der »schwarzen westafrikanischen« Diaspora für Gilroy keinen Gegensatz dar, sondern vielmehr steht Tradition für »a non-traditional tradition, an irreducibly moderne, ex-centric, unstable, and asymmetrical cultural ensemble that cannot be apprehended through the manichean logic of binary coding.« (Gilroy 1993: 196). Vor diesem Hintergrund entsteht bei Gilroy das Konzept des »Black Atlantic« als politisches Netzwerk der Diaspora: »The specificity of the modern political and cultural formation I want to call the Black Atlantic can be defined, on one level, through (a) desire to transcend both the structures of the nation state and the constraints of ethnicity and national particularity. These desires are relevant to understanding political organizing and cultural criticism. They have always sat uneasily alongside the strategic choices forced on black movements and individuals embedded in national and political cultures and nation-states in America, the Caribbean, and Europe.« (19) Auch Pilkington-Garimaras Roman *Follow the rabbit-proof fence* entsteht im Kontext eines kreativen Umgangs mit der Erfahrung der Diaspora. Pilkington-Garimara geht von »Wurzeln« (»roots«) aus, um von Wegen (routes) zu erzählen.

Kolonialismus und der Mythos des Ortes: *Rabbit Proof Fence*

Der Roman *Follow the rabbit-proof fence* von Pilkington-Garimara erzählt die Geschichte ihrer Mutter Molly und ihrer Tanten Daisy Craig und Gracie Fields, die sie 1995 im Alter von sechzig bis siebzig Jahren interviewte. Pilkington-Garimara schildert wie ihre damals 14-jährige Mutter zusammen mit ihrer damals 10-jährigen Cousine Gracie und 8-jährigen Schwester Daisy aus dem *Moore River Native Settlement* flüchten. Ein Reservat, das im Rahmen des 1885 eingeführten »Allgemeinen Kinderfürsorgegesetzes« (»*General Child Welfare*«) mit dem Ziel eingerichtet wurde, Kinder von aborigenen Müttern und weißen Vätern zu »verweißlichen«. Dahinter verbarg sich ein biologisch kulturdifferentieller Rassismusdiskurs, der von einer »rassischen Aufwertung« von aborigenen-weißen Kindern ausging, wenn sie in einem rein weißen Umfeld aufwuchsen. Eine weitere Vermischung mit der aborigenen Kultur und demzufolge ihrer Deprivation, so wurde angenommen, sollte so verhindert werden. Zugleich wurden diese Kinder nicht als gleichwertige Mitglieder der weißen Gesellschaft anerkannt und bekamen nach »erfolgreichem« Durchlauf des Umerziehungsheimes eine Anstellung als »Dienstmädchen« bei einer weißen Familie. Die Kinder, die diesen »Raub« erlitten, gingen in die australische Geschichte als die Generation der »stolen children«[8] ein.

Molly, Daisy und Gracie sind aufgrund ihres weiß-aboriginen Hintergrunds Gegenstand dieser Assimilationsprogramme. Sie nehmen eine dritte Kategorie im rassistischen Klassifikationssystem ein und sind spezifischen Unterwerfungstechniken ausgesetzt.

Pilkington-Garimaras Mutter Molly und ihre Tante Daisy beziehen sich auf ihre verstorbene Cousine Gracie mit den Worten »the sister we lose'em Geraldton« oder »your Aunty«. »Geraldton« ist der Ort, an dem sich während der Flucht Gracie[9] von Molly und Daisy trennte. Bereits bei der Erwähnung dieses Geschehens macht die Autorin auf ihre Position als Übersetzerin aufmerksam, indem sie darauf hinweist, dass die Namen der Toten in traditionellen aborigenen Gemeinschaften nicht genannt werden. Deutlich wird dies auch in ihrem Versuch, uns eine lineare Geschichte, d.h. einen chronologischen Ablauf der Ereignisse, vorzustellen. Sie schreibt: »Number, dates, in fact mathematics of any kind, have littler or no relevance in our traditional Aboriginal society. (...) Seasonal time and not numbers is important in recounting this journey. Consitent with Aboriginal storytelling style, seasonal time and the features of the natural environment are more important to recounting this journey than are the western notions of time and distance. I have though worked to synthesise these different forms of knowledge to give readers the fullest insight into this historic journey« (13).

Pilkington-Garimara nimmt die Position einer Übersetzerin ein, indem sie im Sinne Edward Saids ein Lesen in Gegensätzen (»a contra-punctual reading«) unternimmt. Ein Lesen, das aus dem Wissen über die subalterne und die Mainstream-Kultur erwächst sowie aus ihrer Position einer »inside outsider«. In Anlehnung an Gilroy könnten wir Pilkington-Garimaras Roman auf der Basis eines »doppelten Bewusstsein« lesen, eines Bewusstseins, das zumindest aus zwei unterschiedlichen geografischen und historischen Perspektiven erwächst. Die Einnahme dieser Perspektive beinhaltet konkret für die Autorin die Rekonstruktion der Erzählung mittels der Einbeziehung unterschiedlicher Medien wie die der oralen Erzähltradition, geografischer Landkarten und kolonialer Archive. Dazu Pilkington-Garimara: »This journey took place when there were no highway or sealed roads criss-crossing the continent, only gravel roads or more often, dirt tracks and trails made by carts, sulkies and light, early model cars. The girls avoided these routes such as Sandstone. Walking along the tracks and trails, the girls knew that they would have been to exposed to the white population and their whereabouts would have been immediately reported to the local police« (14).

Der Roman *Follow the rabbit-proof fence* schildert die Flucht von Molly, Daisy und Gracie, die trotz des Protestes ihrer Familie 1931 an das *Moore River Native Settlement* im Norden von Perth verschleppt wurden. Die Erzählung ist in zwei Teile aufgebaut. Im ersten Teil werden wir, die LeserInnen, in die koloniale Geschichte, wie sie die Gemeinschaft der Nyungar erfahren hat, eingeführt. Der zweite Teil schildert die Flucht der Mädchen. Der ersten Teil handelt von der ersten grausamen Begegnungen mit den weißen Siedlern, die von der britischen Krone die Erlaubnis bekommen hatten, das Land unbegrenzt zu kolonialisieren, gefolgt von der ersten systematischen Besiedlung der Europäer um 1829. Die Siedler zerstörten den Grund und Boden sowie die basalen Nahrungsmittel der Nyungar. So beschweren sich zwei Nyungars, Bilgup und Meedo, bei ihrem Ratsältesten, Yellagonga:

> »›We can't go down along our hunting trails‹, Bilgup told him. ›They are blocked by fences.‹«
> »›And when we climbed over the fence, one of those men pointed one of those things - guns - at us and threatened to shoot us if we went in there again‹, said an irritated Meedo« (14).

Bilgup und Meedo waren auch eine der ersten *Aboriginal people*, die unter englischer Rechtsprechung wegen des Diebstahls von Schafen verurteilt wurden.

Die Besiedlung des Landes durch die weißen Siedler bedeutete für die aborigene Bevölkerung ihre »Diasporisierung«. Dies geht mit der Vernichtung ihres Lebenszusammenhangs, aber auch mit einer notwendigen Neuerfindung von Praktiken einher, die durch die Verschleppung und Vertreibung der Mardu - zu denen auch die Gruppe der Nyungar zählen, die zu einer der Gemeinschaften der Mardudjaras gehörten - vom Nordosten in den Südwesten verursacht wurde. Die weißen Siedler teilten das Land in Parzellen auf. Jigalong, Geburtsort der drei Mädchen, ist ein Ergebnis der kolonialen Partialisierung. Es wurde 1907 als staatliche Einheit (government depot) gegründet und ein Funktionär des Staates mit der Leitung des »depot« und der Betreuung der *Aboriginal people* (Protector of the Aborigines) beauftragt. Der Staat intervenierte in den Alltag der Einwohner, indem er Essensrationen, Kleidung und Tabak verteilte. Das Nomadenvolk der Madus wurde so zu Halb-Nomaden. Zusammen mit den weißen Siedlern arbeiteten einige von ihnen an der Befestigung des Trennzaunes *No. 1 Rabbit Proof Fence*, der die Kaninchen vom Ackerland fernhalten sollte.

Streckenweise rekurriert die Erzählung auf Elemente eines Diskurses des Ursprungs und der Tradition, der unvermeidlich das Stereotyp des von der westlichen Zivilisation »unberührten Wilden beziehungsweisen Indigenen« aufleben lässt. Ein Stereotyp, das jedoch durch den Bezug der Mädchen zum Kaninchentrennzaun gebrochen wird. Die Frage, die die ProtagonistInnen aufwerfen, ist, wie mit der gewaltvollen Zerstörung des eigenen Lebenszusammenhangs umzugehen, wie sich der Kolonisierung im Sinne der erzwungenen Assimilierung zu widersetzen sei. Der Kaninchentrennzaun fungiert als Metapher für die Partialisierung des Landes, der Kontrolle und der Einschränkung der Bewegungsfreiheit der *Aboriginal people*, aber auch der Industrialisierung. Denn er konnotiert eine neue Produktionsweise. So arbeiten die meisten Aborigenen zusammen mit den weißen Siedlern am Bau des Zaunes. Der Kaninchentrennzaun - das Symbol des Fortschritts der modernen weißen Zivilisation - wird auch von den Mädchen als Zeichen der weißen Administration gelesen. Ein Symbol, das für die Trennung des Landes, aber auch zwischen Aborigenen und weißen Siedlern steht. Der Trennzaun besetzt den Zwischenraum, der an den Rissen des Versuchs zu trennen entsteht. An diesen Rissen entlang marschieren die Mädchen nach Hause. Entlang des Zauns entdecken sie die Schlupflöcher und machen sich die Unachtsamkeiten der weißen Siedler zu Nutze, um ihren Weg nach Hause zu gehen. Metaphorisch betrachtet unterminiert ihre Flucht, die sie entlang des Trennzaunes begehen, den Versuch der Kontrolle und der Unterwerfung ihrer Existenzen durch die weißen Kolonisatoren. Der Trennzaun wird zum Orientierungspfad. Er wird zum Orientierungszeichen auf der Suche nach ihrem Weg in einer Landschaft, deren Zeichen sie nur zum Teil kennen. Die Mädchen haben durch ihre Sozialisation gelernt, die Stimmen der Vögel zu unterscheiden, das Wetter zu deuten und die Bewegungen der Pflanzen zu verstehen. Es sind diese tradierten Wissenselemente, die sie mit den neuen Wissenstechniken - des Trennzauns und der weißen Siedler, denen sie auf ihrer Flucht begegnen - zusammenbringen. Dies zusammen stellt eine Landkarte von Verweisen und Hinweisen dar, an denen entlang sie ihren Weg zurück nach Jigalong rekonstruieren. »Roots« und »routes« gehen hier zusammen und bilden ein neues Feld der Praxis, in dem traditionelle Wissenselemente transformiert werden.

Auch die Begegnung der weißen Siedler mit den Mardu ereignet sich am Kaninchentrennzaun. Es ist also eine Begegnung, die durch das Zeichen der Trennung strukturiert und markiert ist. Auch Molly, Pilkington-Garimaras Mutter, lernt ihren Vater hier kennen. Mollys Kindheit im

Reservat wird als schwierig geschildert, da sie das erste Kind mit einem »weiß-aborigenen« Hintergrund ist. Sie wird oft gehänselt und ausgegrenzt. Bald findet aber Molly in ihrer Schwester Daisy Unterstützung und die Kinder am Ort gewöhnen sich an die Mädchen. Das Leben am und durch den Kaninchentrennzaun stellt sich als schwierig dar. Es ist dies, was Stuart Hall als »erzwungene Kreolisierung« beschreibt, eine Kreolisierung, die sich durch den Kolonialismus ereignet, sich auf individueller Ebene jedoch in vielseitigen Dynamiken des Begehrens und des Widerstands äußert.

Molly, Daisy und Gracie sind »Kinder des Kaninchentrennzauns«. Sie symbolisieren den Bruch mit der Segregation und zugleich ihre erneute Perpetuierung und Kontrolle durch die weißen Kolonisatoren. Ihr Dasein verweist auf den permanenten Widerspruch und auf die Paradoxie der rassistischen Kolonisierung Australiens. Die Kolonisatoren annektieren ein Land, setzen ihre Zäune mitten durch die aborigenen Gemeinschaften, verweigern jedoch jede Interaktion mit ihnen, können diese aber nicht bis ins Einzelne kontrollieren. Die Mädchen durchbrechen den Trennzaun, indem sie ihn für ihre Zwecke umfunktionalisieren. Sie durchstreifen und besetzen mit ihrem Wissensrepertoire und ihren Praktiken für einen Moment einen »für sie und für ihre Außenwelt unbeschrifteten« Raum. Ein Raum des Dazwischen, das durch ihre (Über-) Lebensstrategie zum Referenzrahmen wird. Der Bezug auf traditionelle Wissensformen wird durch den neuen Lebenskontext transformiert. Der Bezug auf Tradition erweist sich so im Sinne Gilroys als »a ceaseless reprocessing of tradition« (Gilroy 1993: 195).

Der Zustand der Diaspora stellt sich hier als Resultat einer kolonialen Umsiedlungs- und Vertreibungspolitik innerhalb nationaler Grenzen dar. Denn die ProtagonistInnen verlassen Australien nicht, sie werden aufgrund der »weißen Besiedlungspolitik« zu diasporischen Subjekten. Ihre Flucht aus dem Umerziehungsheim stellt eine Rekonstruktion indigenen Wissens dar, mittels dem die Spuren der Identität der Mardu aufgespürt werden. Eine Identität jedoch, die in Bewegung ist, die aus den Wurzeln schöpft, um neue Wege zu gehen. Es ist eine Identität, so Gilroy, die sich »in motion – circulating across the web or network that they constitute« (Gilroy 1993: 334) ausbildet. Eine Identität, deren Netzwerke und Bewegungen aus dem strukturellen Gewaltakt des Kolonialismus erwachsen.

Molly, Daisy and Gracie erkämpfen sich ihren Ort. Ihr Ort ist über die Beziehung zu einer sentimentalen Gemeinschaft bestimmt. Die Darstellung der Beziehung zwischen dem Ort und den Kindern ist nicht dar-

über bestimmt, dass sie zu einem Ursprung zurückkehren oder dass dieser Ort ein Imago für Bluts- und Bodenverwandschaften darstellt, sondern darüber, dass es der Ort der alltäglichen Praxis ist, der das Gefühl der Selbstverständlichkeit des Seins beherbergt, ein Ort der Selbstbestimmung, der Wiedererkennung und der Anerkennung.
In Anlehnung an Gilroys Konzept eines »changing same« kann die Flucht von Daisy, Molly und Gracie als Versuch der Rückeroberung »indigenen Wissens« gelesen werden, das jedoch durch die neuen Wege selbst, die sie begehen, transformiert wird. Ihr Wissen rekurriert demnach nicht auf Vorstellungen von Authentizität und Originität. Es ist ein Wissen, das sich in der Praxis und Interaktion erschafft, zugleich jedoch auf Wissenstraditionen rekurriert, ein Wissen, das aus Erinnerungen schöpft, ein Wissen, das den Kolonisatoren versperrt bleibt und nur durch die Praxis selbst intelligibel wird. Daisy, Molly und Gracie schaffen neue Wege, die ihnen das Überleben in den eingezäunten Gebieten ermöglicht. Die Rückbesinnung auf Wurzeln symbolisiert ein durch die Wege transformiertes tradiertes Wissen, eine (Über-) Lebens- oder Widerstandsstrategie.

Überleben oder Widerstand

Pilkington-Garimaras Geschichte schreibt sich in das historische und heuristische Projekt der Diaspora ein, indem sie einen Raum für die Überschreitung territorialer Grenzen eröffnet. Dies erfolgt nicht nur durch Mollys, Daisys und Gracies faktische Überquerung des ihnen zugewiesenen Raumes. Als Übersetzerin zwischen unterschiedlichen Standpunkten und Welten eröffnet die Autorin die Möglichkeit eines »contrapunctual« Lesens, das zwei Perspektiven in unmittelbare Beziehung zueinander setzt, die hegemoniale und die subalterne Perspektive.
Als Mitglied der Mardu bewegt sich die Autorin in dem Dilemma, das einige postkoloniale Intellektuelle wie Avtar Brah und Paul Gilroy thematisieren. Durch die Thematisierung subalterner Wissensformen im Rahmen der Kulturproduktionen des *mainstreams*, riskiert sie als »indigene Autorin« kooptiert zu werden. Ihr Sprechen erscheint dann im Antlitz der von Spivak aufgeworfenen Frage der ambivalenten Repräsentation im Sinne der Darstellung und der Vertretung im Namen des »native informant«. Diese Figur, die in der dominanten Ideengeschichte als Produzentin nicht auftaucht, die jedoch für diese Narration konstitutiv

ist, ist die Figur des »native informant«, »(...) crucially needed by the great texts; and it is foreclosed.« (Spivak 1999: 4).

Pilkington-Garimara macht die Aborigenen zu Protagonistinnen ihres Romans und beschreibt auf subtile Weise den Mechanismus, durch den diese zu »Indigenen« gemacht werden. Dies wird besonders deutlich in der Schilderung der Flucht. Auf ihrem Weg nach Hause treffen Daisy, Molly und Gracie auf einige weiße Farmerinnen und Farmer. Sie geben ihnen Essen und gelegentlich eine Unterkunft. Früh morgens brechen die Mädchen auf, bevor sie von den Polizisten aufgespürt werden, die zu diesem Zeitpunkt von den Farmerinnen und Farmern selbst benachrichtigt worden sind. Am Beispiel einer Farmerin wird die Komplizenschaft der weißen SiedlerInnen mit dem Staat deutlich. Diese Farmerin bedauert die Mädchen für ihr Schicksal, sieht sich jedoch in der Pflicht, die Mädchen beim Präfekten zu melden, da sie in missionarischem Eifer das »rassistische Zivilisationsprojekt« der Regierung unterstützt, das die Farmerinnen für eine »karitative Maßnahme« zum Schutze der Aborigenen halten.

In Bezug auf unsere eingangs gemachte Beobachtung umschreibt der Roman Pilkington-Garimaras den Zustand der Diaspora als komplexes und widersprüchliches gesellschaftliches Ereignis. Die Subjekte in der Diaspora werden als Akteure ihrer Geschichte dargestellt, die aufgrund der strukturellen Gewalt, die sie erfahren, neue und alte Überlebensstrategien erproben müssen, um der totalen Einzäunung zu entgehen. Sie produzieren so Augenblicke, kleine temporäre und räumliche Zwischenräume - »scapes« -, die solange existieren, bis sie von den Regierungsinstanzen geschluckt werden. Doch die Subjekte bewegen sich weiter, ihre Aktivität und Produktivität wird durch die ihnen oktroyierte Immobilität zur Mobilität verkehrt. Sie sind in Bewegung, eine Bewegung, die, wie Bülent Diken (2002) deutlicht macht, nicht nur den Subjekten der Diaspora eigen ist.

Bülent Diken bestimmt Migration im Kapitalismus in Anlehnung an Boltanskis und Thévenots sechs Regime der rhetorischen Rechtfertigung: Inspiration, Meinung, Gemeinschaft, Zivilgesellschaft, Markt und Industrie. Migration erscheint so als ein durch widersprüchliche Interessen und Tendenzen strukturiertes Feld (Diken 2002: 5). Auch Diaspora könnten wir als eine rhetorische Figur der Politiken der Repräsentationen deuten. Eine Figur, die ähnlich, wie dies Diken an dem Beispiel der Migration bespricht, im Rechtfertigungsregime der Inspiration zu finden ist. Eine Figur, die die Singularität, Originität und subjektive Kreativität betont, und somit für die Rhetorik postmoderner Ästhetik und Mobilität. Die Subjekte in der Diaspora scheinen par excellence für den viel zelebrierten flexiblen Nomadismus zu stehen. MigrantInnen oder die Subjekte in der Diaspora erscheinen auf dieser argumentativen Grundlage als die neuen Subjektivitäten, die in sich neue Dynamiken und Dezentrierungsprozesse vereinigen. Ausgeblendet bleibt bei dieser Betrachtung die materielle Konsistenz, in der dieser Zustand nicht lediglich als Konsequenz einer theoretischen Formel oder eines Abstraktionsniveaus erscheint. Vielmehr sind diese Dynamiken und Momente des Exodus das Ergebnis sozialer und hegemonialer Kämpfe. Sie entspringen aus dem Versuch des Widerstands gegenüber Herrschaftsmechanismen, aber auch aus der Alltagspraxis und den Wissenstechniken, die durch den dominanten Text noch nicht eingeholt oder erodiert worden sind.

Wie Diken anhand des Zusammenkommens des Inspirationsregimes mit den Regimen des Marktes und der Industrie aufzeigt, bilden die rhetorischen Formeln des Nomadismus, des Exodus und der Hybridität Kernelemente des Managementdiskurses. Auch die Vorstellung einer Netzwerkgesellschaft ist Kernbestand der postfordistischen Regulationsweise, die jenseits nationaler Grenzen operiert und die gerade aus der Rhetorik der Diversität und Flexibilität schöpft. In diesem Sinne können die Strategien des Ortes und der Zugehörigkeit in der Diaspora nicht per se als emanzipativ und widerständig gedeutet werden. Vielmehr ist Diaspora als ein Feld sozialer Kämpfe zu verstehen. Die Bildung einer Infrastruktur, die Unterstützung durch Netzwerke, das ständige In-Bewegung-Sein stellen notwendige und strukturell hervorgerufene Formen der Organisierung eines (Über-) Lebens dar, das in einigen Fällen ein gesellschaftspolitisches und emanzipatives Projekt nach einer gerechten ökonomischen Distribution, der Abschaffung von Ausbeutung und Stigmatisierung verfolgt, das jedoch im Alltag der Diaspora selbst nicht immer als solches explizit formuliert wird. Pilkington-Garimaras Roman weist auf diesen Zustand hin. Sie stellt die durchbrechende und widerständige Praxis von Molly, Daisy und Gracie dar, den Versuch, ihr Begehren in ihrem Alltag zu leben. Dies gelingt für einige Tage, dann geht der Kampf weiter...

Literatur

Brah, Avtar (2000): The scent of memory: strangers, our own and Other. In: Annie E. Coombes / Avtar Brah (Hg.): Hybridity and its Discontents. London, New York.

Braziel, Jana Evans / Mannur, Annita (2003): Theorizing Diaspora. Oxford.

Burghardt, Eva-Maria: Filmische Repräsentation von *Aboriginal People* im australischen Kino. Hausarbeit.

Diken, Bülent (2002): Immigration, Multiculturalism and Post Politics after ›Nine Eleven‹. In: Third Text. Critical Perspectives on Contemporary Art & Culture. Nr. 57, Winter 2001/02. S. 3-12.

Gilroy, Paul (1993): The Black Atlantic. Cambridge, Mass.

Hall, Stuart (2003): Creolization, Diaspora, and Hybridity in the Context of Globalisation. In: Okwui Enwezor u.a. (Hg.): Creolité and Creolization. Documenta 11_Plattform 3. Kassel. S. 185-198.

Hardt, Michael / Negri, Antonio (2000): Empire. Cambridge, Mass.

Mezzadra, Sandro / Neilson, Brett (2003): Die Einforderung der Zukunft. In: Jungle World, Nr. 7, Juli.

Pilkington-Garimara, Doris-Nugi (1996): Follow the rabbit-proof fence. St. Lucia, Qld.

Spivak, Gayatri C. (1999): A Critique of Postcolonial Reason: Toward a History of the Vanishing Present. London, New York.

Tate, Shirley (2003): Die *Schwarze community*, Interstialität und Gouvernementalität. In: Encarnación Gutiérrez Rodríguez / Marianne Pierper (Hg.): Gouvernementalität. Frankfurt a.M., S. 179-195.

Anmerkungen

1 So spiegeln sich auch gelegentlich in den Nischen feministischer, queerer, globalisierungskritischer und antirassistischer Politik Mechanismen einer zweiten Subalternierung von subalternen Gruppen wider, indem sie als DenkerInnen und ProtagonistInnen sozialer Kämpfe ausgeblendet werden. Auch in diesen Kreisen finden wir die vorherrschenden gesellschaftlichen Strukturen wieder, auf deren Grundlage immer wieder eine Zentrierung hegemonialer Gesten der Macht im Sinne der Reproduktion »heteronormativer Männlichkeit und Weiblichkeit« und einer europäischen Weißen Selbstreferentialität stattfindet. Die öffentliche Theoretisierung scheint mit der Reproduktion dieser dominanten Positionen verknüpft zu sein. Die Subalterne wird lediglich als Referenzfigur für die Legitimierung des eigenen Sprechens eingesetzt.

2 Die Autorin wurde in Balfour Downs Station im Osten Pilbaras, ca. 60 Kilometer von Jigalong, Westaustralien, entfernt geboren. Im Alter von vier Jahren wurden sie und ihre Mutter zwangsweise von Jigalong in das Moore River Reservat umgesiedelt. 1990 wurde ihrem Erstlingsroman *Caprice: A Stockman's Daughter* der David Unaipon Award für unveröffentlichte Schriften von Aboriginal und Torres Strait Islander verliehen. Sechs Jahre später veröffentlichte sie *Follow the rabbit-proof fence*.

3 Um 1860 wurden Reservate für *Aboriginal people* mit dem Ziel der Kontrolle und der Segregation eingerichtet. Bis zur Einführung der BürgerInnenrechte für Aborigene 1967 wurde die Verwaltung von indigenen Menschen in Reservaten offiziell von der australischen Regierung betrieben.

4 Australien wurde von den Kolonisatoren als »Tierra Nullius« - Niemandsland - betrachtet. Ab 1860 wurde die aborigene Bevölkerung in Reservate eingesperrt. Erst 1962 bekamen sie das Wahlrecht und 1967 die vollen BürgerInnenrechte. 1980 wurde durch den Kampf der *Aboriginal people* die offizielle Segregationspolitik in den Schulen abgeschafft.

5 Eva-Maria Burghardt hat eine sehr interessante Analyse dieses Filmes vorgenommen und auf die »koloniale Repräsentationsweise« hingewiesen (Burghardt 2003). Burghardt untersucht insbesondere die Beziehung zwischen den Mädchen und ihre sentimentale Gemeinschaft, die in der Verfilmung als mystische Verbindung dargestellt wird. Der Film bedient sich somit der klassischen Dichotomie, die in der Gleichstellung und der Konstruktion der Wilden als Natur im Sinne intuitiven/instinktiven Handelns und der Siedler als Kultur im Sinne eines rationalen Handelns Gestalt annimmt.

6 Braziel und Mannur schätzen, dass von 1502 bis zum offiziellen Ende der Sklaverei 1833 an die 12 Millionen Menschen aus Westafrika in die Sklaverei verschleppt worden sind. (Braziel / Mannur 2003: 2)

7 Bekannt wurde diese Route nicht nur für den Menschenhandel, sondern auch für den Verkehr von Gewürzen und Zucker.

8 1997 erschien der Bericht der Kommission für Menschenrechte HREOC (vgl. Report of the National Inquiry into the Separation of Aboriginal and Torres Strait Islander Children from Their Families (Bringing them home report). http://www.austlii.edu.au/au/special/rsjproject/rsjlibrary/hreoc/stolen/part2.rtf. Aus diesem geht hervor, dass zwischen 1910 und 1976 circa 100.000 Kinder aus ihrer familiären Umgebung gerissen worden sind.

9 Gracie lebte zwar nach diesem Ereignis weiter. Sie wurde jedoch von den Behörden eingefangen und zurück in das Moore River Reservat gebracht, durchlief somit das rassistische Umerziehungsprogramm, d.h. auch die totale Trennung von ihrer Familie.

Alison Rice

Transnationales Trekking

Über die unstillbare Wanderlust des maghrebinischen Subjekts

Eine der oft zitierten Eigenschaften des Phänomens, das allgemein »Globalisierung« genannt wird, ist die Bewegungsfreiheit. Die neuen und hyperschnellen Transportmittel, von den Hochgeschwindigkeitszügen bis zur Concorde, haben die Wahrnehmung der Welt verändert. Einst ferne Länder sind nun erreichbar geworden. Reisen, die früher Tage, Wochen oder gar Monate gedauert hätten, sind heutzutage in ein paar Stunden absolviert. Und was die Passagiere freut: Die Preise sind gesunken. Wenn man sich auf eine Reise begibt, spart man nicht nur Zeit, sondern auch noch Geld. War das Reisen früher jenen vorbehalten, die Geld, Zeit und Abenteuergeist hatten, ist es nun zu einem allgemeinen Lebensstil geworden.

Im aktuellen Diskurs über Deterritorialisierung und Nomadismus fehlt es nicht an Verweisen, wie einfach das Reisen mit den effizienten und preisgünstigen Transportmitteln geworden ist, die prinzipiell für alle verfügbar sind. In diesem Text wird eine Art des Reisens untersucht, die nicht so einfach ist, wie sie erscheinen mag. Die beiden maghrebinischen Schriftsteller, um die es in dieser Studie geht, die in Algerien geborene Assia Djebar und der aus Marokko stammende Abdelkebir Khatibi, sind begeisterte Reisende. Ihre Arbeiten und ihr Leben reflektieren diese *Wanderlust*, diesen ständigen Wunsch, unterwegs, neuen Orten und Kulturen ausgesetzt zu sein, Neues zu sehen und zu bezeugen. Das ist nicht immer einfach. Das Wort »Trekking« im Titel weist auf das Schwierige und Anspruchsvolle dieser Reisen durch Länder und Kontinente hin, die diese Schriftsteller und ihre Figuren unternehmen - manchmal so schmerzhaft und mühsam wie das Wandern im Hochgebirge. Wenn immer wieder betont wird, wie einfach das Reisen doch sei, wird übersehen, wie komplex dieses Unterfangen eigentlich ist. Für die, die sich dazu entschließen, sich mit modernen Verkehrsmitteln in ein paar Stunden in ein anderes Land und in einen anderen Sprachkreis transportieren zu lassen, stellt sich das so »einfach« nicht dar. Diese Ortswechsel sind oft hart und kräftezehrend, aber meist lohnen sie das Ergebnis. Reisen kostet Kraft - aber man kann auch daraus schöpfen. Bewegungsfreiheit bedeutet Befreiung aus beengten Räumen und begrenzten Denkhorizonten. Ist man neuen Orten, Perspektiven und Geräuschen ausgesetzt, kann das eine unerschöpfliche Quelle der Inspiration sein. Ihr fruchtbares literarisches Schaffen mag in vielerlei Hinsicht damit zusammenhängen, dass Djebar und Khatibi so oft »on the go«, auf dem Sprung sind.

In *Tausend Plateaus* vergleichen Gilles Deleuze und Félix Guattari im 12. Kapitel, *Abhandlung über Nomadologie: Die Kriegsmaschine*, zwei verschiedene Spiele miteinander, um ihre jeweiligen Besonderheiten zu untersuchen: Schach und Go. Während sie Schach als eine »Semiologie« charakterisieren, urteilen Deleuze und Guattari über Go, es sei »reine Strategie«, und sie unterstreichen die divergierenden Verhältnisse dieser beiden Spiele mit dem Raum: »Beim Go geht es darum, sich einen offenen Raum einzuteilen, den Raum zu halten und sich die Möglichkeit zu bewahren, an irgendeinem Punkt überraschend aufzutauchen: die Bewegung geht nicht mehr von einem Punkt zum anderen, sondern wird beständig, sie hat kein Ziel und keine Richtung, keinen Anfang und kein Ende« (*Tausend Plateaus*, S. 484). Diese Beschreibung des Raums und der Möglichkeit gilt ebenso für das umherschweifende Reisen von Djebar und Khatibi. Es ist richtig, dass sie oft organisiert reisen; als etablierte Schriftsteller und Universitätsprofessoren erfordern es diverse Pflichten, bestimmte Wege einzuschlagen, um den Ort einer Veranstaltung oder einer Vorlesung zu erreichen. Doch trotz ihrer offiziellen Termine sehen Djebar und Khatibi diese Art Reisen eher als Ausflüge denn als richtiges Unterwegs-Sein: Sie lieben das Reisen um seiner selbst willen. Ihre autobiographischen Romane und theoretischen Texte zeigen, dass zum Reisen sehr viel mehr gehört, als von einem Ort *abzufahren* und an einem anderen *anzukommen*. Sich auf eine Reise zu begeben bedeutet, aus den Begrenzungen des heimischen Herds und der gewohnten Umgebung herauszutreten, um »herumzukommen«: »Aufbrechen« bedeutet »immer unterwegs sein«, nicht um an einem bestimmten Ort anzukommen, sondern um unterwegs, auf dem Sprung, »on the go« zu sein.

Warum fühlt sich das maghrebinische Subjekt so sehr zum Unterwegs-Sein hingezogen? Welcher Magnetismus ist es, der Djebar und Khatibi dazu bringt, fremde Länder und Sprachen zu entdecken? Gibt es besondere Erfahrungen, wenn man auf algerischem oder marokkanischem Boden geboren ist, Besonderheiten, die einen in die Welt hinauskatapultieren? In einem Essay, der als *A Colonial Labyrinth* (Ein koloniales Labyrinth) ins Englische übersetzt worden ist, wendet sich Khatibi der kolonialen Stadt zu und verwendet die Metapher des »Labyrinths«, um zu beschreiben, wie das kolonisierte Subjekt den Raum untersucht, der ihm oder ihr zugänglich ist: »Worauf ich hinaus will, ist, dass dieses so genannte Labyrinth auch eine kulturelle Art und Weise darstellt, mit dem Raum umzugehen, zu lernen, wie soll ich sagen - eine Psychologie und Strategie des Gehens, des Sich-Begegnens, Vermeidens, Kämpfens, Flüchtens, all der Verlagerungen, denen der Körper ausgesetzt ist, wenn er in einem solchen sozialen Netzwerk eingefangen ist. Man lernt in diesen je besonders geformten Vierteln eine Bewegung, die einen behenden Geist erfordert, wenn nicht sogar eine gewisse Bosheit ... Ich habe dieses ziellose Schlendern immer gemocht. Es erlaubt einem den Rhythmus des Raums zu finden und gleichzeitig genau zu sehen, was um einen herum geschieht. Dazu ist ein langsamer Rhythmus notwendig, Schritte, die man unterbrechen kann, um ein paar Worte zu wechseln, ritualisierte Sätze, aber auch und vor allem, um die Enge des Raums zu neutralisieren, seine Promiskuität, die zu eng miteinander verwobenen Situationen, die manchmal recht erstickend sein können. Wie alle Juden der Mellah und wie alle Bewohner der Medina habe ich diese Psychologie des Umwegs internalisiert« (8-9).

Khatibis Bemerkung über seine Internalisierung des Raumgeflechts der Medina ist besonders bemerkenswert, weil sie zeigt, wie wichtig die Räume sind, in denen wir uns befinden und in denen wir uns bewegen. Wir bewohnen nicht nur Räume und Orte; die Räume und Orte *bewohnen uns*. Indem er der »Enge« der Medina, des ältesten Teils der Stadt, ausgesetzt ist, formen sich Khatibis Bewegungen entsprechend ihrer Kurven und Formen. Die Interaktion mit anderen ist durch das Lay-Out des Labyrinths vorgegeben: Seine Psychologie, und, wenn man so will, seine »Strategie« (in diesem Wort klingt die Analyse des Go durch Deleuze und Guattari an) zu »gehen«, anderen zu »begegnen« oder auch zu »kämpfen«, sind durch die Weite und die Winkel der Straßen und der Gebäude, die sie säumen, beeinflusst. Auch die Abwesenheit von Interaktion ist durch die Architektur der Stadt determiniert, denn auch das »Vermeiden« und das »Flüchten« gehören auf die Liste der strategischen Aktivitäten, die im Labyrinth erlernt worden sind. Der Stadt ist Kultur eingeschrieben; darin manövrieren zu lernen bedeutet sehr viel mehr, als zu wissen,

wie man von einem Ort zu einem anderen gelangt: *Wie* man herumkommt, gewinnt größere Bedeutung, als tatsächlich an einem Ziel anzukommen.
In einer Zeit, in der der Geschwindigkeit höchste Bedeutung zukommt, in der die Innovationen in der Transporteffizienz einen TGV (französischer Hochgeschwindigkeitszug - *train à grande vitesse*) hervorbringen, der die Strecke Paris - Marseille in kaum drei Stunden zurücklegt, und einen Eurostar, der von Paris nach London in nur drei Stunden unter dem englischen Kanal hindurchfährt, scheint es widersinnig zu sein, Khatibis Bemerkungen über das Gehen zu lesen und besonders darüber, den »Rhythmus des Raums« zu finden. Mit diesem »Rhythmus des Raums« ist mitnichten ein Raumschiff gemeint, das durch das Weltall jagt, es ist vielmehr ein »langsamer Rhythmus« der Unterbrechungen erlaubt, wenn es nötig ist, um ein paar Worte zu wechseln. Dieser Rhythmus ist allerdings dann wichtig, wenn der Fußgänger etwas wahrnehmen will, wenn ihm daran liegt, tatsächlich etwas zu sehen. Den Schritt zu verlangsamen bedeutet, den Tunnelblick zu verlieren und eine weitere, eine Panoramasicht zu gewinnen. Dieser gemessene Schritt mag nicht genau derselbe sein, dessen sich der berühmte Benjamin'sche »Flaneur« befleißigt; aber er ist etwas völlig anderes als der hastige Schritt des gehetzten Geschäftsmanns in einer der großen Hauptstädte. Das maghrebinische Subjekt, vertraut mit dem Labyrinth, findet eine Balance in der Bewegung. Gehen bedeutet, die Umgebung sorgfältig zu beobachten und mit ihr vertraut zu sein. Es beinhaltet eine Verbindung von Geist und Körper, die, und das mag paradox erscheinen, sich in perfekter Einheit mit dieser beweglichen Dislozierung befinden. Gerade innerhalb der Begrenzungen einer dicht gedrängten und engen mittelalterlichen Stadt wie der Medina bedeut Bewegung Freiheit.

Die Möglichkeit sich an öffentlichen Orten frei zu bewegen, ist für algerische Frauen keine Selbstverständlichkeit. In ihren autobiographischen Erzählungen macht Djebar sehr deutlich, dass sie sich glücklich schätzt, der Einschließung entgangen zu sein, die jungen arabischen Frauen üblicherweise droht, wenn sie in ihrem Geburtsland das Pubertätsalter erreichen. In *L'amour, la fantasia*, auf deutsch *Fantasia*, erzählt die Erzählerin ihr glückliches Geschick: »In dem Alter, als der Körper hätte verschleiert werden müssen, konnte ich mich dank der französischen Schule freier bewegen« (263). Das war ein Privileg, das nicht sehr vielen jungen, heranwachsenden Frauen gewährt wurde. Djebars Cousinen etwa waren gezwungen, als Teenager und Erwachsene im Haus zu bleiben. Diese Gefangenschaft macht den Kern von Djebars *Ombre sultane* aus, ins Deutsche übersetzt als *Die Schattenkönigin*. In dieser Novelle rebelliert eine junge Frau gegen ihre Einschließung und wagt es, nach draußen zu dringen, obgleich eine solche Tat natürlich ganz und gar verwerflich ist. Durch die Straßen von Algier zu wandern, erfüllt Hajila, die zweite Frau »des Mannes«, dessen Kinder sie erziehen muss, als seien es ihre eigenen, mit großer Freude und einem tiefen und aufregenden Gefühl von Freiheit.

Hajilas Reise, die sie aus der Wohnung herausführt, dieses Überschreiten der Schwelle, ist genauso bedeutungsvoll wie die Schritte, die sie tut, sobald sie erst einmal am Hausmeister vorbei und auf der Straße ist. Die Erzählerin, die sich in der zweiten Person an Hajila wendet, unterstreicht die monumentale Bedeutung, die dieses »zum ersten Mal ›ausgehen‹« hat (28), benutzt das Adverb »heimlich« um den »Ausgang« zu beschreiben (26) und erwähnt den »Ausbruch« mehr als einmal (28, 38). So bald sie draußen ist, beginnt Hajila zu gehen; sie mäandert durch die unbekannten Straßen der Stadt, in der sie wohnt. In Übereinstimmung mit Khatibis Beschreibung des Navigierens durch die koloniale Stadt, lernt Hajila die Regeln der Straße leise und vorsichtig in den Kapiteln kennen, die ihren Entdeckungen gewidmet sind. Zwar ist Hajila zuvor schon in einigen dieser Straßen gewesen, aber immer motorisiert, eingeschlossen in einem Auto und dessen Geschwindigkeit; jetzt, alleine, hat sich ihr Rhythmus verändert und sie wird von ihren eigenen Füßen getragen: »Und draußen wirst du ganz allein durch die Straßen gehen« (28); »Du gehst weiter, Hajila, in Licht gebadet, das dich trägt und formt« (29); »Du schreitest aus, du tänzelst« (44); »Du wirst es nicht überdrüssig, draußen herumzulaufen« (57). Nur gehend kann man die Stadt erkunden. Es ist die beste Methode, sich mit einem Ort innig vertraut zu machen. Bedienen sich Reisende der verschiedenen Fahrzeuge, wird ihnen das, was sie sehen, oftmals vorenthalten. Reist man eingeschlossen in Zügen, Flugzeugen oder Autos, kann man kein *Gefühl* für die Plätze entwickeln, die man durch hermetisch abgedichtete Fenster sieht. Der physische Kontakt mit der Straße, den Gebäuden und den Menschen fehlt völlig.

Der wiederholte Gebrauch des Wortes »gehen« in den Zitaten, die sich auf Hajilas Abenteuer außerhalb des Hauses beziehen, scheint den Akt des Gehens selbst zu reflektieren: die sich wiederholende Bewegung, mit der ein Fuß vor den anderen gesetzt wird. Wiederholung lässt sich als Wiederkehr des Immergleichen begreifen und in der Tat führen die Spaziergänge in den Straßen Hajila zu ihrer Kindheit zurück, in der sie un-

verschleiert herumtollen durfte: »›Nackt hinausgehen!‹ denkst du. ›So kommt die Kinderzeit zurück!‹« (46). Diese Rückkehr in die Vergangenheit ist eine angenehme Erfahrung für Hajila, erscheint sie ihr doch nicht als ein Rückzug in ein früheres Ich, sondern vielmehr als eine Verwandlung in einen anderen Menschen: »Dich, die Neue, dich, die dabei ist, sich in eine andere zu verwandeln« (44). Auf diese Weise können Wiederholung und Wiederkehr positive Aspekte der Vergangenheit wieder hervorbringen - eben jene Bewegungsfreiheit, die Hajila als Kind genossen hatte -, ohne auf ein früheres Stadium zu regredieren. Sie bringen ein neues, ein transformiertes Individuum hervor. Wiederholung führt nicht etwa zu Langeweile, sondern öffnet sich im Gegenteil in Richtung Unendlichkeit, und zwar in einem doppelten Sinn: unzählige Möglichkeiten und Ewigkeit. Die Erzählerin wendet sich an Hajila und evoziert die positiven Zeitkonzeptionen, die aus diesen täglichen Spaziergängen auftauchen. »Wenn du am Spätnachmittag zurückkommst, breitet sich ein Gefühl der Dauerhaftigkeit in dir aus. Als ob der gleiche Tag sich wiederhole; als ob ein bleicher, heimlicher Tod, der schon vorher in dir lauerte, begonnen habe, ein Fieber auszubrüten, das in kurzen Anfällen, beinahe wie ein Funkenschlag, ausbricht« (60).
Indem Hajila ihr Heim verlässt und sich in den öffentlichen Raum begibt, überschreitet sie eine augenscheinlich unüberwindbare Schwelle. Sie geht nicht nur gegen tief verwurzelte traditionelle Tabus an, sondern sie stellt dadurch auch die Autorität ihres Mannes in Frage.[1] Verglichen mit dieser »rebellischen« Grenzüberschreitung nimmt sich der Grenzübertritt bei einer internationalen Reise ziemlich zahm aus. Aber jene Fragen der Identität, die Hajila begleiten, wenn sie den umschlossenem Raum ihres Heims verlässt, finden eine Entsprechung in den zwischenstaatlichen Grenzübertritten. Jacques Derrida beleuchtet diese Identitätsnachforschungen in *Aporien*: »Das Überschreiten der Grenzen kündigt sich immer entsprechend der Bewegung eines gewissen Schritts an - und des Schritts, der eine Linie überschreitet (...) Es gibt *Probleme*, sobald diese innerliche/wesentliche Teilung den Selbstbezug der Grenze und folglich das Sich-selbst-sein, die Identität oder die Selbstheit von was auch immer teilt« (27f).
Gerade so, wie Hajilas Identität nach ihrer »Reise« nach draußen in Frage gestellt ist, finden sich Reisende auf den Prüfstand gestellt, wenn sie sich von einem Land ins andere begeben. Die Grenzen innerhalb Europas mögen nach der Gründung der Europäischen Union nicht viel mehr als symbolische Bedeutung haben, aber die Kontrollen an den Grenzen an-

derer Länder sind gegenwärtig so streng wie nie zuvor.[2] Dokumente müssen vorgelegt werden, die die Identität und das Recht des Grenzübertritts bestätigen; doch all diese Papiere und Stempel unterstellen, was Derrida die »Unteilbarkeit« der Identität genannt hat. Der Inhaber eines Passes oder eines Visums ist auch der Inhaber des Namens, der darin abgedruckt ist, und also wird von diesem Inhaber angenommen, er oder sie sei dieselbe Person, die sie auch gestern oder vorgestern gewesen ist. Aber, wie Hajilas Fall so trefflich illustriert, *Reisen können Veränderungen bewirken*. Hajila wird durch ihre Eskapaden im hellen Sonnenlicht eine neue Frau: transnationale Wanderer können nicht rund um den Globus reisen, ohne durch das, was sie sehen und tun, was sie berühren und berührt, affiziert zu werden.

In einer Reihe von Interviews hat Assia Djebar die Bedeutung des Raums für ihre persönliche Entwicklung als Schriftstellerin hervorgehoben. In ihrer Beschreibung bedeutete das Überschreiten der Schwelle als zehn- oder elfjähriges Mädchen zugleich ihre Geburt als Schriftstellerin: »Ich glaube, die erste Erfahrung von Selbstbewusstsein für ein junges Mädchen im Pubertätsalter - mit zehn oder elf Jahren -, die erste derartige Erfahrung ist der Moment, in dem sie sich anschickt, nach draußen zu gehen, in dem sie sich aufmacht, die Schwelle zu überschreiten ... Ich glaube, dass dies für mich in gewisser Weise meine Geburt als Schriftstellerin bedeutet hat« (*Lieux d'écriture*).

Das Schreiben wird so gleichbedeutend mit dem Verlassen des Harems und dem Drang nach draußen. Djebars Stil als Schriftstellerin ist auf verwickelte Weise mit *Mobilität* verflochten, und sie verdankt der französischen Sprache, die ihr erlaubt hat, das Heim zu verlassen, ihren »vergrößerten geographischen Raum«: »Die französische Sprache hat mir einen größeren geographischen Raum gegeben. Und in meinem Leben als Frau bewege ich mich sehr viel, ich schreibe in Cafés, ich bin genauso oft draußen wie drin. Ich verdanke das meiner Erziehung, die auf Französisch stattgefunden hat. Und so habe ich diese Mobilität als Errungenschaft erlebt« (*Terres francophones*).

Wie Djebar selbst, verfallen auch die Figuren in ihren Romanen dem Reisen. Die Erzählerin, die sich in *Die Schattenkönigin* an Hajila wendet, weiß, wovon sie spricht, wenn sie Hajilas Wanderungen heraufbeschwört. Isma ist selbst, und in einem weit größeren Maßstab, an solche Wanderungen gewöhnt. Im Verlauf der Erzählung wird deutlich, dass sie, die erste Frau »des Mannes«, so süchtig danach war, sich frei in den Straßen zu bewegen, dass sie Hajila, ohne dass diese etwas davon gewusst hätte, als ihre Nachfolgerin im Haus einsetzte, um ihrem Verlangen nach Abenteuern zu frönen.[3] Die Spaziergänge in der Stadt, in der sie lebte, stacheln sie an, durch die Welt zu reisen und zahlreiche andere städtische Szenarien zu entdecken.[4] Ismas individuelle Lebens»reise« verweist auf den wichtigen Punkt, dass Frauen durch das Reisen der Abhängigkeit entfliehen, ihre »Subjektivität« wiederentdecken und Subjektstatus erlangen können. Ismas nomadischer Lebensstil führt uns also wieder zurück zu der Frage nach der Besonderheit des maghrebinischen Subjekts - sei es männlich oder weiblich - und seinem Verlangen zu reisen.

In Khatibis Essay *A Colonial Labyrinth* findet sich eine Definition des Nationalstaats: »Im Prinzip ist jede Nation eine Pluralität, ein Mosaik der Kulturen, wenn nicht eine Pluralität der Sprachen und Genealogien« (10). Diese Aussage trifft zweifelsohne für viele Nationen zu. Aber gerade die nordafrikanischen Länder, zusammengefasst unter dem Namen Maghreb, sind in hohem Maße durch »Pluralität« gekennzeichnet. Die Geburtsländer von Djebar und Khatibi haben eine Geschichte, die »plurale« Gesellschaften hervorgebracht hat, die besonders reich an unterschiedlichsten Menschen, Sitten und Gebräuchen, Traditionen, Religionen und Sprachen sind.[5] Im Titel einer Essaysammlung von Kathibi wird die plurale Konstitution dieser Region der Welt unterstrichen: *Maghreb pluriel* (1983) (auf deutsch etwa: Vielfältiger Maghreb). Der Impetus zu reisen mag mit den vielen Unterschieden zu tun haben, die in einem relativ kleinen geographischen Raum konzentriert sind und mit denen man ununterbrochen konfrontiert wird. Vielleicht liegt es daran, dass maghrebinische Subjekte, die der Unterschiede von klein auf gewahr sind, dazu neigen, nach noch *mehr* Unterschieden zu suchen, ihre Reichweite auf neue Orte auszudehnen, neue Eindrücke zu sammeln. Die immense Reizüberflutung in der Medina gewöhnt das maghrebinische Subjekt an das Neue und Ungewöhnliche; das Umherstreifen in den labyrinthischen Gassen scheint Djebar und Khatibi dazu anzutreiben, überall, gerade auch jenseits der Grenzen ihrer Heimatländer, nach unerforschten städtischen Räumen zu suchen.
Die vielen Städte, die Djebar und Kathibi zu sehen bekommen, finden auf unterschiedlichste Weise Eingang in ihre Bücher. Unbestreitbar deutlich wird in den Schriften dieser interkontinentalen Reisenden, wie wichtig internationale städtische Zentren als Loci von Menschen und Kultur sind, als intensive und konzentrierte Orte, an denen unterschiedliche Sprachen und Gewohnheiten zusammentreffen. Die Städte bilden nicht

nur den Ort und den Hintergrund für ein Buch; sie werden oftmals selbst zu Charakteren. Sie nehmen individuelle Züge und Eigenschaften an, die sie lebendig werden lassen, als seien sie »Lebewesen«. In den Titeln einiger neuerer Arbeiten wird die »Stadt« als Ort hervorgehoben: *Femmes d'Alger dans leur appartement* (Die Frauen von Algier), *Loin de Médine* (Fern von Medina), *Oran, langue morte* (Oran. Algerische Nacht) und *Nuits de Strasbourg* (Nächte in Straßburg) situieren den Text sofort geographisch. Das Erkunden der Stadt - durch die Beschreibung von Straßen und Kreuzungen, durch evokative Passagen über Parkanlagen, Gebäude und Cafés und durch die Nennung der je besonderen Namen der Sehenswürdigkeiten und Plätze - ist ein essenzieller Bestandteil von Djebars Schreiben auf Reisen. Ihre »Unterschriften«-Sammlungen am Ende jedes Buchs enthüllen nicht nur die Daten, an denen das Buch entstanden ist, sie streichen auch und insbesondere die Bedeutung der *Stadt* (und manchmal der *Städte*) heraus, in denen das Buch verfasst worden ist. Die Städte und das Reisen, die in Djebars Schriften explizit das Thema sind, nehmen in Kathibis zahlreichen Verweisen auf das Reisen zentrale Bedeutung ein.

In *La mémoire tatouée* (Die tätowierte Erinnerung) skizziert Khatibi seine Reisen in einer Schwindel erregenden Tour um den Globus. Auf gerade einmal 20 Seiten beschreibt er seine Schritte durch eine Vielzahl von Weltstädten. Er fegt mit seinen Lesern wie ein Wirbelwind über die ganze Erde: »London breitete sein Gleichgewicht aus, seine Präzision, seine Maske; ich schritt mit Überzeugung aus« (163); »Das war Sophia im Schnee« (168); »In Indien ... schlenderte ich durch die Stadt« (169); »Altehrwürdiges Cordoba! Hatte ich die Schlüssel zur Stadt?« (170); »Ich hatte nichts besonderes vor an jenem Tag, als ich im Pariser Jardin du Luxembourg spazieren ging« (173); »In Stockholm« (175); »Ich flüchtete ... um Havanna wiederzugewinnen« (177); »Aus Neu-Delhi nach Delhi flüchten, das auch unermüdliche Zerstreuung bedeutet« (181); »Berlin. Rechts oder links? Egal« (182). Die Atemlosigkeit dieser Reisen, die keinem logischen Pfad zu folgen scheinen, der erschöpfende Rhythmus dieser globalen Stadtwanderungen, die keinem irgend gearteten Zweck zu dienen scheinen, sie hatten einen *Anfang*: Da war die erste Reise, der Aufbruch nach Paris. Khatibis Erinnerung an dieses folgenschwere Ereignis zeigt, dass er wusste, dass dies die erste von vielen Reisen sein würde, dass er sich seiner Wanderlust bewusst und ihm klar war, dass er ein Nomade werden würde: »Vor der Reise nach Paris habe ich meiner Mutter nicht versprochen, unversehrt zurückzukommen:

Endgültiger Abschied ... Sie akzeptierte mein nomadisches Verlangen und sie weinte« (127).
Dieser erste, wichtige Aufbruch vom afrikanischen zum europäischen Kontinent ist eine zentrale Grenzüberschreitung für jedes maghrebinische Subjekt.[6] Nordwärts das Meer zu überqueren, das bedeutet sehr viel mehr als eine schlichte Ortsveränderung; es ist der Aufbruch zu einer anderen Geisteshaltung. Das Mittelmeer trennt den Orient vom Okzident und teilt Ost und West in zwei sauber voneinander getrennte Kategorien. Die Fähre nach Frankreich trennt das maghrebinische Subjekt nicht nur von seinem oder ihrem Heimatland, sondern auch von seinem (oder ihrem) kulturellen Hintergrund. Nach dieser Überquerung ist die intellektuelle und emotionale Perspektive dieses Subjekts für immer verändert; nach Khatibis Analyse gibt es kein Zurück: »Anderer Gedanke – der über die Nicht-Rückkehr zur Trägheit der Fundamente unseres Seins. Maghreb, das bezeichnet den Namen dieser Trennung, dieser Nicht-Rückkehr zu seinem religiösen und theologischen Modell (wie getarnt auch immer unter den revolutionären Ideologien), Nicht-Rückkehr, die, theoretisch und praktisch, die Grundlagen der maghrebinischen Gesellschaften erschüttern kann, erschüttern hinsichtlich ihrer Verfassungen, die bislang von der Kritik, die sie stürzen sollte, nicht formuliert worden ist. Dieser andere Gedanke ist gedacht als Antwort zu den großen Fragen, die die Welt heute bewegen und die aus der Anwendung der Wissenschaften, Technologien und Strategien in planetarischem Maßstab resultieren« (*Maghreb pluriel*, S. 12-13).
Trotz der scheinbar unüberwindlichen Unterschiede in der Art und Weise des Denkens auf dem europäischen und dem afrikanischen Kontinent können die maghrebinischen Subjekte, die in der Dekolonialisierungsbewegung aktiv sind, nützliche theoretische Werkzeuge bei den »westlichen« Philosophen finden. Und man sollte nicht vergessen, dass ein einflussreicher philosophischer Denker ebenfalls aus dem Maghreb stammt. Derridas Überlegungen zur »Differenz« mögen zu einem gewissen Grad seiner ungewöhnlichen Erziehung in der pluralen algerischen Gesellschaft geschuldet sein. Es ist kein Zufall, dass Khatibi besonders vom »Dekonstruktivismus« inspiriert worden ist und eine direkte Gemeinsamkeit zwischen ihm und der Dekolonialisierung festgestellt hat.[7] Khatibi betont, wie nützlich das westliche Nachdenken über die Differenz für die maghrebinischen Subjekte ist, die dieser Philosophie ausgesetzt sind: »Darum müssen wir, wenn wir uns mit westlichen Gedanken über die Differenz (mit Nietzsche, Heidegger und unseren Zeitgenossen

Maurice Blanchot und Jacques Derrida) auseinandersetzen, nicht nur auf die Inhalte achten, sondern auch ihre Strategien, ihre Kriegsmaschine in Rechnung stellen, und zwar um sie für unseren Kampf für eine effektive Dekolonisation, dem konkreten Gedanken der Differenz, nutzbar zu machen, der, notwendigerweise, auch nur eine Geisterbeschwörung ist« (*Maghreb pluriel*, S. 20).

Auf diese Weise tritt Khatibi für die Wiederaneignung der westlichen Philosophie durch die maghrebinischen Subjekte ein. Die Methode, mit den Werkzeugen des ehemaligen Kolonisators die Zwecke der ehemals Kolonisierten zu fördern, ist eine effektive Maßnahme, um die negativen Folgen des früheren Machtmissbrauchs in der Kolonie umzukehren.

Indem Khatibi den Begriff *machinerie de guerre* (Kriegsmaschine) verwendet, um die westliche Philosophie als eine mögliche »Strategie« zu kennzeichnen, erinnert er an die Studien von Deleuze und Guatarri über nomadische Lebensstile.[8] Der Begriff der »Strategie«, der in diesen Schriften auftaucht, könnte leicht dahingehend missverstanden werden, als meinte er eine überlegte Handlung, die zweckbestimmt auf ein festgelegtes Ziel hin ausgerichtet sei. Ich gehe im Gegenteil davon aus, dass die nomadischen Lebensstile der maghrebinischen Subjekte eine ganz andere Art der »Strategie« hervorbringen, eine, die eher mit Deleuzes und Guattaris Verständnis des »Territoriums« des Nomaden übereinstimmt: »Der Nomade hat ein Territorium, er folgt gewohnten Wegen, er geht von einem Punkt zum anderen, ihm sind die Punkte (...) nicht unbekannt (...). Ein Weg liegt immer zwischen zwei Punkten, aber das *Dazwischen* hat die volle Konsistenz übernommen und besitzt sowohl Selbständigkeit wie eine eigene Richtung. Das Leben des Nomaden ist ein *Intermezzo*« (522-523, meine Hervorhebungen, A.R.).

In ihren Erzählungen lässt die einflussreiche Denkerin Hélène Cixous oftmals das Land ihrer Kindheit Revue passieren: Algerien. Aufgewachsen als jüdische *pied-noir* in einem von Algeriern arabischer Abstammung bewohnten Stadtviertel, fühlte sie sich schon an ihrem Ursprungsort niemals völlig akzeptiert. In einem Essay mit dem Titel *My Algeriance, in other words: to depart not to arrive from Algeria* (auf Deutsch etwa: Meine Algerität, oder: abreisen, um nicht aus Algerien anzukommen), erwähnt Cixous, dass sie schon mit drei Jahren den sehnlichsten Wunsch hatte, Algerien zu verlassen. Als dann mehr als ein Jahrzehnt später die erste Reise bevorstand, wusste sie, dass dieser Aufbruch ein endgültiger sein würde: »Es war reines Aufbrechen. Ich hatte kein Ziel und keine

Vorstellung, irgendwo anzukommen, keine Richtung, kein bestimmtes Land, in das ich wollte. Ich war eingezogen und auf der Flucht. Ein quasi originales Ausbruchsunternehmen. Wo sollte es hingehen?« (167). Cixous ging nach Frankreich und etablierte sich als Intellektuelle, ohne sich dort aber ein »Zuhause« zu schaffen. Sie ist ein Reisende und wird es immer bleiben: »Lange Zeit dachte ich, es sei meine algerische Prägung, die mich zu einem Passagier gemacht hat. Ich weiß nicht wie und wann das alles angefangen hat, aber als ich in Frankreich ›ankam‹, ohne dass ich mich oder meinen Weg gefunden hätte, entdeckte ich: Durch den Zufall meiner Genealogie und meiner Geschichte wurde alles so arrangiert, dass ich für immer *unterwegs sein* werde« (169-170).

Cixous′ Blick auf ihren Lebensweg entspricht Deleuzes und Guattaris Beschreibung des Nomaden, dem die Erde schlicht zum Boden wird, zum Träger, auf dem man sich bewegt: »Für den Nomaden wird die Beziehung zur Erde dagegen durch die Deterritorialisierung konstituiert, auch wenn er sich bei der Deterritorialisierung reterritorialisiert. Die Erde selber deterritorialisiert sich dergestalt, dass der Nomade dort ein Territorium findet. Die Erde hört auf, Erde zu sein, und wird tendenziell einfach Boden oder Träger. Die Erde deterritorialisiert sich nicht in ihrer globalen und relativen Bewegung, sondern an bestimmten Orten, an denen der Wald zurückweicht und Steppe und Wüste sich ausbreiten« (*Tausend Plateaus*, S. 525).

Wenn Cixous betont, dass es ihr nicht darum geht, »Wurzeln« zu schlagen, dass sie kein »Zugehörigkeitsbedürfnis« hat, dass sie sich kein »lokalisierbares Land« wünscht, sondern im Gegenteil findet, dass die »Welt völlig ausreicht«, dann spricht sie von der Deterritorialisierung, wie sie Deleuze und Guatarri theoretisch analysieren. Obwohl sie *Richtung Frankreich* aufgebrochen ist, ist sie dort niemals *angekommen*. In der Tat: Frankreich war niemals das Ziel und wird es auch nie sein: »Ich bin Richtung Frankreich aufgebrochen, ohne dass ich die Vorstellung gehabt hätte, dort anzukommen. Als ich in Frankreich war, war ich nicht dort. Ich habe gemerkt, dass ich nie in Frankreich ankommen würde« (169). Obwohl für das reisende maghrebinische Subjekt das Unterwegs-Sein etwas anderes ist als zielloses Umherwandern, schlägt es doch zumeist keine *bestimmte* Richtung ein. Auf diesen nomadischen Streifzügen geht es weniger um das Ankommen als um das Unterwegs-sein an sich.

Wie Deleuzes und Guattaris Überlegungen zeigen, *vermisst* der Wanderer keinesfalls ein Territorium. Das maghrebinische Subjekt geht nicht deshalb in die Welt hinaus, um sich irgendwo *niederzulassen*. Im Gegenteil:

Es lässt Besitz und Sicherheit zurück und macht sich auf ins Unbekannte. Es ist ihre Neugier, die Lust neue, noch nicht definierte Orte zu finden, die Schriftsteller wie Djebar und Khatibi zu ihren Entdeckungsreisen treibt: »Der nomadische Weg: er *verteilt die Menschen (oder Tiere) in einem offenen Raum*, der nicht definiert und nicht kommunizierend ist« (*Tausend Plateaus*, S. 523).

Die Worte »nicht kommunizierend« haben im Deutschen die Konnotation »unverbunden« oder »unvermittelt«: die offenen Räume, die der Nomade durchquert, können als unverbundene verstanden werden. Dieses Bild lässt sich auf die heutigen Verkehrsmittel durchaus anwenden: In unterirdischen Transportsystemen wie der U-Bahn oder dem »Chunnel«, dem Tunnel unter dem Ärmelkanal, werden Menschen zwar schnell und effektiv von A nach B gebracht, aber sie können nicht »sehen«, wohin die Reise geht. Wird man ohne Sicht nach draußen von einer Umgebung in eine vollkommen andere transportiert und taucht plötzlich und unvermittelt am Zielort auf, fühlt man sich oftmals desorientiert. Insofern lässt sich über moderne Reisemittel durchaus sagen, dass sie notwendig *unvermittelt* sind. Aber das Verb »kommunizierend« verweist auch auf Kommunikation, und zwar insbesondere auf die sprachliche. Draußen, im weiten, offenen Raum wird sprachliche Verständigung oft unterbrochen und manchmal auch unterbunden. Die Bedeutung der Sprache und der Übersetzung - und damit der Stille und des *Unübersetzbare* - wird sofort deutlich, wenn maghrebinische Subjekte das Haus verlassen.

Die Pluralität der maghrebinischen Gesellschaft wurde bereits in den Anmerkungen zu den Arbeiten Khatibis, etwa zu *Maghreb pluriel*, angesprochen. Sie wird besonders an der Vielfalt der Sprachen deutlich, die in Nordafrika gesprochen werden. Die Koexistenz vieler Sprachen in Marokko und Algerien eröffnet den maghrebinischen Subjekten zahlreiche Möglichkeiten. In einem Interview für die französische Fernsehsendung *Droit d'auteurs* betonte Assia Djebar die multilinguale Situation in ihrem Heimatland: »All das, was in Algerien lebendig ist ..., ist zweisprachig, dreisprachig, mit einem arabischen Dialekt. Darauf beharre ich. Mit anderen Worten: Es ist ein modernes Arabisch mit Einschlägen des klassischen Arabisch und der Berbersprachen, mit den Berbersprachen und dem Französischen.« Es ist der Zwang, die arabische Schrift benutzen zu müssen, der nach Djebars Ansicht hauptsächlich für die aktuelle, gespannte Situation in Algerien verantwortlich ist. Dieser Zwang, sich einer Kultur unterwerfen und eine Sprache benutzen zu müssen, die der gelebten Kultur und der gesprochen Sprache entgegengesetzt sind, hat ein Chaos hervorgerufen. Sprachen und Kulturen entwickeln sich in und mit der Zeit, sie können nicht von außen kontrolliert werden. Versuchen Regierungsbehörden Einfluss auf solche Prozesse zu nehmen, hat das zwangsläufig negative Folgen für die davon betroffenen Menschen. Maghrebinische Subjekte benötigen Bewegungsfreiheit, Veränderungsmöglichkeiten, die Chance, Neues kennen zu lernen und es in immer neue Ausdrucksformen zu *übersetzen*.

Diese besondere maghrebinische Multilingualität wird in den Kritiken und Rezensionen, die sich zumeist auf die »Bilingualität« konzentrieren, viel zu selten beachtet. Marokko und Algerien lassen sich nicht in das enge Konzept eines arabisch-französischen Dualismus hineinpressen, von dem in den Besprechungen der Arbeiten aus den Federn maghrebinischer Subjekte so oft die Rede ist. Die Berbersprache ist eine dritte und zentrale Sprache, von der diese Schriftsteller beeinflusst sind. Das Spanische ist besonders in Marokko allgegenwärtig, aber auch in Algerien kann man es hören. Auch andere Sprachen, wie etwa das Hebräische, werden in den gemischten maghrebinischen Gesellschaften gesprochen. Vor dem Hintergrund einer solchen Sprachvielfalt eröffnen sich noch weit mehr Möglichkeiten für Sprachspiele und Experimente in Wort und Schrift.

Wie Khatibi in *Maghreb pluriel* betont hat, beinhalten Ortswechsel notwendig Übersetzungsleistungen. In seiner Analyse ist der Übergang von der einen in die andere Sprache mit einer Übersetzungsleistung verbunden, die er mit der räumlichen Bewegung parallelisiert. Anders ausgedrückt: Eine räumliche Dislozierung *sollte* immer mit einer sprachlichen einhergehen. Er erwähnt diese Verbindung unter Rekurs auf eine metaphysische Dualität (westliche vs. islamische Weltsicht): »Riskieren wir nicht, von der einen zur anderen zu kommen, ohne die Übersetzung und die Bewegung zu beleuchten, die hier am Werk sind, unmerklich von der einen Archäologie in die andere, von einer Sprache in die andere?« (57). Khatibis beharrliches Bemühen, den Prozess des Übersetzens stärker ins Blickfeld zu rücken, gilt für alle von nomadischen maghrebinischen Autoren verfassten Texte. Wechselnde Zeichensysteme und Sprachen sind für das Umherziehen, den Wechsel von einem Kontinent in die andere Kultur nötig. Dem Reisen ist das Übersetzen inhärent, und die maghrebinischen Subjekte sind prädisponiert, dies besser als andere zu verstehen, werden doch in ihren Heimatländern viele verschiedene Sprachen gesprochen.

Wie wir gesehen haben, ist die maghrebinische Gesellschaft insgesamt gesehen multilingual. Cixous, in Algerien geboren, lernte zunächst im Mikrokosmos des eigenen Zuhauses mit unterschiedlichen Sprachen spielerisch umzugehen: »Zuhause, da spielten wir Sprachen ...« (168). Die humorvolle, joviale Art dieses Spiels mit Sprachen, das sie mit ihren multilingualen Eltern spielte, bewahrte die junge Cixous davor, sich einer besonderen Mutter- (oder Vater-)sprache zugehörig zu fühlen: »Dieser translinguistische und liebenswerte Sport schützte mich vor allen Verpflichtungen und noch so vagen Wünschen nach Unterwerfung (Ich habe Französisch nie als meine Muttersprache angesehen, es war die Sprache, in der mich mein Vater lehrte) unter *eine* Vater-Mutter-Sprache« (169). Ich möchte Cixous' Verwendung des Wortes »translinguistisch« in ihrer Kindheitserinnerung besonders betonen. Durch die grenzenlose Vertrautheit mit Sprachen wurde Cixous nicht nur auf ihre zahlreichen Reisen vorbereitet, sondern auch mit einer besonderen Art mangelnder »Haftung« an ein Land, eine Nation oder sogar einen Kontinent versehen: »Meine Sprachen glitten jedem ins Ohr, von einem Kontinent zum anderen« (169). Ihre frühe »translinguistische« Erfahrung verlockte sie dazu zu schreiben, eine Schriftstellerin und Theoretikerin zu werden und in ihren Texten mit unterschiedlichen Sprachen zu arbeiten. Auch in Khatibis Texten ist dieses »translinguistische« Potenzial sichtbar: Er nutzt seine Kenntnis unterschiedlichster Sprachen, um einen wahrhaft »multilingualen Text« zu formen, in den schwedische, spanische, arabische, deutsche, italienische und englische Worte und Idiome eingestreut sind und sich mit dem französischen Text verbinden. Philippe Barbé hat in einem Essay über Djebars *Les Nuits de Strasbourg* darauf hingewiesen, dass diese Art »translinguistischen« Schreibens die Möglichkeit einer anderer Art von Identität beinhaltet, einer Identität jenseits nationaler Grenzen: »Statt in einer einzigen Sprache den Verlust ihrer algerischen Wurzeln zu beschreiben, versucht Djebar in einem elsässischen Kontext ein translinguistisches Territorium zu entdecken und auszuloten, das ihren Figuren die Möglichkeit bietet, eine neue, eine transnationale Identität zu bilden, gestützt von einer gegenseitigen sprachlichen Durchdringung aus Französisch, Deutsch, Arabisch, Elsässisch und Englisch« (130). Indem sie in ihren Texten ein, wie Barbé es nennt, »transnationales Territorium« schaffen, haben die maghrebinischen Subjekte die Möglichkeit, den Ort einer »transnationalen Identität« einzunehmen, die nicht an eine bestimmte Sprache oder ein bestimmtes Land gebunden ist.

»Bilingualismus« ist, wie wir gesehen haben, kein geeigneter Begriff, die Situation maghrebinischer Subjekte zu bezeichnen. Dualismus oder eine klare Trennung zwischen zwei kontrastierenden Kategorien - seien es linguistische, kulturelle, religiöse oder sonstige - sind keine Charakteristika der maghrebinischen Gesellschaft. Dadurch ist die Weltsicht der maghrebinischen Subjekte von Anfang an eine ausgesprochen komplexe. Für Djebar und Khatibi ist es unmöglich, die Welt einfach entzwei zu teilen, unmöglich, schlichte kategoriale Oppositionen gegeneinander zu stellen. Im Gegenteil, sie können gar nicht anders, als das Kontinuum der Differenzen auf globaler Ebene in Rechnung zu stellen. Indem sie über den Dualismus hinausgehen, über die Grenzen, die die »französische« von der »arabischen« Kultur und Sprache zu trennen scheinen, finden diese maghrebinischen Subjekte durch interkontinentale Reisen bestätigt, was sie schon immer wussten: Die Welt zu definieren ist kein einfaches Unterfangen.

Das Reisen ist mit Schwierigkeiten verbunden, mit körperlichen und geistigen Unannehmlichkeiten, die vermieden werden könnten, wenn sich die Subjekte dazu entschlössen, »zu Hause« zu bleiben. Aber diese Schriftsteller wissen nur zu gut, dass das Konzept des »Zuhauses« an sich problematisch ist. In ihren pluralen Gesellschaften haben sie gesehen, dass die Vorstellungen von *patrie* (»Vaterland«) und *chez-moi* (»zu Hause«) relativ und also mit Schwierigkeiten überfrachtet sind. Auf diesen Lernprozess haben die maghrebinischen »Nomaden« damit reagiert, ihr Zuhause in die Welt zu verlagern. Sie sind nicht an nationale Zugehörigkeiten gebunden, sie sind unbelastet von der »Dazugehörigkeit« zu einer »Gemeinschaft«, die an einem spezifischen Ort und in einer spezifischen Sprache verwurzelt ist. Stattdessen sind sie, um ein Wort zu benutzen, das Khatibi in der literarischen Zeitschrift *L'Intertextuel* geprägt hat, »Internationalisten«: Subjekte, die zwar nirgendwo richtig dazugehören, die aber, paradoxerweise, überall zu Hause sind.[9]

Die Frage nach den Körpern ist mit der Frage des Reisens, nach der physischen Ortsveränderung und der körperlichen Bewegung automatisch verbunden. Man reist als körperliches Wesen. Zwar ist es möglich, allein durch Worte und Ideen, durch Phantasie und Philosphie »transportiert« zu werden, aber die Reisen, die von den maghrebinischen Subjekten unternommen und beschrieben werden, sind real und konkret, sie bestehen aus physischer Bewegung im Raum. Trekking bedeutet kontinuierliche und energische Anstrengung, besonders für Djebar und Khatibi.

Wegen ihres ethnischen Hintergrunds werden diese beiden Weltreisenden allzu häufig Opfer einer stereotypisierenden Kategorisierung. Ihre körperliche Erscheinung zeugt von ihren genealogischen Wurzeln und man könnte geneigt sein, sie vorschnell als repräsentativ für ihr Ursprungsland und ihre Kultur zu halten. Aber besonders in der gemischten Gesellschaft des Maghreb kann keine Bezeichnung in adäquater Weise die vielfältige Zusammensetzung jedes einzelnen Individuums beschreiben. Die einfache Bezeichnung »Araber« ist höchst ungenügend, reduktionistisch und inadäquat. Mit ihr lassen sich diese komplexen menschlichen Wesen mit ihren multiplen Hintergründen, Sprachen und ihrer kulturellen Sensibilität nicht beschreiben. Das gilt für jeden und jede, der oder die aus dem Maghreb stammt und in besonderer Weise gilt es für das schreibende maghrebinische Subjekt, das per Definition und von Natur aus ein *Individualist* ist. Diese idiosynkratischen marokkanischen und algerischen »Eingeborenen«, die in ihrer Eigenschaft als Wegbereiter sehr eigenwillige Pfade einschlagen, können nicht als wirklich »repräsentativ« für die Regionen gelten, in denen sie geboren wurden. Im Gegenteil, man muss sie mit ihren ganz persönlichen Lebenswegen, die durch die Welt wandern und mäandern, als besonders different sehen. Diese individuellen Pfade haben einzigartige Charaktere hervorgebracht (und zwar sowohl innerhalb wie außerhalb ihrer schriftlichen Werke), die sich logischen, kategorialen Definitionen und allen vorgefertigten Bezeichnungen durch ihre konstante Beweglichkeit entziehen. Sie lassen sich nicht festlegen.

Anders als die Beduinenstämme, die über die Erde ziehen, tun sich Djebar und Khatibi auf ihren Reisen nicht mit ihresgleichen zusammen. Ihre Reiserouten sind selbst gewählt, manchmal schrullig und selbstgefällig, aber immer selbst gewählt. Khatibi bietet zahlreiche Beispiele regelmäßiger und ausgiebiger Exkursionen, die allein seinen Launen entspringen: »Er war von all den Farben überwältigt. Er nahm ihre Brillanz in sich auf, veränderte seine Form viele Male, ging voran, lebte endlos, fiel, wurde wiedergeboren. Männer begleiteten ihn auf jedem Schritt auf dem Weg; er borgte sich ihre Fußabdrücke, die Spuren ihrer Pfade und so reiste er von Land zu Land. Man sah ihn, wie er an den unterschiedlichsten Orten erschien, wie er mit unbeschreiblicher Freude rannte« (*Love in Two Languages* [Liebe in zwei Sprachen] S. 45).

Die Freuden und neuen Eindrücke dieser Reisen sind mannigfach und Khatibi verfällt dem Reisen um seiner selbst willen: »Am Meer liebte er die uralte Idee des Wanderns ... Euphorisches Balancieren: Diese Bewegung zu sein, nichts als diese Bewegung« (44). Dennoch deutet Khatibi

auch die *Schwierigkeiten* an, die dieser kontinuierlichen Bewegung innewohnen: »Er machte sich auf, die Welt zu entdecken, den Pfaden seiner Phantasie zu folgen ... Kein Wort gehörte ihm, nicht einmal sein eigener Name; aber so konnte auch niemand für ihn sprechen ... Sein Körper wurde von einem nervösen Zucken geschüttelt, von einer Intensität, die ihn taumeln ließ« (37). Durch exzessives Reisen wird *alles* fremd - kein Wort - nicht einmal der eigene Name - scheint mehr natürlich, wenn man sich ununterbrochen von hier nach dort bewegt, ohne einen Ort, an dem man sich niederlassen oder den man seine Heimat nennen könnte. Khatibi und Djebars Schriften sind gespickt mit Verweisen auf Stille und Schreie. Diese beiden Extreme markieren das Limit der Ausdrucksmöglichkeiten, die Grenzen, die von diesen wandernden Subjekten so häufig überschritten werden.
Die Aphasie, die Khatibis Erzähler erlebt, wenn er reist, findet ihren Widerhall in der Stille, die Djebars Figuren erleben, wenn sie aus der Tür heraustreten und der Welt gewahr werden. Hajila ist vollkommen sprachlos, als sie in *Die Schattenkönigin* ihren Schleier ablegt und sich auf den Weg macht. Sprachlosigkeit ist auch die Begleiterin der flüchtenden Mutter der Erzählerin in *Weit ist mein Gefängnis*. Im Gegensatz dazu berichtet die autobiographische Stimme in *Fantasia* von einer Begebenheit, bei der ihr ein schrecklicher Schrei entfuhr, als sie alleine in Paris in der Rue Richelieu unterwegs war: »Ans Ende gelangen und den Schrei anhalten; gleichzeitig diese befremdende Stimme abschneiden, dieses Lamento, das gegen meinen Willen zu mir gehört« (172). Dieser Schrei erschreckt nicht nur einen Zeugen auf der Straße, er erschreckt die Erzählerin selbst, die sich ihres ohrenbetäubenden Kreischens gar nicht bewusst ist.[10] Mag sein, dass der urbane Wanderer über den Schrei *und* den unterdrückten Schrei wenig bis keine Kontrolle hat. Aber schreibend gegen gewisse Zustände anzuschreien, darüber hat das maghrebinische Subjekt das volle Kommando.

Das maghrebinische Subjekt, das zum Reisen neigt, neigt genauso dazu, gegen Ungerechtigkeiten anzuschreien, die es auf seinen Reisen erlebt oder gegen die Schwierigkeit, in angemessener Weise die Myriaden von Menschen und Erfahrungen darzustellen, mit denen es in Kontakt kommt. Durch eine Vielzahl von Reisen wird der Blick auf ein ohnehin schon komplexes globales System nur noch mehr verkompliziert. Andere Länder und Kulturen, fremdes Essen, Spiele und Lebensstile kennen zu lernen, kann ihr Verständnis erleichtern, aber der Versuch einer Generalisierung wird dadurch sehr erschwert. Die maghrebinischen Schriftsteller wie Djebar und Khatibi wissen ganz genau und aus eigener Erfahrung, dass es auf die wahrlich schwierigen Fragen, die in Identität und Sprache enthalten sind, keine einfachen Antworten gibt. Diese Experten der *ambulanten Wissenschaften*, um einen Ausdruck von Deleuze und Guattari zu benutzen, räumen dem Unbekannten, dem Ungewöhnlichen und Unerklärlichen ihren Platz ein. Deleuze und Guattari bieten die folgende Erklärung für die nomadischen Lebensstile und die »Schlüsse«, die aus ihnen gezogen werden können: »... die nomadischen oder ambulanten Wissenschaften [sehen nicht vor], dass die Wissenschaft eine autonome Macht bekommt oder auch nur eine autonome Entwicklung hat. Sie haben nicht die Mittel dazu, weil sie all ihre Verfahren den sinnlich-anschaulichen Bedingungen der Intuition und der Konstruktion unterordnen - dem Strom der Materie *folgen*, den glatten Raum *abstecken und zusammenfügen* (...). Die Problematik bleibt ihr einziger Modus« (*Tausend Plateaus*, S. 513).

Diese Stelle erinnert an die oben zitierte poetische Passage aus Khatibis *Love in Two Languages*, in der der marokkanische Autor von seiner Liebe zum Meer und seinem Wunsch spricht, Teil dieses rhythmischen Wogens zu sein. Weder Khatibi noch Djebar streben nach Macht - das wäre das Letzte, was dem maghrebinischen Subjekt in den Sinn käme. Im Gegenteil: Das Reisen repräsentiert eine Öffnung hin zu Vielfalt und *Differenz*. Heutzutage können sich Schriftsteller einer nomadischen Existenz hingeben und dennoch mit relativ wenig Anstrengung literarisch produktiv sein. Neue Technologien wie Notebooks, Faxgeräte, Internetanschlüsse und Ähnliches erlauben es, auf unterschiedlichste Weise und fast überall zu schreiben. Physische Dislozierung kann nicht länger als Hinderungsgrund für kreatives literarisches Schaffen gelten. Diese Flexibilität stachelt zu immer neuen Reisen an, die zu neuen Ideen, zu innovativen Formen des Schreibens führen. Aber maghrebinische Subjekte, auch wenn sie von ihnen Gebrauch machen, sind nicht nur in die internationalen Cybercafés verliebt. Die Art, wie Maghrebiner reisen - in den Straßen spazieren, im Meer schwimmen, mit den Menschen der Städte, die sie besuchen, zusammen schlafen und essen -, unterscheidet sich von der des teilnahmslosen Touristen, der in einem Bus herumgefahren wird. Ihre Reisen erfordern eine körperliche »Investition« in den neuen Ort und Raum. Gerüche und Geräusche verstärken sich, wenn der Reisende sich Zeit nimmt, wenn er in diesen besonderen Rhythmus fällt und sie zusammen mit einer körperlichen Aktivität, mit »Anfassen«, »totalem Eintauchen«, in sich aufnimmt.

Die Figur des Labyrinths, über die Khatibi im Hinblick auf die koloniale Stadt spricht, ist wichtig für das Verständnis der unstillbaren Wanderlust maghrebinischer Subjekte. Über den labyrinthischen Grundriss der kolonialen Stadt wird nicht nur die »Strategie« vermittelt, wie man sich in einer Stadt zurechtfindet, er ist auch der Grund für den furchtlosen Drang ins Ungewisse, für den Drang, die Grenzen der Stadt, des Landes, des Kontinents hinter sich zu lassen und immer weiter zu gehen. Dabei ist es wichtig, auf die Besonderheit des Labyrinths hinzuweisen. Anders als in einem Irrgarten gibt es in einem Labyrinth üblicherweise keine Sackgassen. Mag sein, dass man sehr lange unterwegs ist, um ins Zentrum der Abzweigungen und Kurven zu gelangen, aber man kann sicher sein, dass man entweder den innersten Punkt erreicht oder aber zurück zum Anfang, zum Ausgangspunkt, gelangt. Bewegt man sich in einem Labyrinth, geht es darum, stetig vorwärts zu gehen; man muss sich nicht um falsche Fährten oder versteckte Fallen sorgen. Anders als die tapferen Abenteurer von ehedem können sich die maghrebinischen Subjekte der »globalen« Natur der Erde sicher sein. Sie haben keine Angst in plötzliche Abgründe hinabzustürzen, die »das Ende der Welt« markieren. Die Bewegungsfreiheit und das Reisebedürfnis maghrebinischer Subjekte entspringt der Tatsache, dass sie keine Angst davor haben, sich zu verirren. Sie müssen nicht fürchten, den Weg nach Hause nicht mehr zu finden. Ihnen ist die Gewissheit eigen, immer den Weg zurück zum Ausgangspunkt finden zu können, sollten sie das wollen. Aber so sehr hängen sie nicht an ihrer Heimat, denn sie haben eine größere Heimstatt in der Welt gefunden, und besonders in der Welt der Literatur. Ihnen ist es nicht so wichtig, von wo aus sie gestartet sind – was zum großen Teil mit der sorgenvollen jüngsten Geschichte der französischen Kolonialisierung in Nordafrika zu tun haben mag –, und es ist ihnen noch weniger wichtig, wohin die Reise geht. Worum es geht, ist nicht die erste oder die letzte Nation auf dem Lebensweg, sondern die Reise durch die Länder auf ihm: der transnationale Trek.

Maghrebinische Schriftsteller überschreiten beständig Grenzen, sie bewegen sich immer an den Rändern. Dass »margin«, das englische Wort für Rand oder Grenze, ein Anagramm des Adjektivs »maghrebinisch« ist, erscheint in diesem Zusammenhang sehr passend, denn schon als Kinder befinden sich Maghrebiner in den gemischten Gesellschaften Marokkos, Algeriens und Tunesiens beständig »auf den Grenzen«, und zwar sowohl

geographisch wie im übertragenen Sinn. Schon das Wort »Maghreb«, mit dem diese Region Nordafrikas bezeichnet wird, ist ein relativer Begriff: Im Arabischen bedeutet er »Sonnenuntergang« und ist somit ein Synonym für »den Westen«, die Richtung, in der die Sonne untergeht. Diese Bezeichnung weist auf einen besonderen Standpunkt, eine bestimmte Perspektive hin, die durch einen Ortswechsel ohne weiteres verändert werden kann. Man kann Sonnenuntergängen nachjagen, »erreichen« kann man sie nie, man mag sich anstrengen wie man will. Wie Cixous, die anmerkt, sie sei nie in Frankreich angekommen, obwohl sie schon seit Jahren dort lebt, scheinen die maghrebinischen Subjekte sich generell der Unmöglichkeit bewusst zu sein, jemals das Heimatland wirklich »einzufangen«. Deshalb gehen sie immer weiter, sind fortlaufend »auf dem Sprung«, machen neue Erfahrungen, durchmessen neue Räume. Da sie wissen, dass Orte weniger bedeutsam sind als Sprache, erforschen sie durch multilinguale Aufmerksamkeit und Praxis das translinguistische Potenzial der Bildung neuer transnationaler Identitäten.
Es ist für reiche Leute aus dem Westen zu einem besonderen Vergnügen geworden, sich in der Dritten Welt physisch zu verausgaben. Für Banker, Rechtsanwälte und Ärzte, die im Urlaub etwas Aufregendes erleben wollen, sind Schneewanderungen im Hochgebirge, das Aufstellen von neuen waghalsigen Rekorden, durch die sie in die Schlagzeilen geraten, ein beliebter Zeitvertreib. Es hat etwas »Exotisches«, Nepal mit dem Rucksack zu durchwandern, sich der Natur hinzugeben und die Annehmlichkeiten der Globalisierung hinter sich zu lassen. Diese Art des »schicken« Wanderns oder Trekkings hat mit dem der maghrebinischen Subjekte aber auch gar nichts gemein. Für Khatibi und Djebar ist Trekking sehr viel mehr als eine vorübergehende Laune oder ein modischer Urlaubstrip. Für diese maghrebinischen Subjekte ist das Trekking durch Länder und Kontinente eine Lebenseinstellung, die sie zu wahrhaftigen Entdekkungen und besonderen Begegnungen führt, aus denen sie frische Inspirationen für neue Schriften gewinnen. Das beständige »Dazwischen-Sein« dieser Schriftsteller ist nicht nur der provokanteste Ort, den man einnehmen kann, er ermöglicht ihnen auch eine höchst aktive literarische Produktion. Aber am allerwichtigsten: Er ebnet den Weg für eine multilinguale Übersetzung geschriebener Werke. Dass das englische »Trekking« in meinem Titel mit zwei »K« geschrieben wird, soll die Fremdheit dieses Wortes für die deutsche Sprache betonen, in der diese Buchstabenfolge ungewöhnlich ist. Und schon an Abdelkebir Khatibis Namen kann man sehen, dass Übersetzung immer schon am Werk ist: Im Französischen,

der Sprache, in der er schreibt, ist der Buchstabe »K« - auch als einzelner - nicht gebräuchlich. Und wenn er Schwedisch, Spanisch, Arabisch und andere Sprachen in den französischen Text einfließen lässt, dann beginnt der Leser die wahren Früchte transnationalen Trekkings zu ernten.

Aus dem Englischen von Alexander Ruoff

Literatur

Ahmed, Sara (2000): Strange Encounters: Embodied Others in Post-Coloniality. London, New York: Routledge.

Barbé, Philippe (2001): Transnational and Translinguistic Relocation of the Subject in *Les Nuits de Strasbourg* by Assia Djebar. Ed. Françoise Lionnet. In: L'Esprit Créateur XVI, no. 3 (Fall): 125-135.

Cixous, Hélène (1998): My Algeriance, in other words: to depart not to arrive from Algeria. In: Stigmata: Escaping texts. Trans. Eric Prenowitz. London, New York: Routledge, S. 153-172.

Deleuze, Gilles; Guattari, Félix (1980): Capitalisme et schizophrénie: Mille plateaux. Paris: Les Editions de Minuit (dt.: Tausend Plateaus. Kapitalismus und Schizophrenie. Berlin 1992: Merve).

Derrida, Jacques (1996): Apories. Paris: Galilée (dt.: Aporien. Sterben - Auf die »Grenzen der Wahrheit« gefaßt sein. München 1998: Wilhelm Fink Verlag).

Djebar, Assia (1985): L'amour, la fantasia. Paris: J-C Lattès (eng.: Fantasia: An Algerian Cavalcade. Trans. Dorothy S. Blair. London 1985: Quartet Books; dt.: Fantasia. Zürich 1993: Union).

Djebar, Assia (1987): Ombre sultane. Paris: J-C Lattès (eng.: A Sister to Scheherazade. Trans. Dorothy S. Blair. Portsmouth 1993: Heinemann; dt.: Die Schattenkönigin. Zürich 1991: Union).

Djebar, Assia (1995): Leur français dans le texte. Terres francophones. France 3. Interview. 21. Januar 1995.

Djebar, Assia (1997): Droit d'auteurs. La cinquième. Interview. 30. März 1997.

Djebar, Assia (1997): Voix ensevelies. Lieux d'écriture. ARTE. Fernseh-Interview. 9. Oktober 1997.

Donadey, Anne (2001): Foreword. An Algerian Childhood. Ed. Leïla Sebbar. St. Paul, Minnesota: Ruminator Books, S. vii-xvii.

Khatibi, Abdelkebir (1971): La mémoire tatouée: Autobiographie d'un décolonisé. Paris: Denoël.

Khatibi, Abdelkebir (1983): A Colonial Labyrinth. Trans. Catherine Dana. In: Post/Colonial Conditions: Exiles, Migrations, and Nomadisms. Ed. Françoise Lionnet & Ronnie Scharfman. Yale French Studies 83:2, S. 5-11.
Khatibi, Abdelkebir (1983). L'amour bilingue. Paris: Editions Fata Morgana, (eng.: Love in Two Languages. Trans. Richard Howard. Minnesota 1990: University of Minnesota Press).
Khatibi, Abdelkebir (1983): Maghreb pluriel. Paris: Denoël.
Khatibi, Abdelkebir (1995): La loi du partage. In: L'Intertextuel: Réflexion pluridisciplinaire. Paris: L'Harmattan, S. 11-13.

Anmerkungen

1 Assia Djebar bestätigt in einem Interview für die Fernsehsendung *Lieux d'écriture*, dass sie trotz der zeitlichen und geographischen Entfernung von Algier ihre inneren Tabus mit sich herumträgt. Ihre Anmerkungen zeigen, dass vielleicht keine noch so große Reisetätigkeit es vermag, eingegrabene Denkmuster zu zerstören: »Aber ich denke, dass ich in mir meine eigenen Tabus mit mir herumgetragen habe, und zwar auf Grund meiner arabischen Erziehung und dem, was mich mit meiner Mutter, meiner Großmutter und mit anderen Frauen verbindet. Und in meinen Romanen versuche ich, dieses verinnerlichten Tabus spürbar werden zu lassen. Es geht mir darum, mich gleichzeitig von ihnen zu befreien und sie zu beleuchten.«

2 Nach den schändlichen terroristischen Anschlägen im September 2001 haben die Vereinigten Staaten die Kontrollen für alle Reisenden verschärft, sowohl innerhalb des Landes als auch vor allem für die, die aus dem Ausland kommen. Sogar ein etablierter Gelehrter wie Derrida hat Schwierigkeiten, ein Visum für Reisen in die Vereinigten Staaten zu erhalten.

3 Isma, die Erzählerin, gibt ihre früheren Taten zu und erläutert die Gründe für ihre Handlungen in der Mitte des Romans: »›Ich habe über alles nachdenken müssen, und dafür musste ich im Freien sein können, spazieren gehen, unbekannte Gesichter anschauen. Ich hatte das Bedürfnis, draußen zu sein, und auch, dass man mich vergisst. Dass man mich umbringt, in gewissem Sinn!‹ (...) ›Ja, ich bin fortgelaufen. Ich habe alles hingeworfen‹« (111 - 112).

4 In einer Studie über das »Erkunden« der Stadt zu Fuß, wie es Ismas und Hajilas tun, beleuchtet Adrian Fielder, welche positiven Potenziale darin stecken, wenn sich algerische Frauen jenseits der Grenzen des Hauses bewegen. Er betont die bemerkenswerten Unterschiede zwischen Ismas und Hajilas »Navigationen« in der folgenden Bemerkung: »Isma bewegt

sich bei ihren kreativen und ausschweifenden Navigationen frei im transnationalen Raum, während Hajila ihre ursprüngliche Immobilität überwinden muss, um ihre eigene Umgebung zu erkunden« (109). Ismas erste Wanderungen in der kolonialen Stadt mögen sie vorbereitet - vielleicht auch »trainiert« - haben für längere und intensivere Reisen in die Welt. Fielders Thesen über die »Möglichkeiten des Dialogs« zwischen algerischen Frauen verweisen auf die Verschränkung des Lokalen und des Globalen, Thesen, die an Sara Ahmeds Überlegungen über »Feminismus und Globalität« in *Strange Encounters: Embodied Others in Post-Coloniality* erinnern. Nach Ansicht von Ahmed müssen das Lokale und das Globale als ein Ort der *Differenzierung* (178) angesprochen werden.

5 In ihrem Vorwort zu *An Algerian Childhood* verweist Anne Donadey auf die strategische Position Nordafrikas zwischen Mittelmeer und Sahara als Grund für die »vielfältigen wirtschaftlichen, kulturellen und gewaltsamen Begegnungen in dieser Region ... Als Folge davon haben Nordafrikaner unterschiedliche Abkünfte: Araber, Schwarze, Berber und Mischlinge« (vii).

6 Für die meisten ist es der definitive Aufbruch, nach dem sie in ihre Heimat nur mehr zu kurzen Aufenthalten zurückkommen.

7 In *Maghreb pluriel* stellt Khatibi eine zeitliche und philosophische Verbindung zwischen »Dekonstruktion« und »Dekolonialisierung« her; das kritische Denken Jacques Derridas, das die westliche Metaphysik erschüttert, begleitet das historische Ereignis der Dekolonisierung (47-48).

8 Deleuze und Guattari verweisen auf »Kriegsmaschinen« in Bezug auf Familien oder Abstammungslinien plus Korpsgeist. Hinsichtlich ihrer Informationen und Analysen, auf welche Weise »Kriegsmaschinen« in nomadischen Gesellschaften anders funktionieren als in Nationalstaaten, beziehen sie sich auf den berühmten algerischen Historiker Ibn Khaldun, der auch von Assia Djebar oft zitiert wird (503).

9 »Als Schriftsteller und Intellektueller kann ich mich als einen Internationalisten vorstellen. Ich schreibe in Französisch, einer Sprache, die ich nicht vererbt bekommen habe, aber in der ich ein Berufsausländer bin« (12).

10 »Schreie« hört man allüberall in Khatibis *La mémoire tatouée*. Die Reisen des Erzählers scheinen permanent von Rufen und Schreien begleitet zu sein: »Ein einziger Schrei« (167); »Schrei!« (181); »Ein einziger Schrei« (181); etc.

Michael Koltan

Exile on Main Street

Einleitung

Natürlich war der Vorschlag, in einer Reihe zum Thema »Exil« einen Vortrag über *Exile on Main Street* zu halten, ursprünglich nicht ganz ernst gemeint. Angesichts derer, die aufgrund widriger politischer Umstände ins Exil getrieben wurden und dabei oft genug nur das nackte Leben mitnehmen konnten, muss es zynisch erscheinen, das Exil der Rolling Stones Anfang der 70er Jahre in Südfrankreich damit in einem Atemzug zu nennen. Während der Aufnahmen von *Exile on Main Street* 1971 gab Keith Richards für seinen Lebensunterhalt wöchentlich 7000 Dollar aus: 2500 Dollar für die Miete der Villa an der Côte d'Azur, 1000 Dollar für Essen, 1000 Dollar für Alkohol und noch einmal 2500 Dollar für Drogen - und das war immer noch weniger als ein Drittel seines wöchentlichen Einkommens.[1]

Diese, man kann es nicht anders bezeichnen, Dekadenz gehört eigentlich in eine Reihe mit dem Exil abgesetzter Diktatoren, die von ihren rechtzeitig angelegten Schweizer Nummerkonten leben. Und natürlich war das den Stones auch bewusst: Das Doppelalbum heißt schließlich nicht einfach *Exile*, sondern *Exile on Main Street*. Die Band, die Anfang der 60er Jahre als Rythm'n'Blues-Kapelle angefangen hatte, zu einer Zeit, als in England außer ihnen selbst höchstens eine Hand voll Leute auch nur den blassesten Schimmer hatte, was denn Rythm'n'Blues überhaupt sein sollte, diese Band war inzwischen aus den finsteren Hinterhöfen herausgekrochen und auf der Hauptstraße angekommen. Doch war sie damit glücklich?

Das Stück *Happy* auf *Exile on Main Street* beschreibt recht präzise die Selbstbefindlichkeit der Band (oder zumindest die von Keith Richards) Anfang der 70er Jahre. Es ist kaum möglich, das Wort »happy« verzweifelter als in diesem Stück herauszuspucken. Angesichts der mühsam gezügelten Aggressivität über das angebliche »zwanglose, euphorische

Durcheinander« der Musik zu schwadronieren, wie dies Steve Appleford gemacht hat, kann, mit Verlaub, eigentlich nur ein Tauber. Keith Richards, der eigentliche Architekt von *Exile on Main Street*, umreißt in einigen wenigen Zeilen, warum er ein Rolling Stone geworden war:

Always took candy from strangers
Didn't want to get me no trade
Never wanted to be like papa
Working for the boss every night and day

Das ist buchstäblich biographisch gemeint: »Bert Richards war der prototypisch abwesende Vater. Ein kleiner, schüchterner Mann, der regelmäßig um 5 Uhr morgens aufstand, um zur schlecht bezahlten Arbeit in einem Kraftwerk in Hammersmith, London zu gehen, wo er Vorarbeiter war. Von dort kehrte er in sein von Bomben beschädigtes Haus um sechs Uhr abends zurück, wo er sich in einen Sessel im Wohnzimmer fallen ließ und sich dort in undurchdringliches Schweigen hüllte, bis er ins Bett ging.«[2]

Dabei geht die Anklage in *Happy* über die allgemeine jugendliche Attitude hinaus, nicht so werden zu wollen wie der eigene Vater, nicht ein genauso dummes, unerfülltes Leben zu führen. Keith Richards klagt eine ganze Generation dafür an, dass sie es vor lauter Wiederaufbau in der Nachkriegszeit versäumt hat, ihren Kindern das zu geben, was sie gebraucht hätten: »I need a love to keep me happy.«

Und auch die nächste Strophe handelt von Verrat, allerdings von einen Verrat anderer Art:

Never got a flash out of cocktails
When I can get some flesh off the bone
Never got a lift out of Lear jets
When I can fly way back home

Diesmal handelt es sich nicht um Verrat in der leiblichen Familie; hier geht es um die Ersatzfamilie, die Band. Unmittelbares Objekt der Anklage ist natürlich Mick Jagger, der zu diesem Zeitpunkt Gefallen an Flügen im Lear Jet und dem Schlürfen von Cocktails gefunden hatte. Ende 1970 hatte Jagger öffentlich erklärt: »Man kommt an den Punkt, an dem man alles ändern muß – sich ein neues Aussehen, neue Geldquellen, ein neues Geschlecht und eine neue Frau zulegen muß, wenn man im Geschäft bleiben will.«[3]

Ihren frappantesten Ausdruck fand Jaggers Wandlung vom bösen Buben des Rock'n'Roll zum Mitglied des internationalen Jetsets im Mai 1971, als er sich mit Bianca Perez Morena de Macias in Saint-Tropez verheiratete. Während zur Hochzeit Lord Litchfield, ein Cousin der Königin, eingeladen war, mussten, mit Ausnahme von Keith, die Stones draußen bleiben. Keith zeigte seine Begeisterung für die Vermählung deutlich: Nachdem er mit einiger Mühe die Polizeiabsperrungen überwunden hatte, kippte er zugedröhnt um und verbrachte den größten Teil der Festlichkeiten auf dem Fußboden. Victor Bockris schreibt dazu in seiner Richards-Biographie: »In der Tat drückte Keith seine Ablehnung von Biancas Einfluß auf Mick mit kaum verhohlener sarkastischer Rachsucht aus. Er betitelte sie als ›Hoheit‹, um zu zeigen, wie sehr es ihn ankotzte, dass es jemandem wichtiger sein konnte, ein Kind zu bekommen als eine Rolling Stones-Platte zu produzieren. Und er wies darauf hin, daß Biancas Einfluß auf Jagger viel schlimmer sei als sich irgendjemand vorstellen könnte.«[4]

Happy, in den nächsten Jahren Keiths Themensong bei den Liveauftritten der Band, macht deutlich, dass selbst die Band jetzt nicht mehr die Zufluchtsstätte sein konnte, als die sie im Gegenentwurf zur Familie einmal konzipiert war.

Mein Ziel mit diesem Beitrag ist es zu zeigen, dass auch dies noch als Metapher gelesen werden kann, als Metapher nämlich für die eigene Generation, die das utopische Versprechen der 60er Jahre, nämlich eine neue Form von Geborgenheit jenseits der Familie zu bieten, ebenfalls nicht einlösen konnte. Und in diesem Sinn ist der Begriff des Exils durchaus ernst gemeint: Für Keith war der Umzug nach Südfrankreich nicht nur Flucht vor der Drogenpolizei und Steuerfahndung, es war auch das Abgeschnittensein von der politischen und kulturellen Bewegung der 60er Jahre, deren Zusammenbruch sich als untergründiges Thema durch das ganze Album zieht.

Doch um dieser These Plausibilität zu verleihen, muss ich weit ausholen, bis zu den Anfängen im Jahr 1962, dem Gründungsjahr der Rolling Stones.

Die Anfänge

Die Dekadenz des Jahres 1971 war der Band wahrlich nicht an der Wiege gesungen worden. Der Bassist Bill Wyman beschreibt in *Stone Alone* recht eindrücklich die Selbsteinschätzung der Band zu ihrer Anfangszeit im Jahr 1963: »Ich beschloß, ein paar Pressenotizen als kleine Erinnerung an meinen bescheidenen Erfolg für [meinen Sohn Stephen] aufzuheben (...). Er sollte wissen, daß ich früher einmal in einer kleinen Musikgruppe mitgespielt hatte, die sogar mehrmals in Rundfunk- und Fernsehsendungen aufgetreten war, und daß es ein paar ›gar nicht so schlechte‹ Singles von uns gegeben hatte.«[5]

Dass mit schwarzem Rhythm'n'Blues jemals Ruhm zu ernten oder gar Geld zu verdienen war, konnte 1962 niemand ahnen, als sich Brian Jones, Keith Richards, Mick Jagger, Bill Wyman und Charlie Watts zu einer Band zusammenfanden und diese nach einem Song von Muddy Waters benannten. Die Welt, in der die frühen Rolling Stones beheimatet waren, war die eines musikalischen Undergrounds; und es war eigentlich undenkbar, dass diese Musik jemals den Mainstream erreichen könnte.

Den Gepflogenheiten der Zeit, was den Auftritt einer ordentlichen, aufstrebenden Band anbelangte, gehorchten die Stones überhaupt nicht. Bill Wyman beschrieb später einen prototypischen Auftritt dieser Zeit: »Wenn wir einen Club dazu bringen können, uns auftreten zu lassen, kommen wir also an und bauen unsere Verstärker auf. Die andern tragen Sweater, Lederjacken und Jeans, und ich die Sachen, die ich zur Arbeit anhabe. Der Manager sagt uns dann: ›Werft euch in Schale, nur noch zehn Minuten bis zu eurem Auftritt, also los, zieht euch um.‹ Wir sagen ihm dann, daß wir so, wie wir sind, auf die Bühne gehen würden und er meint: ›Sehr witzig. Also los, geht euch umziehen.‹

Wir haben diese drei gestohlenen Metallbarhocker dabei, und mit Mick vorne und Charlie hinten, setzen wir, Brian, Keith und ich, uns hin und spielen, als ob wir in der Probe wären. Jeder von uns hat ein Bier neben seinem Hocker, und wenn wir ein Stück beendet haben, trinken wir ein bißchen und zünden eine Kippe an. Die Besucher können es nicht glauben. Sie hören auf zu tanzen, stehen um die Bühne und starren uns an, wissen nicht, was sie denken sollen. Der Manager sagt dann: ›Prima, packt euren Kram zusammen; ihr habt fünf Minuten, um zu verschwinden, dann hetze ich euch meine Jungs auf den Hals.‹«[6]

Natürlich waren die Reaktionen nicht überall so desaströs, sonst hätten wir nie von den Rolling Stones gehört. Im März 1963 gelang es den

Stones, ein quasi festes Engagement im Crawdaddy-Club in Richmond zu bekommen. Auch wenn das für das hippe London weit ab vom Schuss war, sprach es sich doch sehr schnell herum und innerhalb von zwei Wochen war der Laden brechend voll. Ein Augenzeuge beschreibt die Szenerie folgendermaßen: »Nur die Bühne mit ihren schwankenden Figuren ist beleuchtet, sonst ist der Raum dunkel. Vom Eingang her fällt ein Streifen Licht und zeigt schwitzende Tänzer, kauernde Gestalten am Boden, zeigt lange Haare, Wildlederjacken, Cowboyhosen und Chelsea-Stiefel.«[7]

Das Image, das die Stones zu dieser Zeit mehr oder minder unbewusst pflegen und das ihr Fanpublikum goutiert, entsprach nicht dem Bild aufstrebender Popkünstler, sondern war das jugendlicher Rebellen. Und genau dieses Rebellentum unterschied sie von allen anderen derartigen Gruppen.

»Sie hauten mich um,« berichtet der Tontechniker ihrer ersten Aufnahmen, Glyn Johns. »Sie hatten etwas Besonderes an sich. Natürlich war das die Musik, aber es waren auch sie selbst: Sie hatten nicht das Aussehen der Popstars, mit denen wir aufgewachsen waren. Sie sahen nicht besonders gut aus, eigentlich waren sie sogar ziemlich häßlich. Und ihre Einstellung - für die Zeit waren sie unglaublich rebellisch und sehr seltsam. Es war einfach ihre Erscheinung, ihre Kleidung, ihre Haare - ihre ganze Einstellung war offensichtlich, sobald du sie spielen sahst. Es war einfach ein komplettes pffft zur Gesellschaft und jedem und allem.«[8]

Wenn jemand etwas Einzigartiges zu verkaufen hat und es Interessenten für dieses Produkt gibt, dann wird sich auch jemand finden, der den Vertrieb für dieses Produkt übernimmt. Im Fall der Rolling Stones war dies Andrew Loog Oldham. Oldham verstand zwar nichts von Musik, aber er verstand etwas von Image. Seine Anfänge lagen in der Modebranche, und zwar in einer Boutique namens Bazaar, die von Mary Quant geführt wurde. Für diejenigen, die mit dem Namen Mary Quant nichts anzufangen wissen: Mary Quant war *die* herausragende Modedesignerin der so genannten Swingin' Sixties; ihre wichtigsten modische Errungenschaften waren der Minirock und die Hot Pants.[9] Hier, in Mary Quants Bazaar, erlernte Andrew Loog Oldham, der als Schaufensterdekorateur arbeitete, sein Handwerk.

Oldhams großes Vorbild war Phil Spector, der legendäre Produzent, dessen »Wall of Sound« die Musik der frühen 60er Jahre ebenso prägen sollte wie Mary Quants Minirock die Mode. Was Oldham allerdings an Spector faszinierte war nicht so sehr dessen musikalische Visionen, als vielmehr die erstaunliche Tatsache, dass Spector es als Produzent zu Ruhm und vor allem auch zu Geld gebracht hatte: Bereits mit 21 Jahren war Spector Millionär und der Gegenstand einer berühmten Reportage von Tom Wolfe.

Konsequenterweise versuchte Oldham auch, sofort auf den größten musikalischen Zug der Popgeschichte aufzuspringen. Als Handlanger von Brian Epstein machte er freiberuflich Pressearbeit für die Beatles. Doch dieser Claim war bereits abgesteckt, hier war nicht mehr wirklich viel zu holen, und so befand sich Oldham ständig auf dem Sprung, sein eigenes Ding aufzuziehen. »Ich wußte, wonach ich suchte,« erinnerte sich Oldham. »Es war Sex.«[10]

Und so geht die Legende noch heute, dass Oldham die Stones als Sexsymbole vermarktete. Das ist richtig und falsch zugleich. Dass Oldham die Absicht hatte, Sex als Vehikel zum Verkauf für Platten zu machen, und dass er Jaggers Potential als androgynes Sexsymbol frühzeitig erkannte, steht außer Frage. Doch Sex allein war keine besonders originelle Zutat, um den Plattenverkauf anzukurbeln. Schon in den vorhergehenden Jahrzehnten hatten Dean Martin oder Elvis Presley ihren Sexappeal zur Umsatzsteigerung eingesetzt. Sex allein war keine wirksames Mittel, um auf dem Schallplattenmarkt für Teenager besondere Aufmerksamkeit zu erregen.

Doch die Stones hatten etwas, was alle Möchtegern-Dean Martins oder Elvise der frühen 60er nicht hatten, und dies war ihre unglaubliche Aggressivität. Natürlich war diese Aggressivität untrennbar mit der sexuellen Ausstrahlung von Brian Jones und Mick Jagger verbunden; doch das Entscheidende war die Aggressivität, nicht so sehr, dass diese Aggressivität auch eine sexuelle Komponente hatte.

Alexis Korner, der Vater des englischen Blues, erinnert sich an die Anfangszeit: »Zu Beginn der Stones war Brian der Kopf des Monsters. Brian war bei den Auftritten unglaublich aggressiv. Damals war sein Haar ziemlich lang und er zog permanent eine Schnute, über die sich ein anzügliches Grinsen zog; und die meiste Zeit sah er unglaublich geil aus. Immer wieder sprang er mit dem Tamburin nach vorne, schlug es dir ins Gesicht und feixte dich an. Die Aggressivität machte schwer Eindruck. In seinen besten Zeiten war er auch ein sehr einfühlsamer Musiker, der außergewöhnlich gut langsamen Blues spielen konnte. Aber ich erinnere mich am meisten an seine ›Ich tret' dir in die Eier‹-Haltung. Brian erzielte das, was er erreichen wollte, durch extreme Aggressivität, und es war wirklich extrem. Es war eine Herausforderung, wenn Brian auf der Bühne war und spielte, er forderte jeden männlichen Anwesenden dazu auf, ihm eine reinzuhauen. Das war wirklich und wahrhaftig das Gefühl, das man bekam.«[11]

Genau diese Aggressivität war es, die Oldham bewusst oder unbewusst vermarkten sollte. Und damit vermarktete er mehr, als er sich je in seinen kühnsten Träumen hätte ausdenken können, er vermarktete die Revolte einer ganzen Generation gegen die Generation ihrer Eltern.

Doch noch war es nicht so weit. Zunächst einmal machte Oldham einen ganz entscheidenden Fehler: »Er bestand darauf, daß sie, wie die Liverpooler Gruppen, identisch eingekleidet würden, und zwar mit Jackets, die ihre Hintern betonen. Das Ergebnis? Innerhalb von zwei Monaten hatte Oldham (...) funky aussehende Rythm'n'Blues-Musiker in fünf albern grinsende ›Teenager‹ in Schuluniformen verwandelt, die genausogut ›The Monkees‹ hätten heißen können.«[12]

Glücklicherweise war dieser Schwachsinn schnell wieder vorbei. Keith Richards war besonders angepisst und sorgte dafür, dass die Uniform nicht sehr lange hielt, indem er sie mit Schokoladenpudding und Whisky verkleckerte und im Umkleideraum auf dem Boden rumliegen ließ. »Komisch,« erinnert sich Richards, »alle denken, daß Oldham unser Image kreierte, dabei versuchte er uns herauszuputzen. Andrew war uns in dieser Hinsicht zu Beginn keineswegs voraus - die Presse griff uns erst zu dem Zeitpunkt auf, als wir diese Hundezahnjacken und Lord John Hemden aus eigenem Antrieb abgelegt hatten. Erst dann begriff Andrew die vollen Konsequenzen davon und stellte sich voll dahinter. Danach machte die Presse die Arbeit für uns. Man mußte uns nur den Zutritt zu einem Hotel verweigern, um die ganze Sache ins Rollen zu bringen. Andrew beutete unser [bestehendes] Image aus, er selbst war keineswegs völlig auf der richtigen Spur. Mit diesen Jacken hätte er beinahe Scheiße gebaut.«[13]

Erst jetzt dämmerte Oldham, dass er die Stones nicht als neue Beatles aufbauen konnte; vielmehr musste er sie als Anti-Beatles lancieren. Während die Beatles völlig entschärft worden waren und durchaus als ganz passable Schwiegersöhne herhalten konnten, lancierte Oldham die für eine gesamte Elterngeneration entscheidende Frage: »Würden Sie ihre Tochter einen Rolling Stone heiraten lassen?« Natürlich hatte Oldham nur ein Ziel: Er wollte den Abscheu der älteren Generation vor den Stones dazu nutzen, mehr Platten zu verkaufen; de facto aber betrieb er, hegelianisch gesprochen, die Arbeit des Weltgeistes. Hier wurde ohne das

Wissen der Akteure an dem Keil geschmiedet, der in den folgenden Jahren zwischen die erste Nachkriegsgeneration und ihre Eltern getrieben werden würde.

Das Rebellische, das die Stones in ihrer ersten Phase zwischen 1963 und 1967 verkörperten, war zu dieser Zeit noch überhaupt nicht mit einer politischen Agenda verbunden. Aber die Stones repräsentierten einen Nonkonformismus, der für einen Gutteil der Nachkriegsgeneration identifikationsstiftend wirkte.

Exemplifizieren lässt sich dies etwa anhand von Bommi Baumann. Michael Baumann, genannt Bommi, war ein Berliner Politaktivist, der von der so genannten Gammlerszene über die Kommune I und den SDS zum bewaffneten Kampf in der Bewegung 2. Juni stieß. 1975 beschrieb er seinen Werdegang in der Autobiographie »Wie alles anfing«, eines der herausragenden Dokumente zum Verständnis der damaligen Zeit. Und wie Baumann feststellte, fing es gar nicht gut an: »Am ersten Tag, als alle Lehrlinge zum Baubüro gegangen sind und dann mit so 'nem Auto zu der Baustelle gefahren wurden, und auf der Fahrt zu dieser Baustelle ist mir plötzlich klar geworden, das machst du jetzt 50 Jahre. Es gibt kein Entkommen. Der Schreck hat mir ziemlich in den Gliedern gesessen, also ich habe immer eine Möglichkeit gesucht, rauszukommen.«[14]

»Ich habe dann die Lehre abgebrochen und alle möglichen Jobs gemacht, also so bis 65, wo meine Geschichte dann anfängt, nicht mehr konform zu sein. Das fängt bei mir an über die Rockmusik eigentlich, über Medium Musik und mit langen Haaren. Da gab es die Beatles, Stones, Byrds oder so, Them gab es, Blues och, ich habe nicht nur Rock gehört, sondern auch die Blues-Leute wie John Lee Hooker oder so 'ne Typen.«[15]

In der damaligen historischen Situation war Rockmusik mehr als nur Eskapismus, das beschissene kulturelle Komplement zu einem beschissenen Leben. Musikgruppen wie die Stones dienten eben nicht dazu, einen Ausgleich zum widerwärtigen Ausbildungs- oder Berufsalltag zu bieten, der das Funktionieren innerhalb der Tretmühle um so sicherer garantierte. Sondern sie bestärkten die Ablehnung der gesellschaftlichen Vorgaben, indem sie sich stellvertretend für ihr Publikum als Opfer des gesellschaftlichen Konformitätsdrucks inszenierten.

Die Repression, der sich »Gammler« wie Bommi Baumann ausgesetzt sahen, war der Situation der Stones ziemlich äquivalent: »In dem Fall bei mir,« schreibt Baumann, »also am Anfang in Berlin, war es ja so, daß es dir mit den langen Haaren plötzlich wie einem Neger gegangen ist, verstehst du. Die ham uns aus Kneipen rausgeschmissen, auf den Straßen angespuckt, beschimpft und sind hinterhergerannt, also du hast wirklich nur Trouble gehabt (...) und ewig Ärger, also auch mit wildfremden Leuten auf der Straße, denen ich nun wirklich nichts getan habe, war ja nun echt ein vollkommen friedlicher Mensch.«[16]

Die gleichen Erfahrungen machten die Stones permanent auch: »Ganz gleich, wo sie [auf Tour] anhielten, und ganz gleich, wie gesittet sie sich auch benahmen - sie wurden von offenen Beleidigungen und willkürlichem Hausverbot in Hotels, Restaurants und Cafés verfolgt. (...) Den Stones [blieb] keine andere Wahl, als Fernfahrerkneipen und Tankstellenimbisse aufzusuchen, wo sie in unmittelbaren Kontakt mit einer Öffentlichkeit gerieten, die es buchstäblich nach ihrem Blut dürstete.«[17]

Eine berühmte Anekdote aus dieser Zeit stellt die legendäre »Tankstellenepisode« dar. Am 18. März 1965 hielt der Tourwagen der Stones in Stratford an einer Tankstelle und Bill Wyman fragte, wo denn die Toilette sei. Der Tankstellenpächter erwiderte, dass die Toilette geschlossen sei und dass er ihn die Mitarbeitertoilette nicht benutzen lassen würde. Nach Aussage des Pächters sei dann der Rest der Band aus dem Wagen gestiegen, Jagger habe gesagt, »Wir pissen, wohin wir wollen« und dann hätte Jones, Jagger und Wyman gegen die Wand der Tankstelle uriniert. Das Ganze führte dazu, dass die Stones wegen Erregung öffentlichen Ärgernisses angeklagt und verurteilt wurden.

Die Differenz zu »Gammlern« wie Bommi Baumann ist offensichtlich: Während die »Gammler« dem Sadismus der so genannten anständigen Leute ungeschützt ausgeliefert waren, konnten die Stones derartige Zwischenfälle als kostenlose Werbung ausschlachten. Und noch ein Zweites macht diese Episode deutlich: Ein Rolling Stone ist den Repressalien nicht alleine ausgesetzt. Wenn der Bassist angepöbelt wird, dann steht die Band ihm zur Seite. Hier wird nicht nur eine Alternative zum Konformitätsdruck, sondern auch eine Alternative zur Vereinzelung der sich aggressiv von ihrer Familie abgrenzenden Jugendlichen angeboten.

Den Massenmedien kommt in diesem Zusammenhang eine wichtige Vermittlungsfunktion zu. Dabei ist es völlig unerheblich, dass insbesondere die Boulevardpresse im Tonfall größten Abscheus über die Band berichtete, im Gegenteil. Dass derart lächerliche Ereignisse vor Gericht landeten und in der Presse großen Wind machten, untergrub sowohl die Autorität der Justiz wie auch der Presse, und damit der ganzen Generation, die sie repräsentierten. Die Botschaft, die für die Jugendlichen der 60er transportiert wurde, war glasklar: Die repressiven Erfahrungen, die wir machen, sind zum einen kein Einzelfall; und zum anderen müssen

wir uns nicht alles gefallen lassen. Vermittelt durch die Massenmedien konnten Bands wie die Stones ex negativo zum Vorbild einer ganzen Generation werden.
Dieses Moment des Aufbegehrens angesichts willkürlicher Schikanen wurde im Umfeld von Stones-Konzerten während der Jahre 65/66 zusehends ritualisiert. Je mehr sich der Ruhm der Stones mehrte, um so öfter arteten die Konzerte in vorhersehbare Krawalle aus. Paradoxerweise war der eigentliche Anlass dafür der Schutz der Band vor ihren eigenen Fans. Angesichts hysterischer Teenager, die ihre Idole berühren oder gar Kleidungsstücke, Haare oder Hautfetzen ergattern wollten, wurde es zunehmend notwendig, die Bühne abzuschotten, damit die Band überhaupt spielen konnte. Und das Verlassen des Veranstaltungsortes artete regelmäßig zu einem Spießrutenlaufen aus, bei dem die Musiker oft nur knapp und manchmal überhaupt nicht mehr mit heiler Haut davonkamen.
Allerdings waren in der Regel die zu diesem Schutz abgestellten Ordnungshüter den Stones und ihrem Publikum gegenüber nicht gerade sonderlich positiv eingestellt; was als Aufrechterhaltung von minimaler Ordnung bei den Konzerten begonnen hatte, artete recht schnell in pure Schikane sowohl gegenüber den Fans als auch der Band aus. Die Krönung war wahrscheinlich das Konzert in Ottawa 1965, wo eine 50 Mann starke Polizeikette auf der Bühne stand und buchstäblich die Sicht auf die Stones versperrte.[18] Dass das Publikum unbefriedigt war, kann man nachvollziehen.
Angesichts des Verhaltens der Ordnungshüter war es kein Wunder, dass es ständig zu Auseinandersetzungen kam. Als typisch kann etwa eine kleine Deutschlandtournee der Stones im September 1965 angesehen werden. Schon bevor die Stones am ersten Veranstaltungsort angekommen waren, gab es die ersten Auseinandersetzungen. Noch auf dem Flughafen in Düsseldorf sollten die Stones eine Pressekonferenz geben, die dann aber von der Polizei abgesagt wurde, nachdem zweihundert Teenager die Polizeisperren durchbrochen, Fenster eingeworfen, Türen aufgebrochen und Telefone aus der Wand gerissen hatten. Über das darauffolgende Konzert in Münster konnte man in der Presse lesen, dass die Hölle losgebrochen sei und das Konzert einem Hexenkessel geglichen habe. Das nächste Konzert in der Gruga-Halle in Essen beschreibt Stanley Booth mit den Worten: »Während in der Gruga-Halle sechstausend Fans randalierten, randalierten zweitausend draußen. Die drinnen hatten den Vorteil, nicht von Polizei zu Pferde niedergeritten zu werden.«[19] In Hamburg konnte dann auch die berittene Polizei nicht verhindern, dass

Autos umgeworfen wurden. Und in Berlin schließlich, dem Endpunkt dieser Minitour, wurde die Waldbühne komplett zerlegt. Hier lieferten sich Jugendliche Straßenschlachten mit der Polizei, in deren Verlauf 85 Fans festgenommen wurden; 17 S-Bahnzüge wurden demoliert und zum Teil umgestürzt, der Sachschaden betrug fast eine halbe Million Mark.[20] Bommi Baumann, der natürlich auch beim Waldbühnenkonzert dabei war, schreibt: »Nach diesem Rollingstonekonzert in der Waldbühne, wo alles zertrümmert worden ist, da ging es denn richtig los, daß bewußt scharf gemacht worden ist gegen uns.«[21] Knapp zwei Wochen nach dem Stoneskonzert verhaftete die Polizei in Berlin fünf Leute aus der Gedächtniskirchenszene, weil sie den Slogan »Jesus war der erste Gammler« mit Kreide an die Kirchenwand geschrieben hatten.[22] Die Fronten waren abgesteckt.

Der große Durchbruch, der die Stones zur wichtigsten Band der 60er-Jahre machte, ging allerdings einher mit einem Wandel in ihrer Musik, und zwar in einem recht merkwürdigen, widersprüchlichen Wandel, der aber in dieser Widersprüchlichkeit die Bedingung ihres Erfolges war. Einerseits fingen sie an, aus den recht eng gesteckten Grenzen des rohen, ungeschlachten Rhythm'n'Blues ihrer Anfangszeit auszubrechen; es ist nun nicht mehr das Wechselspiel zweier Gitarren, das den Sound der Stones prägt. Brian Jones mutierte in dieser Zeit vom Leadgitarristen der Stones zu ihrem Instrumentationshexenmeister. Auf einmal prägen Sitar, Cembalo, Marimba oder exotische Perkussioninstrumente den Sound der Band. Das machte die Musik für ein viel breiteres Publikum als die Londoner Undergroundszene attraktiv. Romantische Balladen wie *Lady Jane* bedienten auch ein weibliches Teenagerpublikum, das im Crawdaddy-Club wahrscheinlich einfach in Ohnmacht gefallen wäre.

Man könnte nun meinen, dass dieses Abschleifen der musikalischen Ecken und Kanten zu einer Zähmung der Stones überhaupt führen musste. Doch das Gegenteil war der Fall; auch wenn das musikalische Aggressionsniveau etwas abgesenkt wurde, so waren die Stones klug genug, dies auf anderen Ebenen zu kompensieren. In dem Maße, in dem die ausgefeilteren Arrangements die rohe Gewalt des Rhythm'n'Blues abmilderten, in dem Maße wurden die Texte aggressiver. Mochte *Lady Jane* weibliche Teenagerherzen höher schlagen lassen, auf der Platte wird dieses Stück dann gerahmt von *Stupid Girl* und *Under My Thumb*, zwei Extrembeispielen von Jaggers offen inszenierter Frauenfeindlichkeit, mit der sich wiederum frustrierte männliche Möchtegernmachos prima identifizieren konnten. Diesem Block cleverer Identifikationsangebote für die Jugend

wurden dann heftige Attacken gegen die ältere Generation wie *Mother's Little Helper* zur Seite gestellt.
Das war das Erfolgsrezept der Stones Mitte der 60er-Jahre: Clevere, poppige Arrangements, wohldosierte Identifikationsangebote für eine unzufriedene, frustrierte Nachkriegsjugend und massive Angriffe auf alles, was deren Elterngeneration heilig war. Eigentlich lief alles prima, die Zeit war endlich gekommen, den Erfolg zu genießen. Und dieser Erfolg war hart erarbeitet. Eigentlich kann man sich überhaupt nicht vorstellen, wie das Arbeitspensum der Stones überhaupt menschenmöglich war: Allein im Jahr 1964 etwa spielten die Stones, neben zahlreichen Plattenaufnahmen und Fernsehauftritten, über 300 Shows. Jetzt, nachdem der wohlverdiente Erfolg eingesetzt hatte, konnte die Band endlich ausspannen. Doch dieses Ausspannen bekam ihr überhaupt nicht gut...

Das Imperium schlägt zurück

Im Herbst 1966 beendeten die Stones die praktisch seit 1963 ununterbrochene Auftrittsserie, um, von einigen wenigen kontinentaleuropäischen Shows im Frühjahr '67 einmal abgesehen, erst wieder im November 1969 auf Tour zu gehen. Dazwischen liegt ein personeller und musikalischer Niedergang der Band und eine der erstaunlichsten Wiederauferstehungen der Rockgeschichte.
Um die Gründe für den Niedergang der Band zu benennen, genügt eigentlich ein Wort: Drogen. In der ersten Hälfte der 60er-Jahre hatten Drogen, von Alkohol einmal abgesehen, noch kaum eine Rolle gespielt, zumindest nicht in dem Milieu, in dem sich die Stones tummelten, oder um es mit den Worten von Bommi Baumann zu sagen: »Zu der Zeit hast du auch viel gesoffen, is viel getrunken worden. Dope gab's ja echt nicht, 65, hat niemand gekannt.«[23] Doch dann, in der zweiten Hälfte der 60er, waren Drogen auf einmal überall: klassische Musikerdrogen wie Marihuana oder Kokain, neue synthetische Drogen wie LSD und schließlich die Renaissance von Heroin prägten die jetzt einsetzende »psychedelische« Ära.
Die Stones wurden in zweierlei Hinsicht Opfer dieses Drogenbooms. Zum einen direkt, durch den Konsum. Das Ende des Tourneestresses hinterließ eine Leere, die gefüllt werden wollte; besonders die beiden Vollblutmusiker Brian und Keith, deren sonstige Interessen etwas begrenzt waren, erwiesen sich als anfällig, während sich Mick Jagger in der

Künstlerbohème und mit diversen Filmprojekten ein neues Betätigungsfeld suchte. Nicht, dass Jagger keine Drogen genommen hätte, aber sie drückten seinem Leben nicht den Stempel auf wie das bei Brian oder Keith der Fall war.

Brian hingegen befand sich auf einer abschüssigen Bahn: Das im frühen Morgengrauen geschossene Cover von *Between the Buttons*, dem ersten in aller Ruhe eingespielten Stones-Album, zeigt einen debil grinsenden, offensichtlich bis in die Haarspitzen zugedröhnten Brian Jones zwischen den unausgeschlafenen Gesichtern der restlichen Bandmitglieder. Brian, der ursprünglich der Kopf der Band gewesen war, der dann mit seinen Instrumentationskünsten auf dem ersten Höhepunkt in der Karriere der Stones den Stücken von Keith und Mick seinen unverwechselbaren Stempel aufgedrückt hatte, dieser talentierte Musiker wurde immer mehr zu einem unzuverlässigen, psychotischen Junkie, der die Band nur noch belastete. Im Juni 1969 wird sich die Band, zu deren Musik Jones schon lange nichts mehr beigetragen hat, von im trennen; wenig später wird man ihn dann ertrunken in seinem Swimmingpool finden.

Genauso schlimm wie die persönlichen Verwüstungen, die die Drogen in der Band anrichteten, waren die öffentlichen Reaktionen. Denn die Drogengeschichten gaben jetzt der empörten Öffentlichkeit die Chance, ihren erklärten Feinden an den Karren zu fahren. Sensationspresse und Polizei arbeiteten Hand in Hand, um die Band, wo es nur ging, zu schikanieren. Und die Stones begingen den Fehler, sich auf einen Krieg einzulassen, den sie - noch nicht - gewinnen konnten: Den Krieg mit der Boulevardpresse.

Man kann die Bedeutung der Boulevardpresse, was die öffentliche Meinungsmache gegen die zaghaft aufbegehrende Jugend betraf, gar nicht hoch genug einschätzen. Und was in Deutschland die *Bild*-Zeitung war, waren in Großbritannien Blätter wie *Daily Mirror* oder *News of the World*, die sich als Volkes Stimme aufspielten.

Angefangen hatte die ganze Sache am 22. Februar 1967 mit einer Fernsehshow names *Sunday Night at the London Palladium*, einem Fernsehevent, wie man heute sagen würde, erster Güte. Die Show, die jede Woche von ungefähr 10 Millionen Zuschauer gesehen wurde, endete regelmäßig damit, dass sich alle beteiligten Künstler auf einer sich im Kreis drehenden Bühne zusammenfanden und freundlich ins Publikum winkten. Die Stones verweigerten sich dieser altehrwürdigen Tradition mit der Begründung, sie würden sich nicht zu einer Zirkusnummer degradieren lassen.

In der Woche nach der Ausstrahlung der Sendung waren die Leserbriefseiten der Boulevardzeitungen voll von Leserbriefen, die ihrem Abscheu über die Arroganz der Band keine Zügel anlegten. Die *News of the World* erkannte, dass sie mit den Stones auf eine Goldmine zur Steigerung der Auflage gestoßen war. Und so lauerte ein Reporter Mick Jagger in einer seiner Stammkneipen auf und entlockte ihm, zumindest wenn man dem daraufhin geschriebenen Zeitungsartikel glauben konnte, freimütige Äußerungen über den Konsum von Haschisch und LSD. Leider hatte der Reporter nicht nur Schwierigkeiten, LSD und Haschisch auseinander zu halten, er war wohl auch nicht in der Lage die Stones zu unterscheiden: Statt wie intendiert mit Mick Jagger, hatte sich der Schmierfink mit Brian Jones unterhalten.

Dass die Stones eine schlechte Presse hatten, war nichts Neues und eigentlich auch kein Problem, sondern Kalkül. In dieser speziellen Situation allerdings machte Mick Jagger einen ganz entscheidenden Fehler: Statt der eigenen Einsicht zu folgen, dass sich niemand für die Zeitung von gestern interessiert, beschloss er, die *News of the World* wegen Verleumdung zu verklagen. So etwas musste schief gehen, wenn die Behauptung nur im Detail nicht stimmte, im Prinzip aber zutreffend war. Bald darauf stürmten 18 Polizisten Keith Richards Haus, wo gerade eine kleine LSD-Party stattfand. Die *News of the World* lieferte einen derart detaillierten Exklusivbericht über die Razzia, dass klar war, dass sie einen Informanten im Haus gehabt haben muss und dass der Tipp an die Polizei von der Zeitung gekommen war.

Im Mai wurde Anklage gegen Mick Jagger und Keith Richards erhoben, wobei die Anklage gegen Mick auf dem Fund von vier Amphetamintabletten in einer alten Jacke beruhte, während Keith vorgeworfen wurde, er hätte den Konsum von Haschisch in seinem Haus toleriert. Am 29. Juni erging das Urteil: Drei Monate Gefängnis für Mick Jagger, ein Jahr für Keith Richards.

Das Urteil war, selbst nach den Maßstäben der Zeit, grotesk. Und so erhielten die Stones von völlig unerwarteter Seite Unterstützung: Der Herausgeber der Times, William Reese-Mogg, prangerte das Urteil in einem Leitartikel mit dem poetischen, von William Blake entlehnten Titel »Wer flicht einen Schmetterling auf's Rad?« als völlig ungerechtfertigt an. In der Revisionsverhandlung wurde Richards freigesprochen, Jaggers Strafe zur Bewährung ausgesetzt.

Das war jedoch nicht das Ende der Schikanen; ständig kam es zu neuen Razzien und Leibesvisitationen bei den Stones, im Fall von Brian Jones

mehrmals mit Erfolg. Und die Stones veröffentlichten das wahrscheinlich schlechteste Album ihrer Karriere: *Their Satanic Majesties Request.*
Man mag die Grauenhaftigkeit dieser Platte auf den Stress mit den Drogenprozessen zurückführen, doch das ist wenig plausibel. Die ganze Grundidee der Platte ist völlig vermurkst, und der Grund für dieses Vermurksen lässt sich mit einem Stichwort erklären: *Sergant Pepper's Lonely Hearts Club Band.* Die Stones versuchten auf den Hippie-Zug mit Love, Peace und Happiness aufzuspringen und ein psychedelisches Meisterwerk wie das magnum opus der Beatles zu produzieren. Jagger entblödete sich nicht einmal, zusammen mit Paul McCartney zum Maharishi Mahesh Yogi zu reisen, um dessen Weisheit aufzusaugen.
Diese Anbiederung an die Blumenkinder und den Summer of Love passte einfach nicht zu den Stones. Auch wenn es damals nicht opportun erschien: Die Stones waren nun einmal die Bad Guys des Rock und übernahmen sich hoffnungslos bei dem Versuch, dem scheinbaren Zeitgeist hinterher zu hecheln.
Doch der Zeitgeist ging auch an den Blumenkindern vorbei. Im Jahr 1968 drehte sich der Wind um 180 Grad.

Street Fighting Men

Dass die Menschheit nicht in das Zeitalter des Wassermanns eingetreten war und der Kalte Krieg nicht durch ein paar Blumen im Haar zu überwinden war, stellte sich schon zu Beginn des Jahres 1968 heraus. Im Februar 1968 kommt es in San Francisco im Viertel Haight-Ashbury, dem Zentrum des Summer of Love vom vorigen Jahr, zu einer ersten Straßenschlacht zwischen Hippies und Polizei. Im März beginnt es an der Universität von Nanterre, von Mailand und Rio de Janeiro zu brodeln, weil Studenten verhaftet oder zusammengeschlagen oder, wie in Rio, gar erschossen werden. Im April werden bei Attentaten Martin Luther King ermordet und Rudi Dutschke schwer verletzt. Die Ermordung Martin Luther Kings führt zu Aufständen der schwarzen Bevölkerung in 125 Großstädten der USA, das Attentat auf Dutschke in Deutschland zu den so genannten Osterunruhen, bei denen sich über 60.000 Menschen Straßenschlachten mit der Polizei liefern, um die Auslieferung der Springerpresse, die für das Attentat verantwortlich war, zu verhindern. Der Mai beginnt nicht friedlicher. In Frankreich kommt es nach einer

Protestkundgebung an der Sorbonne über Tage hinweg zu gewalttätigen Demonstrationen und Straßenschlachten.
Die ganze aufgestaute Wut und Frustration der Nachkriegsgeneration scheint sich in einem weltweiten reinigenden Gewitter entladen zu wollen. Die Stones erkennen, dass der Wind sich gedreht hat. Am 12. Mai 1968, einen Tag nach der großen Barrikadennacht in Paris und einen Tag, bevor in Frankreich der Generalstreik beginnt, stellen sie ihre neue Single Jumping Jack Flash vor:

> I was born in a crossfire hurricane
> And I howled at my ma in the driving rain
> But it's all right now, in fact it's a gas
> But it's all right I'm Jumping Jack Flash, it's a gas, gas, gas
> I was raised by a toothless, bearded hag
> I was schooled with a strap right across my back
> I was drowned, I was washed up and left for dead
> I fell down to my feet and I saw they bled
> I frowned at the crumbs of a crust of bread
> I was crowned with a spike right through my head

»Flowerpower war nur ein Haufen Kacke, so ist es doch,« kommentierte Jagger später. »In ›Jumpin' Jack Flash‹ war nichts von Liebe, Frieden und Blumen zu entdecken, stimmt's?«[24]
Der Inhalt des Songs ist etwas dunkel. Er erzählt von einer harten, trostlosen Kindheit und davon, dass das alles nichts ausmacht, im Gegenteil, dass jetzt alles Klasse sei – wobei die letztere Behauptung eher wie Pfeifen im Walde anmutet. Jagger hat den Song später als Metapher für die ganzen Widrigkeiten mit den Drogengeschichten des vorhergehenden Jahres interpretiert. Wie dem auch immer sei, wichtiger als der Text war auf jeden Fall die Musik. Es ist vor allem das treibende Riff, das das Stück unverwechselbar macht. Dieses Riff, ursprünglich wohl ausnahmsweise nicht von Keith Richards, sondern von Bill Wyman erfunden, peitscht das Stück nach vorne wie seinerzeit das Riff von *Satisfaction*. Hier wird nicht mehr mit Sitar- oder Marimbaklängen herumgespielt, hier wird wieder böse Gitarrenmusik gemacht, wie zu den besten Zeiten. Doch *Jumpin' Jack Flash* war eben nicht nur eine Rückbesinnung auf die alten Qualitäten der Stones; am ganzen Arrangement des Songs lassen sich grundlegende Verschiebungen in der Band bemerken. Zum einen kann man hören, dass Brian Jones abgeschrieben war: Jones instrumentaltechnische Raffinesse, die dieser in den Jahren 65/66 entwickelt hatte, war beiseite gewischt. Aber Keith und Brian fanden auch nicht zum

Wechselspiel zweier einander sich gegenseitig ergänzender Gitarren zurück, das die frühen Aufnahmen prägte. *Jumpin' Jack Flash* lebt vielmehr von der raffinierten Verschlingung der Rhythmusgitarre und des Basses. Dadurch kommt eine Wucht in das Stück, die selbst früheren Monsterhits wie *Satisfaction* fehlt.

Dieser Verschiebung der Gewichte in der Band entsprach eine Verschiebung im Umfeld. Die Stones hatten endlich einen Produzenten. Nominell waren sämtliche frühen Aufnahmen von Andrew Loog Oldham produziert worden, faktisch hatten zumeist die diversen Toningenieure der unterschiedlichen Studios und natürlich Keith Richards das Sagen. Bei *Their Satanic Majesties Request* hatten die Stones Oldham bewusst aus dem Studio geekelt, er erschien auch auf dem Plattencover nicht mehr als Produzent. Und nun hatten sie sich mit Jimmy Miller einen talentierten Produzenten an Bord geholt, mit dem sie zusammen die vier wichtigsten Alben ihrer Karriere einspielen sollten: *Beggars Banquet*, *Let it Bleed*, *Sticky Fingers* und schließlich *Exile on Main Street*.

Noch drei Tage vor der ersten Präsentation von *Jumpin' Jack Flash* hatte der *Daily Express* geunkt: »Es sieht schlecht aus für die Rolling Stones.« Jetzt waren die bösen Buben zurück, und während um sie herum die Revolte tobte, stürzten sie sich kopfüber in die kreativste Phase der gesamten, inzwischen 40-jährigen Bandgeschichte.

An Provokationen, die das Thema Jugend versus Establishment in immer neuen Varianten durchspielt, mangelt es nicht. *Beggars Banquet*, dessen Veröffentlichung sich verzögerte, weil die Plattenfirma sich geweigert hatte, das ursprünglich geplante Toilettengraffiti-Cover zu veröffentlichen, beginnt gleich in der richtigen Tonlage: *Sympathy For The Devil* heißt der erste, wieder von einem Monsterriff vorangepeitschte Song. *Stray Cat Blues* lässt sich in unzweideutiger Weise über den Sex mit Minderjährigen aus und *Street Fighting Man* zollt, mit leicht ironischem Touch, den weltweiten Straßenkämpfen Tribut. Und neben Satanisten, Kinderschändern und Straßenkämpfern kommen selbst die Blues-Puristen nicht zu kurz: Mit *Prodigal Son* gelingt den Stones die Coverversion eines Bluessongs, wie sie es bislang in ihrer Karriere noch nie geschafft haben. Das ist kein epigonenhaftes Nachspielen mehr, das ist ein Tribut von gleich zu gleich: Die verlorenen Söhne, die sich schon zu lange dem Diktat Andrew Loog Oldhams gebeugt haben, sind zu ihren Wurzeln zurückgekehrt.

Das nächste Album, *Let It Bleed*, variiert nur die Themen von Beggars Banquet: *Midnight Rambler* ist erneut etwas für die richtig üblen Bur-

schen oder solche, die sich dafür halten, *Let it Bleed* spielt wie gewohnt auf der Klaviatur sexueller Perversionen, *Gimme Shelter* bringt einen Hauch von politischem Bewusstsein an die Käufer und mit *Love In Vain* liefern sie eine Coverversion der alten Bluesnummer von Robert Johnson, in der sie das Kunststück schaffen, einerseits eine völlig eigenständige Version zu kreieren, der man andererseits jedoch mit jeder Note den tiefempfundenen Respekt vor dem Genie Robert Johnsons anhört.
Das Sahnehäubchen dieses Album ist dann ihre zweite Version von *You Can't Always Get What You Want*, in der sie beweisen, dass sie einfach alles bekommen können, was sie wollen, und wenn es der Londoner Bachchor ist, dessen 60 Knabenstimmen allerliebst *You Can't Always Get What You Want* piepsen. Yaak Karsunke versuchte das später in einem (schlechten) Gedicht auf den Punkt zu bringen:

Karl Marx im konzert

›diese versteinten
verhältnisse dadurch
zum tanzen zwingen
daß man ihnen ihre eigne
melodie vorspielt‹

Jagger jault auf der bühne
You Can't Always Get What You Want

: & dieses schwein (sagt Andreas)
wiederholt das solange
bis wir zu tanzen anfangen[25]

Was jetzt noch fehlte, war eine große Tournee, um das neue Material auch live zu erproben. Dazu mussten sich die Stones allerdings von Brian Jones trennen, der untragbar geworden war. Auf *Let It Bleed* ist Jones nur noch als Perkussionist für *Midnight Rambler* und als Spieler der Autoharp, eines Zitherinstruments, auf *You Got The Silver* zu hören. Die Auflagen wegen seiner Drogenverurteilungen verhinderten außerdem eine Auslandstour, weshalb die Stones das offiziell machten, was faktisch schon der Fall war: Brian Jones war kein Rolling Stone mehr.
Für den 5. Juli 1969 hatten die Stones, zur Vorstellung des neuen Gitarristen Mick Taylor, ein kostenloses Konzert im Hyde Park angekündigt: Es sollte eine Trauerfeier für den zwei Tage zuvor verstorbenen Brian Jones werden. Die Stones spielten lausig und auch die ersten Konzerte der

Amerika-Tournee, die dann im November begann, waren nicht gerade überragend, kein Wunder, denn zum einen waren die Stones lange nicht aufgetreten und zum anderen standen sie vor einer völlig neuen Situation, die Keith folgendermaßen beschrieb: »Auf einmal (...) ist da ein Publikum, das zuhört, statt einem Haufen kreischender Mädels.«[26]
Victor Bockris, sein Biograph, fasste die Veränderungen etwas präziser zusammen: »Das Rockkonzert hatte sich verändert: Das Publikum hörte nun zu, hatte politische Anliegen, und konnte sich als unglaubliche und potentiell explosive Kraft zur Geltung bringen.«[27]
Allerdings waren die politischen Anliegen, die das Publikum der Stoneskonzerte umtrieben, wenig genau definiert; man wollte alles, aber nichts Genaues. Ein Flugblatt, das während der Tour verteilt wurde, klang so:

> Gruß und Willkommen den Rolling Stones, unseren Genossen im verzweifelten Kampf gegen die Irren, die die Macht besitzen. Die revolutionäre Jugend der Welt hört eure Musik und wird zu noch tödlicheren Handlungen inspiriert. Wir kämpfen als Guerillas gegen die einmarschierenden Imperialisten in Asien und Südamerika, wir revoltieren überall bei Rock'n'Roll-Konzerten. Wir haben Los Angeles niedergebrannt und geplündert, und die Bullen wissen, daß unsere Heckenschützen zurückkehren werden.
> Sie nennen uns Aussteiger und Kriminelle und Deserteure und Halbstarke und Kiffer und überschütten uns mit Tonnen von Scheiße. In Vietnam werfen sie Bomben auf uns und in Amerika versuchen sie, uns zum Krieg gegen unsere eigenen Genossen aufzustacheln, doch die Hundesöhne hören, wie wir euch auf unseren kleinen Transistorradios spielen und sie wissen, daß sie dem Blut und dem Feuer der anarchistischen Revolution nicht entkommen werden.
> Wir werden eure Musik in Rock'n'Roll Kapellen spielen, während wir die Gefängnisse niederreißen und die Gefangenen befreien, während wir die staatlichen Schulen niederreißen und die Schüler befreien, während wir die Militärstützpunkte niederreißen und die Armen bewaffnen, während wir den Wärtern und Generalen Burn Baby Burn! auf die Wänste tätowieren und eine neue Gesellschaft aus der Asche unserer Brände erstehen lassen.
> Genossen, wenn ihr wieder in dieses Land zurückkehrt, wird es von der Tyrannei des Staates befreit sein, und ihr werdet eure herrliche Musik in Fabriken spielen, die von Arbeitern geführt werden, in den Hallen leerer Rathäuser, auf dem Schutt von Polizeirevieren, unter den baumelnden Kadavern von Priestern, unter einer Million roter

> Flaggen, die über einer Million anarchistischer Gemeinschaften wehen. In den Worten von Breton: Die Rolling Stones werden die Zukunft sein! Lyndon Johnson - die Jugend Kaliforniens gibt sich ganz deiner Vernichtung hin! Rolling Stones - die Jugend Kaliforniens hört eure Botschaft! Lang lebe die Revolution![28]

Das ist lustig, und so sollte die Revolution auch sein: Ein großes, lustiges Fest, wie ein Rock'n'Roll-Konzert. Tatsächlich aber blieb die gesellschaftliche Utopie, die die so genannten '68er entwickelten, in den Details recht vage: Weniger Gängelung und Bevormundung, mehr individuelle Freiheit, das Recht auf Lust und Genuss im Hier und Jetzt. Welche konkreten Formen das jedoch annehmen sollte, blieb unbestimmt. Allein die Gegner waren klar benannt: Eltern, Lehrer, Meister, Bullen, Militärs, Politiker, kurz: die gesamte Elterngeneration.

Das Problem war, dass der Minimalkonsens der Bewegung ein rein negativer war, nämlich der Kampf gegen diese Unterdrücker, und dass dieser Kampf nicht nur ein Mittel, sondern zugleich auch das Ziel war. Recht gut lässt sich das an den großen Schlachten der Bewegung, den militanten Demonstrationen ablesen. Diese waren nicht nur Anprangerung von Missständen, Kenntlichmachung des Gegners, sie waren auch lustvolle Selbstvergewisserungen der Bewegung, das, was die Bewegung trotz der immer weiter aufreißenden inhaltlichen Differenzen zusammenhielt.

Peter-Paul Zahl hat im sechsten Kapitel seines Romans *Die Glücklichen*, das die schöne Überschrift »Keine Freude gleicht dem Aufruhr« trägt, diese Gleichzeitigkeit von Zweck und Mittel dargestellt, die Einheit von symbolischem Angriff und Selbstvergewisserung. Nach gelungener Straßenschlacht trifft man sich an der Universität: »Manche von uns liegen erschöpft auf dem Rasen der TU, andere schütteln ihre [vom Pflastersteinwerfen] schmerzenden Arme aus. Einige singen die Internationale, andere Street Fighting Man.«[29] Dieser Eventcharakter der Demonstrationen, wie man heute sagen würde, kommt nirgendwo besser zum Ausdruck als in der Antwort eines Reporters auf die Frage, wie er denn die Straßenschlachten während des Demokratischen Parteitags 1968 in Chicago empfunden habe: »Es war wie bei einem Rolling Stones Konzert.«[30]

Darin lag aber auch die Schwäche der Bewegung, dass sie diese Einheit in der Aktion nicht in die Einheit einer klaren politischen Zielsetzung ummünzen konnte. Zu Beginn des neuen Jahrzehnts zersplitterte die Bewegung in ungezählte, einander inhaltlich ausschließende Gruppierungen, während die Militanz, in Ermangelung klar definierbarer Ziele, in Teilen der Bewegung immer mehr eskalierte. Dass aus dem Spaß immer öfter blutiger Ernst wurde, mussten die Stones am Ende ihrer USA-Tournee schmerzhaft feststellen.

Zum Abschluss der Tour wollten die Stones, ganz im Zeichen der Zeit und in Erinnerung an das Woodstock-Festival und natürlich auch um dem während der Tour gedrehten Film ein dramatisches Ende zu verschaffen, ein kostenloses Konzert geben, zu dem sie eine Reihe anderer Bands einluden. Für Dramatik sollte gesorgt sein, allerdings nicht so, wie die Stones das geplant hatten. Das Festival von Altamont wurde nicht einfach ein Flop, es wurde eine Katastrophe. Schon die Örtlichkeit, eine abgewrackte Autorennbahn in den kalifornischen Bergen, war entsetzlich, aber andere Örtlichkeiten standen entweder nicht zur Verfügung oder waren zu teuer. Dazu kam die von wem auch immer aufgebrachte Schnapsidee, die Hells Angels als Ordner anzustellen. Es war grundsätzlich eine große Schwäche der Gegenkultur der 60er Jahre, Outcasts und Underdogs kritiklos zu romantisieren; und niemand hatte diese Romantisierung weniger verdient als die kalifornischen Hells Angels, die schlicht und ergreifend eine Vereinigung krimineller Psychopathen waren.

Das Festival selbst war miserabel organisiert. Es gab zu wenig Verpflegung und Toiletten, »die neunzehn Ärzte in ihren verstreuten Erste-Hilfe-Stationen waren schon allein durch die Opfer schlechter Drogen, die augenscheinlich von organisierten Syndikaten in Umlauf gebracht worden waren, überlastet. Die wenigen Vorräte an Gegenmitteln wie Thorazin gingen rasch zu Ende, und für die meisten Opfer konnte nichts anderes getan werden, als sie an mit Seilen abgesperrten Plätzen zu verwahren, wo sie sich wie halbtote Pestopfer schüttelten und in Schmerzen wanden.«[31]

Schon während des Auftritts von Santana, der das Konzert eröffnete, begannen die Hells Angels Leute zusammenzuschlagen; beim Auftritt der Jefferson Airplane rotteten sie sich um einen jungen Schwarzen zusammen und schlugen dann Marty Barlin, den Sänger von Jefferson Airplane, bewusstlos, als dieser von der Bühne sprang, um dazwischenzugehen. Als Jagger ankommt und vom Hubschrauberlandeplatz zur Bühne geht, wird er von einem durch billiges Acid verwirrten Jugendlichen mit den Worten »Ich hasse dich, du Arschloch. Ich bring' dich um.« angegriffen. Den Flying Burrito Brothers gelingt es, die aggressive Stimmung etwas herunterzukochen, doch während des lausigen Auftritts von Crosby, Stills, Nash und Young kommt es wieder zu Schlägereien.

Es ist Dezember und selbst in Kalifornien wird es in den Bergen nach Einbruch der Dunkelheit arschkalt. Aus Überresten des Rennbahnzauns und Müll werden Feuer angezündet, eine stinkende Rauchwolke mit dem Geruch von brennendem Plastik legt sich über die Bühne. Der Auftritt der Stones gerät zum Alptraum; Jagger macht den Fehler, trotz der gereizten, aggressiven Stimmung *Sympathy for the Devil* anzuspielen. Mitten im Stück müssen sie abbrechen, als vor der Bühne eine Schlägerei ausbricht und Jagger versucht die Masse zu beruhigen.

Die Stones spielen verzweifelt weiter, denn, wie Mick Taylor sich später erinnert: »Wir wussten, dass es, wenn wir aufhören würden, wirklich zu einem Aufstand kommen würde.«[32] Der Auftritt versinkt immer mehr im Chaos. Vor der Bühne, gefilmt vom Kamerateam der Stones, ohne dass sie genau wussten, was sie da filmen, wird der junge Meredith Hunter von einem Hells Angel erstochen. Stanley Booth, der die Stones auf der '69er-Tour begleitete und später ein brilliantes Buch darüber verfassen sollte, erinnert sich: »Nach dem Vorfall mit Meredith Hunter beruhigte sich die Atmosphäre, eine eigenartige Stille legte sich über das Publikum und der Rest des Konzerts verlief ohne weitere Auseinandersetzungen. Die Stones sind geblieben und haben weitergemacht statt sich umzudrehen und wegzurennen. Sie haben sich zusammengerissen und da draußen in den kalten kalifornischen Hügeln noch circa eine Stunde hervorragend gespielt, wirklich erstaunlich gut. Ich habe ihre Hartnäckigkeit bewundert, denn eigentlich wollten wir alle nur so schnell und so weit weg wie möglich. Aber sie standen das durch, sie spielten ihr Set, obwohl um sie herum buchstäblich die Hölle ausgebrochen war. Und dann, nachdem sie Street Fighting Man gespielt hatten, verließen wir Altamont und wären fast noch mit einem überladenen Helikopter abgestürzt.«

Das Altamont-Konzert entwickelte sich schnell zu einem Symbol, zu einem Symbol für das Ende der 60er mit allen ihren Hoffnungen, Provokationen, Utopien und Illusionen. Es ist nicht das Ereignis Altamont selbst, das dies alles unter sich begräbt. Tatsächlich hatte die Bewegung, die die Revolte des Jahres 1968 in Gang gebracht hatte, ihren ursprünglichen Schwung verloren und war ins Stocken geraten. Im Laufe der eineinhalb Jahre seit dem Mai '68 war es nicht geglückt, die Spontaneität der Revolte in ein tatsächliches politisches Projekt zu verwandeln. Stattdessen zersplitterte sich die Bewegung in unendlich viele verschiedene Fraktionen, die alle irgendwelche Rezepte propagierten, die sie aus der Mottenkiste linker Bewegungen der letzte zweihundert Jahre herauskramten. In diese Selbstzerfleischung passte Altamont wie ein Puzzlestein in eine vorbereitete Lücke, eine Lücke, die die Bewegung selbst schon, auch ohne Zutun der Stones, aufgerissen hatte. Wieder einmal werden die Stones zu einem

Spiegel, in dem die Bewegung ihr eigenes Bild erkennen kann, doch dieses Mal erschrickt sie über das Bild, das sich ihr bietet.
Es ist kein Zufall, dass die mediale Verarbeitung von Altamont völlig anders verlief als früher, bei den mehr oder minder absichtsvoll inszenierten Provokationen der Stones. Für die bürgerliche Presse gab es an Altamont nichts herumzumäkeln: »Der *San Francisco Chronicle* bezeichnete das Altamont-Festival am nächsten Morgen als großartigen Erfolg, der nur durch einige Todesfälle geringfügig beeinträchtigt worden sei. Außer Meredith Hunter waren noch drei weitere Jugendliche zu Tode gekommen; zwei waren in ihren Schlafsäcken von einem Wagen überfahren worden, der dritte in einem Bewässerungsgraben ertrunken.«[33] Nicht der klassische Gegner der Stones, die Boulevardpresse, machte Altamont zum Thema. Vielmehr waren es der Rockmusiksender KSAN und das Musikmagazin Rolling Stone, die das wahre Ausmaß der Tragödie an die Öffentlichkeit brachten. Damit hatte sich die ganze Konstellation, die die 60er Jahre geprägt hatte, grundlegend geändert.
Es ging nun nicht mehr darum, dass eine Jugend sich gegen die sinnlosen und überflüssigen Restriktionen, die ihnen eine heuchlerische Elterngeneration auferlegte, durch Witz, Provokationen und auch symbolische Gewalt auflehnte und dabei die feindlich gesonnenen Medien benutzen konnten. Die Kritik kam jetzt sozusagen aus den eigenen Reihen und war nicht nur berechtigt, sondern wurde auch ernst genommen. Tatsächlich war die Rebellion der 60er Jahre so weit fortgeschritten, dass die Protestgeneration lernen musste, die Verantwortung für ihr Tun zu übernehmen. Dieser Lernprozess sollte, mit einer Reihe von Verwerfungen, bis in die 80er Jahre hinein dauern und größtenteils recht fragwürdige Resultate hervorbringen, wie man etwa an unserem aktuellen Außenminister sehen kann.
Bei Mick Jagger verlief der Lernprozess schneller. Er, der auch als Individuum, nicht nur als Leitbild, der Bewegung am nächsten gestanden hatte und sogar bei der großen Vietnamdemonstration 1968 in London mitgelaufen war, entwickelte sich quasi über Nacht zu einem smarten Businessmenschen. Natürlich ist dafür nicht allein Altamont verantwortlich: Nachdem die Stones zwei hervorragende Alben veröffentlicht und eine, von Altamont einmal abgesehen, erfolgreiche Tour absolviert hatten, waren sie pleite. Plattenfirma und Management hatten sie über's Ohr gehauen, die Steuer war ihnen auf den Fersen, ebenso die Bullen, die es darauf anlegten, ihnen doch noch wegen Drogenvergehen an den Karren zu fahren. Angesichts dieser Widrigkeiten machte Jagger einen klaren

Schnitt. Er feuerte das alte Stones-Management, setzte zuverlässige Leute für die Finanzverwaltung ein, gründete eine eigene Plattenfirma für die Band und bereitete den Gang in's Exil vor. Willkommen in den 70ern.
Die erste Platte auf dem neuen, eigenen Label, *Sticky Fingers*, kam an die beiden vorhergehenden nicht heran. Ich weiß, dass ich hier ein Sakrileg begehe, da für viele *Sticky Fingers* ihre Lieblings-Stonesplatte ist. Und auf *Sticky Fingers* finden sich wahrscheinlich mehr großartige Songs als auf jedem anderen Stones-Album. *Brown Sugar*, *Wild Horses*, *Sister Morphine* und *Dead Flowers* sind zu Recht Hits, die praktisch jeder kennt, *You Gotta Move*, *I Got The Blues* und *Moonlight Mile* sind, obwohl nicht so bekannt, ebenfalls großartige Aufnahmen. Und doch, irgendwie fehlt *Sticky Fingers* das je ne sais pas quoi, das die beiden vorhergehenden Platten und dann vor allem *Exile on Main Street* auszeichnet. Irgendwie stimmt alles nicht so richtig zusammen; für mich hat es fast den Anschein, als ob die Songs, statt sich zu ergänzen, sich im Gegenteil wechselseitig neutralisieren. So paradox es klingt: Ich mag die Songs auf *Sticky Fingers*, aber ich lege das Album praktisch nie auf, weil ich es als Ganzes nicht hören mag. Und ich will hier auch überhaupt nicht versuchen, diesen zugegebenermaßen sehr subjektiven Eindruck dahingehend zu objektivieren, dass einige der Songs auf *Sticky Fingers* vor Altamont und einige danach aufgenommen wurden.
Kehren wir lieber zurück zu harten Fakten: Am 6. Februar 1971 kündigten die Stones an, dass sie Großbritannien den Rücken kehren würden; Keith mietet in Südfrankreich eine Villa an, in der dann die Aufnahmen von *Exile zu Main Street* stattfinden werden. War *Sticky Fingers* eher Micks Platte gewesen, so ist *Exile on Main Street* ganz klar Keiths Baby. Während Mick der Londonor Bohème den Rücken kehrt, heiratet und hinfort das Leben der Reichen und Berühmten führt, wirft sich Keith voller Inbrunst seinen beiden großen Lieben in die Arme: Der Musik und dem Heroin. Was die Zukunft betraf, war diese menage à trois nicht sonderlich glücklich; doch während der Aufnahmen von *Exile* wirkte sich das Heroin zumindest nicht störend auf Keiths musikalische Kreativität aus.
Exile ist musikalisch das glatte Gegenteil von *Sticky Fingers*: Das Doppelalbum enthält praktisch keinen Hit, von *Tumbling Dice* vielleicht einmal abgesehen, aber als Ganzes hinterlässt es einen überwältigenden Eindruck. Der Sound ist verwaschen, der nuschelige, kaum verständliche Gesang fast schon in den Hintergrund gemischt, die Texte, wieder mit Ausnahme von *Tumbling Dice*, kommen ohne die üblichen Provokationen aus. Statt

dessen ist überall von Verzweiflung, Düsternis und Verfall die Rede. Schon das erste Stück, *Rocks Off*, gibt das Thema vor: »Mir geht nur noch einer ab, wenn ich träume, mir geht nur noch einer ab, wenn ich schlafe.« *Sweet Virgina* beginnt mit den Worten: »Du schleppst dich durch den öden, stürmischen Winter und da ist nicht ein Freund, der dir da durchhilft. Du versuchst, die Wogen hinter deinen Augäpfeln zu glätten und wirfst deine Roten, wirfst deine Grünen und Blauen ein.«

Mit *Exile on Main Street* verarbeitet Keith das Ende der 60er Jahre und ihrer Illusionen mit einer Eindrücklichkeit, wie es sie in der ganzen Geschichte der so genannten populären Musik vorher und nachher nie wieder gegeben hat.

Exile schließt eine Epoche ab, noch bevor es die Epoche selbst gemerkt hatte. Für die Zeit allerdings, 1972, war das alles etwas zu starker Tobak. Als es herauskam, veriss die Musikkritik das Album beinahe einhellig, um erst Jahre später zu erkennen, dass die Stones mit *Exile* ihr letztes und größtes Meisterwerk abgeliefert hatten. Mick mag die Platte übrigens bis heute nicht besonders.

Nach *Exile on Main Street* haben die Stones inzwischen dreißig Jahre lang weiter Musik gemacht und vielleicht hängen sie noch einmal dreißig Jahre ran. Dabei kamen neben reichlich mittelmäßigen Platten auch einige passable und sogar die eine oder andere gute heraus. Doch all diese Musik ist bedeutungslos gegenüber dem ersten Jahrzehnt ihres Bestehens, in dem die Stones viel mehr waren, als einfach nur eine gute Band, nämlich ein Spiegel, in dem sich eine ganze Generation selbst erkennen konnte.[34]

Anmerkungen

1 Victor Bockris: Keith Richards. o.O. (Da Capo Press), o.J. (Reprint der Ausgabe New York 1993), S. 188f.

2 Ebd., S. 18f.

3 Philip Norman: The Rolling Stones. Die Geschichte einer Rock-Legende. München 1987, S. 268.

4 Bockris, Keith Richards, a.a.O. (Anm. 1), S. 190.

5 Bill Wyman / Ray Coleman: Stone alone. Die Insidergeschichte der Rolling Stones. München 1990, S. 5.

6 Wyman zitiert nach Stanley Booth: The True Adventures Of The Rolling Stones. Chicago 2000, S. 68.

7 Zit. nach Willi Winkler: Mick Jagger und die Rolling Stones. Reinbek 2002, S.25.

8 Glyn Johns, zit. nach Bockris, Keith Richards, a.a.O. (Anm. 1), S. 59f.

9 http: //www.swinginchicks.com/mary_quant.htm

10 Oldham, zit. nach Bockris, Keith Richards, a.a.O. (Anm. 1), S. 62.

11 Korner, zit. nach Booth, The True Adventures, a.a.O. (Anm. 6), S. 68f.

12 Bockris, Keith Richards, a.a.O. (Anm. 1), S. 63.

13 Richards, zit. nach Bockris, Keith Richards, a.a.O. (Anm. 1), S. 66.

14 Bommi Baumann, Wie alles anfing, Duisburg 1984, S. 13.

15 Ebd., S. 9f.

16 Ebd., S. 10.

17 Norman, The Rolling Stones, a.a.O. (Anm. 3), S. 113.

18 Ebd., S. 113.

19 Booth, The True Adventures, a.a.O. (Anm. 6), S. 179.

20 Wolfgang Kraushaar, Chronologie, in: Peter Mosler: Was wir wollten, was wir wurden, Reinbek 1980, S .261f.

21 Baumann, Wie alles anfing, a.a.O. (Anm. 14), S. 15.

22 Kraushaar, Chronologie, a.a.O. (Anm. 20), S. 262.

23 Baumann, Wie alles anfing, a.a.O. (Anm. 14), S. 20.

24 Bockris, Keith Richards, a.a.O. (Anm. 1), S. 144.

25 Yaak Karsunke, da zwischen, Berlin 1979, S. 34.

26 Richards, zit. nach Bockris, Keith Richards, a.a.O. (Anm. 1), S. 167.

27 Bockris, Keith Richards, a.a.O. (Anm. 1), S. 166.

28 Zit. nach Booth, The True Adventures, a.a.O. (Anm. 6), S. 142f.

29 Peter-Paul Zahl, Die Glücklichen, Reinbek 1986, S. 112.

30 Booth, The True Adventures, a.a.O. (Anm. 6), S. 90.

31 Norman, The Rolling Stones, a.a.O. (Anm. 3), S. 256.

32 Taylor, zit. nach Norman, The Rolling Stones, a.a.O. (Anm. 3), S. 262.

33 Norman, The Rolling Stones, a.a.O. (Anm. 3), S. 262.

34 Dieser und andere Texte von Michael T. Koltan sind online und teilweise mit Musikbeispielen verfügbar unter http://home.breisnet-online.de/koltan/

Die Autorinnen und Autoren

Bernhard Jensen lebt als Philosoph in Berlin.

Michael T. Koltan lebt in Freiburg, wo er philosophiert, programmiert und Punkmusik macht, die nicht länger als zwei Minuten dauert.

Olivier Morel, Journalist und Kritiker, ist Autor von Radio- und Fernsehdokumentationen und arbeitet an einer literaturwissenschaftlichen Dissertation an den Universität Paris Sorbonne.

Alison Rice hat vor kurzem ihre Dissertation am Fachbereich französische und frankophone Studien der Universität von Californien in Los Angeles abgeschlossen.

Encarnación Gutiérrez Rodríguez unterrichtet Soziologie an der Universität Hamburg und hat zuletzt bei Unrast zusammen mit Hito Steyerl den Band »Spricht die Subalterne Deutsch?« herausgegeben.

Jörg Später ist Historiker und lebt in Freiburg. Er ist Autor des im Wallstein-Verlag erschienenen Buches »Vansittart. Britische Debatten über Deutsche und Nazis, 1902-1945«.

Enzo Traverso, Historiker, lebt in Paris. Unterrichtet an der Universität der Picardie in Amiens und an der École des hautes études en sciences sociales in Paris.

Udo Wolter ist freier Autor und Dokumentar und lebt in Berlin. Bei Unrast erschien zuletzt »Das obskure Subjekt der Begierde. Franz Fanon und die Fallstricke des Subjekts der Befreiung«.